EL EJERCICIO DIGITAL DE LA ABOGACÍA

ACCESO GRATIS a la Lectura en la Nube

Para visualizar el libro electrónico en la nube de lectura envíe junto a su nombre y apellidos una fotografía del código de barras situado en la contraportada del libro y otra del ticket de compra a la dirección:

ebooktirant@tirant.com

En un máximo de 72 horas laborables le enviaremos el código de acceso con sus instrucciones.

EL EJERCICIO DIGITAL DE LA ABOGACÍA

DR. D. HÉCTOR AYLLÓN SANTIAGO
DRA. DÑA. VERÓNICA JULIANA CAICEDO BUITRAGO
Directores

FUNDACIÓN Universidad Alfonso X el Sabio
OBSERVATORIO DE LA ABOGACÍA

tirant lo blanch
Valencia, 2026

En caso de erratas y actualizaciones, la Editorial Tirant lo Blanch publicará la pertinente corrección en la página web www.tirant.com.

Libro elaborado en el marco del proyecto de investigación de la Fundación Universidad Alfonso X el Sabio en el marco del Observatorio Mundial de la Abogacía.

EDITA: TIRANT LO BLANCH
C/ Artes Gráficas, 14 - 46010 - Valencia
TELFS.: 96/361 00 48 - 50
FAX: 96/369 41 51
Email: tlb@tirant.com
www.tirant.com
Librería virtual: www.tirant.es
DEPÓSITO LEGAL: V-4602-2025
ISBN: 979-13-7010-461-0
MAQUETA: Disset Ediciones

Si tiene alguna queja o sugerencia, envíenos un mail a: *atencioncliente@tirant.com*. En caso de no ser atendida su sugerencia, por favor, lea en *www.tirant.net/index.php/empresa/politicas-de-empresa* nuestro procedimiento de quejas.

Responsabilidad Social Corporativa: http://www.tirant.net/Docs/RSCTirant.pdf

Índice

CAPÍTULO III
PROTECCIÓN JURÍDICA DE ACTIVOS DIGITALES EN EMPRESAS: ESTRATEGIAS LEGALES Y DE CIBERSEGURIDAD 115

VERÓNICA JULIANA CAICEDO BUITRAGO

CAPÍTULO IV
LA DIGITALIZACIÓN DEL DERECHO: ADAPTÁNDOSE AL FUTURO LEGAL 161

DR. D. JUAN EMMANUEL DELVA BENAVIDES

CAPÍTULO IX
LA AUTOMATIZACIÓN EN EL EMPLEO: OPORTUNIDADES Y DESAFÍOS EN LAS JUVENTUDES LATINOAMERICANAS DESDE UNA PERSPECTIVA LEGAL.. 295

Iván Said González López.

EL EJERCICIO DIGITAL DE LA ABOGACÍA
PREFACIO O EPÍLOGO 321

Ofelia Tejerina Rodríguez.

Prólogo de la Rectora de la UAX

En los 70 años de la breve historia de la inteligencia Artificial hemos vivido varios inviernos y varias primaveras. Sin duda, desde el 2022 por primera vez toda la sociedad sin excepción está siendo protagonista de la última primavera bajo el paradigma de la **Inteligencia Artificial Generativa**, GenAI. Una primavera vibrante que ha hecho accesible este conjunto de "servicios inteligentes" a cualquiera que tenga un móvil con conectividad.

¿Por qué ahora? Se ha producido un momento único en la historia que ha provocado un "floración" asombrosa. Factores como la existencia de un auténtico océano de datos que hemos ido generando estos años en la era de internet con nuestras huellas digitales, la conectividad 24x7 gracias a los smartphones cuya penetración en la población mundial ya supera el 82%, el abaratamiento del almacenamiento de datos que contribuye a hacer crecer ese océano, la mejora de la capacidad de procesamiento en dispositivos personales tal y como anticipó la ley de Moore y el desarrollo de metodologías de Machine Learning aplicado específicamente al Procesamiento del Lenguaje Natural (PLN) e imágenes nos ha traído hasta aquí. Si preguntamos a Bard-Gemini, el servicio de Google basado en GenAI, qué es la Inteligencia Artificial Generativa nos responde lo siguiente:

> *"La IA generativa es una rama de la IA que se centra en la creación de contenido nuevo, como texto, imágenes, música y código. Utiliza aprendizaje automático para aprender de datos existentes y generar contenido nuevo que sea similar a los datos de entrenamiento."* Bard- Gemini, enero 2024.

Esta capacidad de generar nuevos contenidos, que no nuevo conocimiento, ha hecho interesante y útil el uso de estos "servicios inteligentes" llegando a todas las industrias, a todos los hogares. Se han dado las condiciones para que se produzca una revolución silenciosa donde el grado de adoptación observado y medido no tiene ninguna comparación en la historia. En sólo 5 días, el número de usuarios únicos de ChatGPT, servicio desarrollado por OpenAI, superó el millón. Como referencia, Twitter necesitó 2 años para llegar a este grado de adopción o Spotify 5 meses. Esta velocidad nos exige mantener una monitorización permanente del impacto que se está produciendo en las profesiones. Es nuestra obligación asegurarnos que proporcionamos a los profesionales ya en el ejercicio y, especialmente, a los futuros profesionales las herramientas que le llevarán a tener éxito en este nuevo contexto. En el estudio realizado en el marco del **Observatorio del Impacto de la Tecnología en las Profesiones** de la Universidad Alfonso X el Sabio durante diciembre del 2023 se ha observado que los profesionales del área jurídica ya en el ejercicio son uno de los colectivos de mayor grado de adopción, llegando al 100% de los encuestados frente al 34% medio de las profesiones de todas las áreas. De igual forma, cuando preguntamos a los estudiantes, el ratio de adopción en el área jurídica también alcanza el 100% frente al 69% ratio medio.

Cuesta mucho imaginar una profesión que dependa más del entendimiento riguroso de códigos escritos (PLN) que el área jurídica. Ya en el periodo 2015-18 en España han abordado proyectos en distintas comunidades autónomas en los que este tipo de tecnologías mejoraban la transcripción en los juicios o las búsquedas indexadas con elementos inteligentes para navegar por la intente cantidad de información que interviene en muchos de los procesos. Por lo tanto, este texto es pertinente y urgente para seguir transformando las profesiones que garantizan nuestro Estado de derecho.

Dª ISABEL FERNÁNDEZ

Rectora Alfonso X el Sabio

Director of Exponential Technologies at Babel | Advisor | Senior Executive | IA PhD, Data & AI specialist.

CAPÍTULO I

Transformación digital de los despachos de abogados: abogado 4.0

MARÍA LUISA GARCÍA TORRES[1].

España.

Abogada y Dra. Derecho Procesal

Abogada del Ilustre Colegio de la Abogacía de Madrid

Sumario: 1. Introducción. 2. Problemas a los que se enfrentan en la actualidad los abogados. 3. La transformación de un despacho de abogados: ¿Transformación digital? 4. Palancas de la transformación digital. 5. Conclusiones. 6. Bibliografía 7. Webgrafía

Summary: 1. Introduction. 2. the current problems of lawyers. 3. The transformation of a law firm: Digital transformation? 4. Levers of digital transformation. Conclusions. 6. Bibliography 7. Webgraphy

Resumen:

Este capítulo explora el proceso de transformación digital en un despacho de abogados, abordando los desafíos y oportunidades que conlleva la integración de tecnologías disruptivas en la práctica jurídica. A través de una experiencia concreta, se analiza cómo la innovación, la gestión del cambio y la redefinición

---

[1] Doctora en Derecho por la Universidad Complutense de Madrid. Abogada del ICAM, desde el año 2002, investigadora y especialista en Derecho Procesal. Ha realizado estancias postdoctorales de investigación en la Universidad de *La Sorbonne* de Paris, en la *Universidad Robert Schumann* de *Strasbourg*, en la Universidad *Strathclyde* de *Glasgöw*, en la Universidad de *Rijeka* en Croacia y en la Universidad de Manchester. Autora de diversos artículos en Revistas especializadas, capítulos de libros y monografías. Jefe de estudios del área jurídica de la Facultad *Business and Tech.*

de modelos de negocio pueden mejorar la eficiencia, la experiencia del cliente y la competitividad del despacho. Se exponen fases clave del proceso, desde el diagnóstico inicial hasta la implementación tecnológica, con especial atención al rol del liderazgo y la cultura organizativa. El texto ofrece una guía práctica y reflexiva para otros profesionales del Derecho que deseen emprender un camino similar hacia la digitalización.

Abstract:

This chapter explores the process of digital transformation in a law firm, addressing the challenges and opportunities involved in integrating disruptive technologies into legal practice. Through a concrete case study, it analyzes how innovation, change management, and the redefinition of business models can enhance efficiency, client experience, and the firm's competitiveness. Key phases of the process are presented, from the initial diagnosis to technological implementation, with special attention to leadership and organizational culture. The text offers a practical and thoughtful guide for legal professionals seeking to undertake a similar path toward digitalization.

1. INTRODUCCIÓN

La abogacía es una de las profesiones más antiguas del mundo, encontrando su antecedente más remoto en el mundo clásico de Grecia[2] . Aunque es cierto que, en esa época, los ciudadanos atenienses asumían su propia defensa en los procedimientos, pues lo hacían exponiendo el caso por ellos mismos, sin embargo, era el llamado lológrafo, un "orador-escritor", quien preparaba el dis-

---

2 Aunque el nacimiento de la profesión de abogado puede fijarse en Grecia, antes incluso podemos encontrar referencias de esta figura en diversos textos religiosos. Tal es el caso de la *Misná* judía o el Antiguo Testamento. BERBELL, C., "Los precedentes de los abogados en la historia de Occidente" https://confilegal.com/20190101-los-predecesores-losabogados-25062015-1152/ (Consultado en 06/06/2023. Hora: 12:00).

En Egipto, no existía la profesión de abogado como tal. Tenemos que tener en cuenta que, incluso en aquella época se impedía rendir informe oral, ante el temor de que los expertos en oratoria pudieran persuadir a los jueces

curso para la defensa del caso[3]. El lológrafo, por su prestigio, llegó a convertirse en el defensor de las partes en los pleitos, siendo así no sólo el redactor del discurso forense, sino también el que acudía a los procesos en defensa de los intereses de las partes. Destacan como abogados de la época, *Lysias*, en los años 440-380 a.C. y *Pericles*, en los años 495 a 429 a.C. Este último es el primer abogado profesional de la Historia.

Fue, en Roma, sin embargo, la etapa histórica en la que la abogacía adquirió el estatus de profesión organizada. La palabra abogado tiene su origen en la latina *advocatus*, cuyo significado es "llamado"; llamado a socorrer y a ayudar a los que no tenían conocimiento de las leyes.

Según el art. 542 de la Ley Orgánica 6/1985, de 1 de julio, del Poder Judicial -en adelante, LOPJ- el abogado es el licenciado en Derecho que ejerce profesionalmente la dirección y defensa de las partes en toda clase de procesos, o el asesoramiento y consejo jurídico.

Tras la entrada en vigor de la Ley 34/2006, de 30 de octubre, sobre el acceso a las profesiones de Abogado y Procurador de los Tribunales y tras la Ley 15/2021, de 23 de octubre[4], en la actualidad para poder ser abogado se precisa ser Licenciado o Graduado en Derecho; superar el Máster Universitario de acceso a la profesión de abogado y procurador y; por último, pasar la Prueba de Aptitud profesional, convocada por el Ministerio de Justicia, tras

---

3 RAYO MARTÍN, A., Pasado, presente y futuro de la abogacía española Trabajo fin de título Máster en acceso a la abogacía, curso 2015. (Consultado en 06/06/2023. Hora: 12:00)

4 El título completo de la norma es el siguiente: la Ley 15/2021, de 23 de octubre, por la que se modifica la Ley 34/2006, de 30 de octubre, sobre el acceso a las profesiones de Abogado y Procurador de los Tribunales, así como la Ley 2/2007, de 15 de marzo, de sociedades profesionales, el Real Decreto-ley 5/2010, de 31 de marzo, por el que se amplía la vigencia de determinadas medidas económicas de carácter temporal, y la Ley 9/2014, de 9 de mayo, General de Telecomunicaciones.

lo cual podrá colegiarse en un Colegio de Abogados de España[5]. Como expresa el art. 1 de dicha norma, esta Ley tiene por finalidad regular las condiciones de obtención del título profesional para el ejercicio de las profesiones de la abogacía y de la procura. Estas profesiones resultan básicas para el ejercicio del derecho fundamental a la tutela judicial efectiva -art. 24 de la Constitución española, en adelante, CE-, con el fin de garantizar el acceso de la ciudadanía a un asesoramiento, defensa jurídica y representación técnica de calidad.

En consecuencia, para poder ejercer la profesión de abogado, se necesita la obtención del título profesional en la forma determinada por la Ley 15/2021, siendo obligatoria la colegiación en el Colegio de Abogados -art.1-. Una vez colegiado, el abogado prestará asistencia a los ciudadanos en proceso judiciales y extrajudiciales en los que las diferentes leyes procesales y no procesales, prevean como obligatoria o facultativa su intervención y, asimismo, dará asesoramiento cuando así se lo requieran.

Nos encontramos en el S.XXI, y tras la Pandemia que vivimos por COVID-19, las nuevas tecnologías se han hecho presentes en nuestro día a día. Para Europa y, principalmente para los países que conforman la UE se ha convertido en prioridad absoluta la transformación digital de los sectores productivos, del sector público, de las empresas, de los ciudadanos y de la sociedad en general, pues se ha percatado de que la tecnología está abriendo y abrirá muchas y muy nuevas oportunidades en la vida de las personas y, concretamente en el mundo de los negocios.

---

5 Véase art. 2.1 de la Ley 15/2021, de 23 de octubre, titulado "Acreditación de capacitación profesional: "Tendrán derecho a obtener el título profesional para el ejercicio de las profesiones de la abogacía y la procura las personas que se encuentren en posesión del título universitario de la Licenciatura en Derecho o del Grado en Derecho y que acrediten su capacitación profesional mediante la superación de la correspondiente formación especializada y la evaluación regulada por esta Ley".

La abogacía no pueda quedar al margen de la necesaria transformación de la que estamos hablando, a pesar de la reticencia del sector[6]. No cabe que el abogado siga desempeñando su profesión, asesorando y dirigiendo los pleitos en los que interviene, ni redactando sus escritos de la misma forma en la que lo hacía cinco años atrás. Si así lo hiciera, estaría fuera de toda realidad. Las Leyes procesales exigen a los profesionales de la abogacía cambiar el paradigma de su actuación profesional. Por ejemplo, el Real Decreto Ley 6/2023 Real Decreto-ley 6/2023, de 19 de diciembre, por el que se aprueban medidas urgentes para la ejecución del Plan de Recuperación, Transformación y Resiliencia en materia de servicio público de justicia, función pública, régimen local y mecenazgo, nos demuestra que el Legislador se esfuerza en agilizar los procesos y por implantar un servicio público de Justicia eficiente. Las notificaciones electrónicas, la sustanciación de los actos procesales telemáticos y, el expediente judicial electrónico resultan ya una evidencia, tras la entrada en vigor de esta norma. El abogado, en caso de no adaptase a la nueva realidad, se verá impedido para el ejercicio de su profesión. Primeramente, porque es el mismo sistema el que le impide dicho ejercicio. Recordemos que ciertos profesionales, entre los que se encuentran los abogados están obligados a relacionarse con la Administración de Justicia de forma telemática. Pero, además, un profesional ejerciente que no se actualice y, no hablamos únicamente de conocimientos,

---

6 Decimos resistencia porque a los abogados se les tilda de profesionales "clásicos". Siempre se ha dicho que los abogados visten de una forma determinada; tienen fama de ser tradicionales, pero esto no deja de ser un estereotipo. Acaso, ¿está reñido el ejercicio de la abogacía con la modernidad? ¿con la actualización? O ¿es que los abogados no desean ser eficientes y mantener sus clientes, conseguir más y afianzarse en un mercado cada vez más exigente? La reticencia al cambio se pone de manifiesto, por ejemplo, en EL CONFIDENCIAL, "Radiografía de la transformación digital en los despachos" httpp://efaidnbmnnnibpcajpcglclefindmkaj/https://datos.elconfidencial.com/informe-juridico/informe_juridico_digital_despachos.pdf (Consultado en 03/03/2025. Hora: 12:00)

se verá expulsado de la profesión. La feroz competencia de sus colegas llevará a que sus clientes huyan hacia otras abogados más preparados y eficaces, siendo incapaz de generar valor para que nuevos clientes contraten sus servicios. Los restantes compañeros, que sí se han reciclado, convirtiéndose en abogados tecnológicos, tomarán el reemplazo de los que pierden su sitio por falta de actualización.

Durante los días 29 y 30 de junio de 2024, en el campus de Villanueva de la Cañada (Madrid), los miembros del Proyecto de investigación, titulado "Observatorio mundial de la abogacía", financiado con fondos del Banco Santander y convocado por la Fundación Alfonso X el Sabio, estuvimos debatiendo en un *workshop* (se quería que fueran dos días, no disertaciones teóricas, sino de sesiones prácticas y de trabajo), sobre los aspectos más relevantes del ejercicio de la profesión de la abogacía en el año 2024, fundamentalmente aquello que tiene que ver con la e-Justicia y la transformación digital del sector. En estas jornadas, se contó con la presencia y participación de los investigadores del Proyecto, que ejercen su actividad en diferentes países (España, Portugal, México, Colombia y Paraguay[7]), estando el grupo compuesto por abogados en ejercicio, un ingeniero experto en nuevas tecnologías e inteligencia artificial -en adelante, IA- y siendo docentes, todos ellos. El grupo de investigación, también se conforma por dos estudiantes, de tercer curso de Grado en Derecho, dado que la Universidad Alfonso X el Sabio y su Fundación están convencidos de que la investigación de sus docentes debe revertir en bene-

---

7 Los participantes del Proyecto de Investigación mencionado somos los siguientes: prof. Dra. Doña María Luisa García Torres (IP); la prof. Dra. Doña Verónica Juliana Caicedo Buitrago; la prof. Dra. Doña Eva Lodeiro Estraviz; el prof. Dr. D. Héctor Ayllón Santiago; el prof. D. Pablo Pérez Alonso, el prof. Dr. D. Juan Emmanuel Delva Benavides, el prof. D. Manuel Raad Berrío y el prof. D. Miguel Ángel Gaspar, junto a dos estudiantes de 2º de Grado en Derecho (Eduardo Jiménez Hernández y Pelayo Menéndez Fernández). A las jornadas de workshop se unieron dos investigadoras de la Universidad de Oporto: la prof. Dra. Doña Manuela Magallanes y la prof. Dra. Doña María Texeira.

ficio de sus estudiantes. Es en el seno de estas sesiones, en las que se ubica esta estas reflexiones sobre transformación digital de un despacho de abogados: abogado 4.0.

El objetivo del primer taller fue intentar arrojar luces sobre lo que preocupa a los abogados, identificando los problemas que ralentizan y hacen ineficiente la prestación de sus servicios. En segundo, lugar, se quiso plantear la necesaria transformación digital del sector. Por último, debatimos sobre las palancas de la transformación digital de un despacho de abogados, para convertir a un abogado tradicional, en un profesional 4.0.

2. PROBLEMAS A LOS QUE SE ENFRENTAN EN LA ACTUALIDAD LOS ABOGADOS

Lo primero que se les preguntó a los participantes de este *workshop* fue acerca de los problemas a los que se enfrentan los abogados en su día a día. Se pretendía con ello, que, a través de un *braimstorming*, identificaran las preocupaciones y los escollos de la actividad profesional. Sólo así seríamos capaces de identificar los puntos en los que se necesita mejorar.

El listado que fuimos capaces de realizar entre todos fue largo. Lo primero que apuntamos en la pizarra digital de nuestra aula, tuvo que ver con la gran cantidad de horas de trabajo poco productivas que invierten los abogados en su devenir diario. Estas horas se reparten en las siguientes actividades: tareas administrativas o de gestión; atención telefónica; envío y contestación de correos electrónicos.

Al mismo tiempo, los abogados no deben olvidarse de la necesaria captación de clientes. Y es que los abogados viven de su trabajo si tienen quienes los contraten. Hoy día no cabe sentarse a esperar, para ver cómo entran clientes por la pureta del despacho. La competencia es feroz. Según el Consejo General de la Abogacía española -en adelante, CGAE- y, concretamente, según el Censo de Abogados, en España, hay 154.241 abogados ejercientes (241.068), si se incluyen a los no ejercientes, también). En Madrid, 45.475[8]. La captación de clientes se puede realizar de muchas formas, pero se haga como se haga requiere tiempo y dedicación que hay que restar a otras actividades necesarias en el ejercicio de la profesión.

La labor de captación de nueva clientela debe compatibilizarse con la atención de los actuales. Esta actividad supone llamadas de teléfono, contestación de correos electrónicos, recepción de visitas en el despacho, etc.

El abogado está en continuo movimiento. Debe desplazarse a los juzgados, a oficinas, registros, y a tantos sitios como se pueda imaginar, según las necesidades concretas que se produzcan.

Si hablamos de lo que tiene que ver con el archivo o gestión documental, el abogado se encuentra con dos problemas: primeramente, con el tiempo que debe dedicar a leer, ordenar y archivar los documentos que recibe. Pero también existe otra dificultad y, no menor: el espacio físico. Cuando se trata de un despacho recién abierto o un de un abogado con pocos clientes esto no se produce. Pero pensemos en un gran despacho y, además, en un bufete abierto en el centro de Madrid o en otra gran capital, como Barcelona. Los espacios físicos son pequeños, escasos para archivar los expedientes de años y años, de los clientes atendidos. Pero el archivo y custodia de documentos encuentra una dificultad aún mayor que la del espacio y es el de la responsabilidad. El abogado custodia documentos que contienen datos sensibles, en virtud de la normativa de protección de datos y, es, por ello, que debe tener presente que el lugar donde los guarde debe reunir

---

8 https://datos.abogacia.es/catalogo-de-datos/registro general/censo/?_gl=1*e8yfr5*_ckg_ga*MTMyNTUxNDAyNy4xNjg2MDc3OTMw*_ckg_ga_78FHB3S9EC*MTcwNTI1MTE1My44LjAuMTcwNTI1MTE1My42MC4wLjA. (Consultado en 03/03/2025, hora: 12:00)

las condiciones necesarias para que dichos datos no puedan ser hurtados o vistos por terceras personas[9].

El art. 73 de la Ley Orgánica 3/2018, de 5 de diciembre, de Protección de Datos Personales y garantía de los derechos digitales, en su apartado d) dispone que se considerará infracción grave, cuando no se adoptan las medidas técnicas y organizativas apropiadas para aplicar de forma efectiva los principios de protección de datos desde el diseño, así como la no integración de las garantías necesarias en el tratamiento, en los términos exigidos por el art. 25 del Reglamento (UE) 2016/679. También es infracción grave, la ausencia de adopción de las medidas técnicas y organizativas apropiadas para garantizar que, por defecto, solo se tratarán los datos personales necesarios para cada uno de los fines específicos del tratamiento, conforme a lo exigido por el art. 25.2 del mismo Reglamento. Asimismo, la letra f) de la Ley Orgánica 3/2018, califica como infracción grave la falta de adopción de aquellas medidas técnicas y organizativas que resulten apropiadas para garantizar un nivel de seguridad adecuado al riesgo del tratamiento, en los términos exigidos por el art. 32.1 del Reglamento y, la letra g), el quebrantamiento, por falta de la debida diligencia de las medidas técnicas y organizativas que se hubiesen implantado conforme a lo exigido por el art. 32.1 de la norma europea.

Las sanciones a las que puede enfrentarse un abogado por el incumplimiento de la norma de protección de datos, por ejemplo, por no tener almacenados los expedientes en un sitio seguro pueden ser muy cuantiosas, en virtud de lo dispuesto en el art. 83 del Reglamento (UE) 2016/679, por remisión del art. 76 de la norma española.

---

[9] Es la Ley Orgánica 3/2018, de 5 de diciembre, de Protección de Datos Personales y garantía de los derechos digitales, la que regula esta cuestión. El art. 1 de la norma citada indica que tiene por objeto la protección del derecho fundamental de las personas físicas a la protección de datos personales, amparado por el art. 18.4 de la CE y en Reglamento (UE) 2016/679.

Los participantes en el *workshop* identificaron también la necesidad de la constante actualización de los conocimientos técnicos, debido a los continuos cambios legislativos. Los profesionales de la abogacía se encuentran en un proceso perenne de actualización y reciclaje. Deben dedicar mucho tiempo a leer y estudiar las nuevas normas, en un proceso de continuo cambio de legislación, en una época en la que se habla de legislación motorizada. Además, la dificultad radica incluso en el mismo conocimiento de una reforma concreta. El Legislador, al menos el español, se ha acostumbrado a introducir modificaciones legislativas en normas cuyo título nada hace predecir que va a incluir derogaciones o modificaciones en materias que no tienen que ver con el título dado a una Ley concreta[10]. El tiempo que dedica el profesional del Derecho a leer y estudiar las nuevas normas se convierte en un desafío, pero si a eso añadimos la tensión que se genera en el abogado el hecho de que puede literalmente desconocer que una norma ha sido derogada o modificada, el reto es aún mayor.

El abogado también debe estar al día en cuanto a la jurisprudencia se refiere. Buscar, encontrar y leer la jurisprudencia se une a la necesidad de conocer los cambios que puede haber en la interpretación de las normas que realizan los tribunales o la que realizan ante las nuevas normas que van surgiendo.

Las nuevas normas también imponen nuevas obligaciones para los abogados. Antes se ha mencionado las obligaciones derivadas

---

[10] Quién sería capaz de advertir, por ejemplo, que, en el Real Decreto-ley 5/2023, de 28 de junio, por el que se adoptan y prorrogan determinadas medidas de respuesta a las consecuencias económicas y sociales de la Guerra de Ucrania, de apoyo a la reconstrucción de la isla de La Palma y a otras situaciones de vulnerabilidad; de transposición de Directivas de la Unión Europea en materia de modificaciones estructurales de sociedades mercantiles y conciliación de la vida familiar y la vida profesional de los progenitores y los cuidadores; y de ejecución y cumplimiento del Derecho de la Unión Europea, se iba a incluir la reforma de preceptos de la LEC sobre el recurso de casación y la derogación del recurso extraordinario por infracción procesal.

de la Ley Orgánica 3/2018, de 5 de diciembre, de Protección de Datos Personales y garantía de los derechos digitales. Los abogados deben también estar al día de las obligaciones derivadas del cumplimiento normativo o del cumplimiento en materia fiscal, en concreto del blanqueamiento de capitales, en virtud de la Ley 10/2010, de 28 de abril, de prevención del blanqueo de capitales y de la financiación del terrorismo. Hemos conocido la obligatoriedad de la previsión de los canales de denuncia internos y externos derivada de la entrada en vigor de la Ley 2/2023, de 20 de febrero, reguladora de la protección de las personas que informen sobre infracciones normativas y de lucha contra la corrupción, por transposición de la Directiva 2019/1937 del Parlamento Europeo y del Consejo, de 23 de octubre de 2019.

Además, de todo lo anterior, por si fuera poco, el abogado debe fortalecer sus competencias retóricas, tecnológicas, de negociación o incluso empresariales. Y, es que el profesional no le basta con mantener a sus clientes; tampoco, con conseguir nuevos; ni tan siquiera con estar atentos a las nuevas normas que surjan; desplazarse a Juzgados, oficinas, registros, contestar llamadas telefónicas, correos electrónicos, leer la documentación, archivarla, cumplir las mil y una obligaciones que la ley le impone, preparar escritos, asistir a vistas, sino que además, debe realizar cursos, leer libros, ver tutoriales, en definitiva, reciclarse, en materia de retórica, redacción, tecnología o negociación. Los abogados más mayores se enfrentan en juicio a los nuevos, recién salidos de las aulas universitarias, que han recibido una formación que ellos no tuvieron. Los que sí tuvieron esta formación, no se pueden dormir, pues las nuevas herramientas amenazan con dejarles fuera de juego en cuanto no estén atentos. Pero no olvidemos que la abogacía es un negocio: el abogado debe además asumir un rol de empresario, lo que le hará incluso adaptar las técnicas o herramientas propias de éstos. Y es que ahora ya se habla de *legal project managment*. Entender el ejercicio profesional como un proyecto o un conjunto de proyectos que deben ser asumidos y organizados como hacen los profesionales de otros sectores para ser eficientes, produce que el abogado deba estar al día de otras miles de cuestiones que se salen de lo que es estrictamente el ejercicio de la abogacía.

3. LA TRANSFORMACIÓN DE UN DESPACHO DE ABOGADOS: ¿TRANSFORMACIÓN DIGITAL?

Tras la exposición de los problemas diarios a los que se enfrenta un profesional de la abogacía y siguiendo con el taller práctico, propusimos el siguiente supuesto. Los participantes debían imaginar un despacho compuesto por once abogados. La finalidad era figurar un despacho lo más real posible, para que las soluciones dadas fueran concretas. El despacho en cuestión estaba integrado por abogados especializados en distintas materias: Derecho Penal, Derecho Civil, Derecho Deportivo, litigación; precisamente, las mismas áreas a las que se dedican los integrantes del grupo de investigación.

Junto a los abogados y, como miembro de la plantilla, estaba contratado también un ingeniero experto en ciberseguridad e implementación de soluciones tecnológicas, pues precisamente los socios del despacho habían decidido su transformación tecnológica. Y es que el grupo de investigación no sólo está compuesto por abogados, sino también por un ingeniero, que es especialista en materia de ciberseguridad.

El despacho que imaginamos en nuestro supuesto práctico se encuentra situado en el piso octavo, de un edificio de doce plantas, en el Paseo de la Castellana de Madrid. Es un bufete clásico y que se encuentra repleto de estanterías, de documentos, de libros de Derecho, de tomos de jurisprudencia, etc. La firma tiene una organización tradicional y su forma de actuar es la que ha caracterizado a muchos despachos durante años atrás: falta distribución de funciones entre los integrantes del mismo; ausencia de trabajo colaborativo, desconocimiento de las habilidades, competencias y puntos fuertes de cada persona y dirección de sus casos de una forma clásica. Cuesta imaginarse realmente un despacho así, en la actualidad, pero partimos de un modelo tan alejado de la modernidad, con el objetivo de proponer los cambios necesarios para su actualización.

Tras ese ejercicio de imaginación, se realizaron tres preguntas a los participantes en el taller práctico, que fueron las siguientes:

a) ¿Es necesario realizar cambios? ¿Transformar, en definitiva, ese despacho de abogados?

b) En caso de una respuesta afirmativa: ¿Qué clase de transformación sería necesaria? ¿Sólo digital?

c) ¿Cuáles serían los motivos de querer transformar digitalmente un despacho de abogados?

Para poder contestar a esas tres preguntas, debemos tener en cuenta dos cuestiones imprescindibles: la primera de ella tiene que ver con el profundo cambio que se ha producido en el tipo de cliente; en segundo lugar, con el vuelco que han dado las necesidades vitales de las personas.

Se ha pasado del que podíamos llamar un cliente "tradicional", a un cliente *online*, pero, en la actualidad, debemos hablar ya de un cliente "conectado". Es fácil trazar la diferencia entre un tipo de cliente y otro. Pensemos cómo actuaban las personas cuando hace veinte años necesitaban un abogado, por presentárseles un problema jurídico. El "boca a boca" era el sistema habitual de búsqueda de un profesional, pues generalmente cuando un ciudadano tenía un problema jurídico desconocía a quién recurrir. Si una persona necesitaba asesoramiento jurídico o tenía cualquier problema jurídico, lo que hacía era preguntar a sus fuentes de confianza. Era el tío, el primo, el amigo, el colega de trabajo el que proponía la contratación de un abogado, al que conocía porque había sido él el que le había llevado un asunto legal. Recomendaba aquel profesional en el que tenía confianza, hubiera tenido éxito o no, en la resolución del conflicto. Por otra parte, la forma de comunicación abogado-cliente era la basada en correspondencia escrita -una carta- o bien a través de una entrevista personal, cara a cara, bien fuera en el despacho o en la sala de vistas; en otro caso, se utilizaba, como mucho, la vía telefónica. Es, a ese cliente, al que denominamos "tradicional".

Cuando *internet* se vuelve de uso común entre la población y la comunicación *online* se generaliza, pasamos de un cliente "tradicional" a un cliente "online". Éste busca al abogado en su esfera de confianza, pero también en buscadores de *internet*. Por otra parte, la forma de comunicación cambia, pues comienza el intercambio de información través del correo electrónico. El cliente demanda menos presencialidad.

En la actualidad, el tipo de clientes es aquél al que se le denomina "conectado". Ciertamente, se siguen buscando profesionales de la abogacía en *internet*, pero, además, previamente a la contratación de servicios, el cliente consulta las opiniones de otros usuarios en la red, igual que sucede cuando un usuario busca un hotel o quiere salir a cenar a un restaurante o contrata cualquier otro tipo de servicio. Es más, incluso, acude a plataformas en las que se le consigue un abogado de forma fácil, rápida, cercana a su domicilio y que le ofrece sus servicios al mejor preciso posible. Y es el que el modelo de cliente, de usuario, ha cambiado para todo. Los usuarios buscan interacción y escogen a los profesionales en virtud de los comentarios positivos o negativos que otros hayan publicado; por tanto, son clientes que comparten sus experiencias[11].

Es en este contexto, en el que hablamos del fenómeno "uberización del Derecho"[12]. Se han creado *apps* que permiten encon-

---

11 NAVARRO, E. "Abogados y entorno digital", en *Transformación digital de despachos y redes sociales para abogados"* https://www.abogacia.es/wp-content/uploads/2012/03/TRANSFORMACION-DIGITAL-Y-RRSS-PARA-ABOGADOS.pdf (Consultado en 03/03/2025. Hora: 15:00).

12 En este sentido, es necesario conocer que se han creado plataformas para conseguir abogado. en https://www.abogacia.es/wp-content/uploads/2012/03/TRANSFORMACION-DIGITAL-Y-RRSS-PARA-ABOGADOS.pdf (Consultado en 03/03/2025. Hora: 15:00). Se trata de plataformas que recogen a través de una solicitud, la necesidad del cliente de obtener un abogado, ROSAL, P, "La uberi-

trar abogado en caso de necesidad. Funcionan de la siguiente manera: los abogados que desean proveerse de clientes se inscriben en la plataforma pagando una cuota por la pertenencia a esa red. El cliente expone el caso de forma gratuita y es el abogado que quiere hacerse cargo del mismo el que se pone en contacto con él. Este sistema de búsqueda permite al cliente encontrar un potencial abogado bajo el anonimato, pues la red posibilita conocer un listado de abogados, seleccionados por especialidad o localización, incluso por la valoración que han realizado otros usuarios sobre los servicios por ellos prestados. En algunas de estas redes, además, los gestores, antes de dar a conocer el asunto jurídico a resolver por los abogados, dan una valoración determinada al mismo y le otorgan un determinado valor. A modo de ejemplo, existen casos valorados en 8 créditos o en 75; los 8 créditos equivalen a 49 € más IVA y los 75, a 499 € más IVA[13].

Estos sistemas de búsqueda y selección de profesionales de la abogacía que se han creado plantean serios inconvenientes desde el punto de vista deontológico. No olvidemos que el art. 24.2 de la CE, consagra la defensa como un derecho fundamental, estando, por ello, regida por unos principios deontológicos, plasmados, por ejemplo, en el art 5.4.2 del Código Deontológico de los Abogados Europeos, adoptado en la Sesión Plenaria del Consejo de los Colegios de Abogados de la Unión Europea, de 28 de octubre de 1988 y modificado en las Sesiones Plenarias de 28 de noviembre de 1998, 6

---

zación llega al mundo del Derecho", véase en https://elpais.com/economia/2018/11/01/actualidad/1541090769_034925.html (Consultado el 06/06/2024. Hora: 15:00)

13 https://lexgoapp.com/ (Consultado en 06/03/2025. Hora: 15:30). Bajo el lema "¿Buscas abogado? Pide presupuesto, ofrecen la posibilidad de encontrar un abogado. https://tuappbogado.es/ (06/03/2025. Hora: 15:30) es otro ejemplo de plataforma. El titular de su página es el siguiente: "No sigas buscando. Tenemos los mejores abogados especialistas de tu ciudad. Dinos qué necesitas. Y recibe propuestas de abogados de tu zona, hoy mismo".

de diciembre de 2002 y 19 de mayo de 2006[14]. En virtud de estas normas, los abogados tienen terminantemente prohibido pagar honorarios, comisiones u otras clases de compensaciones como contrapartida a la remisión de un cliente[15]. La misma prohibición aparece en el art.18 del Código Deontológico del Consejo General de la Abogacía Española[16]. En España, además, debe prestarse atención a la Ley 34/2002, de 11 de julio, de servicios de la sociedad de la información y de comercio electrónico, cuyo objeto es, según su artículo primero, la regulación del régimen jurídico de los servicios de la sociedad de la información y de la contratación por vía electrónica, pues dicha norma regula las obligaciones de los prestadores de servicios, las comunicaciones comerciales por vía electrónica, la información previa y posterior a la celebración de contratos electrónicos, las condiciones relativas a su validez y eficacia y el régimen sancionador aplicable a los prestadores de servicios de la sociedad de la información[17].

Como ya se indicó, a nuestro parecer, las plataformas de búsqueda y selección de abogados no deben de ser sospechosas de

---

14 https://web.icam.es/bucket/1558002677_1383561228_CodigoDeontologicoDeLaAbogaciaEuropea.pdf (Consultado en 06/03/2025. Hora: 15:00).

15 Debe tenerse presente que, algunas plataformas incluso plantean subastas jurídicas, a través de las cuales son los clientes los que indican cuál es el precio máximo que están dispuestos a pagar, en un asunto concreto, siendo los abogados los que pujan por llevarse el caso, aunque dichas subastas se celebran de forma secreta. *Soldier Lawyer* fue un ejemplo de este tipo de apps, cuya aparición en el mercado fue revolucionaria. Véase https://confilegal.com/20161212-soldier-lawyer-una-app-puede-revolucionar-mercado-la-contratacion-abogados/ El titular de Confilegal cuando surgió fue el siguiente: "Soldier Lawyer", una app que puede revolucionar el mercado de la contratación de abogados". Hoy día parece que esta app no funciona. (Consultado en 06/02/2024. Hora: 15:00).

16 https://www.abogacia.es/wp-content/uploads/2019/05/Codigo-Deontologico-2019.pdf (Consultado el 06/02/2025.Hora: 15:00)

17 La Ley orgánica del 5/2024, de 11 de noviembre, del Derecho de Defensa nada dice a este respecto.

atentar contra los principios deontológicos de la profesión, aunque claro es que, al necesitar fondos, para poder funcionar y prestar los servicios, abren la puerta a la asignación de un profesional u otro en función de quien que pague más[18].

No sólo el arquetipo de cliente ha cambiado, sino que las personas han variado también sus expectativas y es que las necesidades prioritarias de sus vidas se han visto modificadas. El teléfono móvil, la batería o la red *wifi* se han vuelto imprescindibles, ocupando la sexta y la séptima posición en la pirámide de necesidades de Maslow[19].

Teniendo en cuenta la transformación del cliente tipo y la modificación de las prioridades vitales de las personas, se propuso a nuestros colegas en el *workshop* un informe DAFO, combinado con la metodología *design thinking*, para poder responder a las tres preguntas planteadas.

Comenzamos analizando las debilidades del despacho imaginado. Los investigadores y participantes en el taller citaron las siguientes cuestiones: desorden; sobrecarga de trabajo; tiempo excesivo para encontrar los expedientes o la jurisprudencia; posibles sanciones por incumplimiento de la normativa de protección de datos; reiteración de funciones; ineficiencia de recursos, tanto hu-

---

18 Véase, GARCIA TORRES, M.L, en "La abogacía en el siglo XXI: una reflexión sobre los cambios más significativos que ha experimentado la profesión en el presente siglo", publicado en *Revista de la Facultad de Ciencias Económicas y Empresariales*, Universidad de Pamplona, Volumen 18-N°2, año 2018, págs. 78 -95, https://ojs.unipamplona.edu.co/index.php/face/article/view/500/464 (Consultado en 06/03/2025. Hora: 15:30)

19 MOLINA, S., "La transformación digital de los despachos" en *Transformación digital de despachos y redes sociales para abogados*, https://www.abogacia.es/wp-content/uploads/2012/03/TRANSFORMACION-DIGITAL-Y-RRSS-PARA-ABOGADOS.pdf (Consultado en 03/03/2025. Hora: 15:00). La pirámide de Maslow cita por primera vez esta pirámide en una obra titulada *Una teoría sobre la motivación humana*, de 1943.

manos como materiales; pérdida de reputación; merma de clientes, falta de captación de nuevos clientes y; feroz competencia.

Las oportunidades, para los participantes en el *workshop,* serían las siguientes: situación del despacho en una de las mejores zonas de Madrid, repleta de potenciales clientes; demostración de poder frente a los competidores, pues la firma se encuentra en un edificio moderno y en una de las plantas más altas del mismo; especialización de los abogados. El despacho además cuenta con un ingeniero especialista en ciberseguridad e implementación de soluciones tecnológicas y con profesionales jóvenes, con habilidades en retórica, en tecnología y negociación, entre otras muchas.

Por último, las ventajas del cambio de modelo de despacho serían: orden; eficiencia; distribución de funciones entre los profesionales, según sus habilidades y competencias; más clientes, menos sanciones; en definitiva, más ingresos.

Siendo necesaria una transformación del despacho, debe plantearse si debe ser sólo digital o debe ser de carácter integral. Y, es en este punto, en el que debe diferenciarse la actualización digital de la transformación digital.

Se entiende por actualización digital la mera inversión en tecnología. Siendo cierto que los socios del despacho imaginado deben de presupuestar la compra de tecnología, si es que quieren poder seguir prestando servicios en un mercado altamente tecnológico y así, invertir en ordenadores rápidos y potentes; en la contratación de licencias de programas de IA que permitan la redacción de escritos procesales en poco tiempo, la búsqueda de legislación y jurisprudencia; en la adquisición de programas informáticos de gestión y archivo de los expedientes, la transformación digital que necesita el bufete en cuestión para poder seguir manteniendo y, además, aumentar su facturación, se convierte en un proceso mucho más profundo. Y es que la tecnología modifica la organización, los procedimientos y la forma de trabajar de sus integrantes[20].

Resulta evidente que el despacho si quiere sobrevivir en los tiempos actuales y a los profundos cambios acaecidos en los últimos años, precisa no sólo de una fuerte inversión en tecnología, sino de una profunda transformación tecnológica, entendiendo por tal un cambio holístico, que comprenda la parte organizativa y los procedimientos de trabajo.

No se trata de cerrar el despacho y de crear otro nuevo, el ejercicio propuesto no es éste. El objetivo del taller es transformar el despacho y mejorar el que tenemos. Para ello, es preciso que el cambio, que permita al bufete convertirse en competitivo y una opción rentable para sus socios, se fundamente en los pilares siguientes: valor añadido, esto quiere decir un despacho basado en el cliente; liderazgo y gestión del talento, lo que lleva a hablar de las *soft skills* y del reparto de funciones; simplificación y automatización de los procesos, lo que supone necesariamente aplicar herramientas propias de gestión empresarial de proyectos, la utilización de metodologías ágiles y trabajar de forma colaborativa; por supuesto, inversión en tecnología y; por último, marketing y publicidad[21].

---

20 Así se lo clarifica ORTEGA, V., presidenta del Consejo General de la Abogacía española, en el prólogo "El mundo de la Justicia no puede quedarse atrás en el uso de la tecnología", citando expresamente a Navarro, E. en *Transformación digital de despachos y redes sociales para abogados"* https://www.abogacia.es/wp-content/uploads/2012/03/TRANSFORMACION-DIGITAL-Y-RRSS-PARA-ABOGADOS.pdf (Consultado en 15/06/2024. Hora: 15:00). Lo mismo indica MOLINA, S. en *cit.*

21 En la Guía titulada "La transformación digital de un despacho profesional", *Guias para la transformación digital*, Vlex, pág. 18, GUIA-QUO-LAW-2021.pdf (cicac.cat) (Consultado en 15/06/2024. Hora: 15:00), se dice que son tres las palancas de la transformación: la tecnología, los procesos y las personas.

La pregunta es la siguiente: por qué hay que dar valor añadido al despacho. Los participantes en el *workshop* manifestaron que resulta imposible mantener un negocio como la abogacía, en una ciudad como Madrid, en la que ejercen 44.799 compañeros si no se diferencia en algo de los demás existentes. Ese valor añadido no puede ir de la mano de otro factor que del cliente. La firma debe tener como fundamento a aquél del que vienen los asuntos, que es, en definitiva, el que permite la viabilidad y el sostenimiento de su actividad. Por ello, resulta básica la satisfacción del cliente.

La razón por la que la transformación tecnológica del despacho debe basarse en el liderazgo y gestión del talento, es porque el despacho profesional y el ejercicio de la actividad de la abogacía no debe dejar de entenderse como una actividad empresarial, en la que deben participar todas las personas que lo componen. En el ámbito empresarial, la gestión del talento resulta algo esencial. Pensemos en la actividad de la abogacía como una empresa. Se necesita, por ende, evaluar las habilidades y los conocimientos técnicos de los abogados que en el mismo trabajan. Pero, además, se precisa tener en cuenta otras aptitudes distintas al del mero conocimiento del Derecho. Resulta un valor a tener presente la inteligencia emocional, la creatividad y la improvisación de las personas que trabajan en aquél, todas ellas *soft skills*. Pero, además, deben repartirse las funciones.

Debe ponerse la atención en los procesos. En primer lugar, deben analizarse los procesos que se llevan a cabo a diario en el despacho, buscando la mejora continua, Se pretende planificar la actividad como si tratase de un proyecto, dividiéndolo en distintas fases. El ejercicio de la abogacía puede entenderse como un proyecto, siendo posible plantear entregables, según los hitos a cumplir. De ello, dependerá el cumplimiento de los plazos y la consecución y logro de distintas tareas al mismo tiempo. En segundo lugar, deben utilizarse métodos nuevos. Nos estamos refiriendo a metodologías ágiles, que no son solo aplicables al mundo de la empresa que produce bienes, crea productos, sino que también resultan altamente beneficiosas cuando lo que se prestan son servicios. Aplicando estas nuevas metodologías, se podrán automatizar y simplificar procesos, cuyo objetivo no es otro que ahorrar tiempos y costes, en aras de la eficiencia. Es aquí, donde entra de lleno el análisis de datos y la gestión predictiva de los mismos.

Dividir el trabajo por fases y a los socios y trabajadores según, no sólo sus especialidades, sino sus capacidades y aptitudes, supondrá trabajo colaborativo. Y, es que donde hay colaboración, hay mejora necesaria. Primero, porque cada uno se ocupa de aquello de lo que más sabe, pero también de aquella parcela en lo que es mejor. Colocar a cada uno según su potencial obliga a colaborar, porque supone sacar un trabajo entre varios. Pero la colaboración también resulta fundamental en las tareas que cada miembro del despacho tiene encomendadas. La exposición del caso y de su argumentación ante todos los socios o asociados del bufete, a través de la metodología, por ejemplo, de *brainstorming* o de *design thinking* permite obtener excelentes y brillantes soluciones, a diferencia de cuando el abogado trabaja sólo y asilado.

Llega ahora el momento de dar la importancia a la tecnología. El despacho necesita hacerse con las mejores y más novedosas herramientas tecnológicas. La inversión en *hadware* y *software* resultan imprescindibles.

Por último, de nada sirve todo esto, si no se publicita, si el despacho no es conocido no sólo en Madrid, sino en España e, incluso, internacionalmente. En definitiva, los pilares de la transformación digital del bufete tienen como objetivo crear una marca personal, reconocible en el mercado y competitiva. Hecho el esfuerzo de transformar procesos y una vez convencidas las personas, ahora queda, que los esfuerzos sean conocidos y apreciados en el mercado.

4. PALANCAS DE LA TRANSFORMACIÓN DIGITAL

4.1. Satisfacción del cliente: medir, para crecer. KPIs aplicados a la abogacía

Hablamos en primer lugar del valor añadido y del cliente. Para que el despacho funcione en el mundo actual, ya no vale únicamente con tener un plan financiero saneado, sino que debe generar confianza en el mercado. Recordemos que los abogados tienen que captar la atención de un cliente, al que se ha denominado "conectado", que busca al profesional en aplicaciones tecnológicas, en las que incluso los demás usuarios califican al profesional por muchos aspectos: atención, puntualidad, conocimientos, empatía, etc.

No queda más remedio que evaluar el trabajo y el rendimiento del despacho a través de *KPIs*.

KPI es la sigla que proviene de la frase en inglés *key performance indicator* o en español, indicador clave de rendimiento y se trata de una métrica cuantitativa que muestra cómo la empresa, en este caso, el despacho, progresa hacia los objetivos más importantes. Se trata de generar confianza y, por ello, se han de proyectar objetivos y ver en qué medida han sido cumplidos. Más tarde, hablaremos de los *KPI* primarios, que tienen que ver con el marketing, pero hablemos de uno de los *KPIs* más importantes para el éxito de una empresa: la satisfacción del cliente.

Estas escalas a las que nos estamos refiriendo revelan datos esenciales que ayudan a la empresa a comprender si sus clientes están satisfechos con los productos creados o servicios prestados. En definitiva, revelan la calidad de la relación de un cliente con la marca. Y, es que queremos convertir al despacho sobre el que se basa el taller práctico, como se ha dicho en una marca, reconocible, de reputado prestigio en el mercado; mercado, no olvidemos en el que compiten 44.799 compañeros, que se dedican a lo mismo y que son tan buenos o mejores que los abogados que componen el despacho en cuestión.

Existen algunos ejemplos de KPIs en este sentido que se pueden utilizar en el ámbito de la abogacía, como es el caso de *net promoter score (NPS),* que mide la fidelidad del cliente a la empresa. Desarrollado por primera vez en 2003, por *Bain and Company* y permite a través de una encuesta saber si los clientes son promotores, detractores o neutros. Los clientes-encuestados dan una puntuación entre cero (nada probable) y diez (extremadamente probable) y, en función de su respuesta, los clientes entran en una de las 3 categorías para establecer una puntuación NPS: a) promotores, que son los que responden con un 9 ó 10. Son clientes leales y entusiastas, que no sólo han quedado satisfechos con los servicios prestados, sino que recomendarían a dicho profesional a otros usuarios; b) detractores, que contestan a la encuesta con una puntuación que va de 0 a 6. Son clientes insatisfechos que seguramente no repetirán el proceso de compra o de contratación de los servicios, pudiendo incluso disuadir al resto de potenciales clientes; c) neutros, que responden con una puntuación de 7 u 8, están satisfechos con el servicio, pero no con la calidad o, por ejemplo, no tanto como para ser promotores.

Para calcular el denominado *net promoter score,* se resta el porcentaje de detractores del de promotores, pudiéndose obtener un resultado positivo, de 0 o negativo. Si a este sistema, se añade a la encuesta la posibilidad de que los clientes añadan comentarios *-verbatim-* se conocerá mucho mejor el motivo de su puntuación.

Existen otros sistemas o métricas para medir la satisfacción del cliente. Podemos citar, *CSAT,* o puntuación de satisfacción del cliente, que mide las opiniones de los clientes y se expresa en porcentajes (100% fantástico/ 0%, terrible). Otro sistema es *CRR* o tasa de retención de clientes y mide el porcentaje de clientes retenidos, esto es, los que son fieles a la marca, en un plazo determinado. Si la empresa pierde al final del año 5 clientes, teniendo 10 al inicio, tendrá un índice de retención del 50%. Otra métrica es *RPR* o tasa de repetición de compra, que mide el porcentaje de clientes que reiteran la contratación de los servicios del despacho[22].

En definitiva, se trata de medir, para conocer dónde están los problemas, para poder corregirlos y mejorar la satisfacción del cliente. A los clientes conviene involucrarles en la transformación tecnológica del despacho, cuestionándoles sobre cómo perciben los cambios. Son ellos, los que mejor pueden percibir la evolución de despacho tradicional a despacho transformado tecnológicamente.

4.2. Las soft skills de los abogados y el reparto de funciones

Se ha dicho ya que la transformación digital no ha de basarse en los elementos tecnológicos única y exclusivamente. Son las personas las que han de liderar y ejecutar el proceso de cambio. Por tanto, primeramente, han de estar convencidas y sentirse parte imprescindible en dicho proceso.

Los conocimientos jurídicos se presuponen en los abogados que conforman el despacho imaginado. Al especialista en civil, se le supone el conocimiento de Derecho Civil, igual que al abogado penalista en su materia. Aunque les cuesta, están actualizados en cuanto a los cambios legislativos que se producen y estar al día en la jurisprudencia emanada de los tribunales. De hecho, se precisa que el despacho ponga a su disposición herramientas tecnológicas que facilite el proceso de estar al día de las modificaciones, derogaciones de preceptos y al tanto de la jurisprudencia. Pero ello, no bastará. Hoy día se habla de las *soft skill* y es que éstas son las competencias que permitirán seguir hablando de abogados-personas, a los que sea imposible sustituir por IA. Muchas veces se dice que la IA acabará con determinadas profesiones. Estamos seguros que el abogado empático, intuitivo, líder y creativo sobrevivirá a cuanta máquina inteligente vaya surgiendo.

---

22 Véanse los distintos sistema de medición en https://driv.in/blog/escala-de-satisfaccion-cliente-kpi (Consultado 03/02/2025. Hora: 16:00)

Las *soft skills* son las aptitudes sociales, emocionales, resolutivas y de comportamiento que permiten a las personas desenvolverse mejor y obtener mejores resultados en cualquier situación. Se ha llegado a hablar del abogado en T. La vertical está compuesta por las habilidades legales y conocimientos tradicionales y, la parte horizontal, por los conocimientos tecnológicos y cambios en el flujo de trabajo. Este concepto ha sido ya superado y, en la actualidad, tenemos ya al abogado delta, esto es el que tiene conocimiento jurídico; conocimiento de herramientas tecnológicas y flujos de trabajo y el que dispone de *soft skills* o habilidades transversales[23].

En este momento del taller, se realiza otro *braimstorming* para conocer cuáles es la aportación de valor de un abogado, más allá de sus conocimientos técnico-jurídicos. En el listado triunfaron las siguientes competencias: inteligencia emocional, creatividad, improvisación y liderazgo.

Resulta imprescindible saber escuchar al cliente. Cliente atendido, cliente satisfecho. Por este motivo, hay que formar a los abogados en la necesaria atención al mismo, en procesos de escucha activa, desde que éste entra por la puerta del despacho y expone el caso hasta que el asunto concluye.

Los procesos de escucha activa del cliente son aquéllos que permiten un intercambio de información bidireccional. El cliente expone el caso, pero también el abogado debe adquirir el conocimiento de aquellas cuestiones que el usuario no cuenta porque no sabe de su importancia. No se pretenda que el cliente sea experto en Derecho; si así lo fuera, no acudiría a un abogado. Por tanto, contará el relato de los hechos de acuerdo a su propia percepción y personalidad. Los abogados no son psicólogos, pero cuando el cliente llega a un despacho de abogados con un problema jurídi-

---

[23] Véase, HERRERA, F. en "La importancia de las soft skills en la profesión del abogado", en https://www.abogacia.es/publicaciones/blogs/blog-de-innovacion-legal/la-importancia-de-las-soft-skills-en-la-profesion-de-abogado/ (Consultado 3/02/2025. Hora: 15:00)

co concreto, ese problema trasciende el ámbito legal, puesto que hay sentimientos, problemas éticos, morales, religiosos, psicológicos, sociales o familiares que rodean a lo jurídico. Al abogado le interesa lo jurídico, pero el cliente le relatará cuestiones no jurídicas y, justamente lo jurídico se lo callará. Este proceso de escucha activa servirá al abogado para conocer lo estrictamente necesario para plantear el caso al cliente para sentirse comprendido.

Considérese que, en el caso de que un asunto se pueda considerar perdido, el abogado debe acometer el trámite de conclusiones o informes finales teniendo en cuenta sólo y exclusivamente al cliente. Si las conclusiones o informe no va a servir para convencer al juez, al menos utilizarlo para que el cliente se pueda sentir orgulloso de su abogado. Aunque pierda el caso, no debe dejar el profesional ni un resquicio a la duda, del tiempo y esfuerzo que ha dedicado para intentar ganarlo, ni de sus conocimientos, ni de sus habilidades. Se puede perder un caso, pero no al cliente.

La creatividad resulta imprescindible. A veces la solución no está en un artículo concreto de la Ley, ni en una sentencia determinada. Una solución creativa puede ser la resultante de una argumentación a *sensu contrario*, o de la analogía *iuris o legis*. Y, para que la creatividad salga adelante, resultan imprescindibles poner en común los casos y las argumentaciones entre varios colegas.

La improvisación resulta necesaria. Un profesional puede preparar muy bien a su cliente o a un testigo, pero debe estar capacitado para reaccionar ante la pregunta del compañero que actúa de contrario o ante la respuesta dada por un testigo propuesto por aquél; también, ante las reacciones del juez, que incluso puede llegar a cortar las conclusiones por largas, tediosas o poco concluyentes. El profesional debe estar prevenido en caso de que el juez le interrumpa un interrogatorio, por impertinente o inútil. Incluso, debe saber cuándo ser el mismo el que no siga interrogando si el testigo o la parte se pusieran nerviosos. La audiencia previa, por ejemplo, o el acto del juicio o la vista en un proceso civil, ponen a prueba la capacidad de improvisación del abogado.

El liderazgo también es una cualidad que debe acompañar al profesional en Derecho. Debe ser líder entre sus compañeros, ante el cliente y ante los diferentes operadores jurídicos con los que tiene relación.

Son competencias sobre las que el abogado debe trabajar y formarse. Esas *soft skills* pueden ser connaturales en el profesional, pero debe seguir trabajando para mejorarlas. El abogado que no las tiene tan desarrolladas, deberá hacerlo, si quiere destacar o diferenciarse del resto de sus colegas.

Además, de las *soft skills*, hace falta distribuir el trabajo según, no solo especialidades jurídicas, sino las capacidades de cada uno de los integrantes del despacho. En el ámbito empresarial, como se ha indicado, la gestión del talento resulta básico y fundamental. La abogacía debe ser entendida como una empresa. Se necesita, por ende, evaluar las habilidades y los conocimientos técnicos de los abogados que en el mismo trabajan y aplicarlos en el ámbito en el que mejor encajen. Así, si bien todos los abogados deben captar clientes y existen técnicas como después se verá más sofisticadas para atraer clientela nueva, seguro alguno de los colegas destacará por su capacidad de venta. Ese abogado será el más idóneo para comer con potenciales clientes. Seguro que hay alguno que tiene mayor capacidad dialéctica; ese será el que quizás entre dos posibles civilistas, deba a ir a defender a juicio la posición del representado. Recordemos que, entre los trabajadores del despacho se dispone de un ingeniero experto en ciberseguridad. Y, es que hoy resulta imprescindible "blindar" las comunicaciones entre abogado-cliente; abogado-procurador, etc, ante posibles ataques cibernéticos. Los abogados tratan, por su trabajo, con infinidad de datos sensibles que resultan muy atractivos para los *hackers*.

Debe tenerse en cuenta que los recursos humanos del bufete resultan fundamentales en la puesta en marcha de todo cambio. Es preciso preparar a los trabajadores del despacho para las profundas transformaciones que se van a implementar. Si ellos no son los primeros convencidos, por mucho que dichos cambios se implementen, no resultarán de éxito.

4.3. Nuevos modelos de trabajo: legal project managment; metodologías ágiles aplicados a la abogacía, automatización y simplificación de los procesos y trabajo colaborativo.

La transformación digital del despacho debe venir de la mano de la forma de trabajar.

En primer término, han de identificarse los asuntos que se llevan. No sólo importa el número, sino la clase y sus fases. No es lo mismo, la labor de consultoría que realiza un abogado, que cuando un asunto va a juicio.

Es en este punto en el que hablamos de dirección o gestión de proyectos. Supone la aplicación de técnicas de dirección utilizadas en obras complejas, como sucede en ingeniería, arquitectura o desarrollo de *software*, pues todas ellas requieren múltiples y variadas habilidades[24].

Trabajar, entendiendo la actividad de la abogacía como un proyecto legal o trabajar de forma tradicional se diferencian como a continuación se va a explicar.

Cuando un cliente llega a un despacho y éste decide hacerse cargo del mismo, tras la reunión inicial, aceptación y firma de la hoja de encargo, viene sin pausa la actividad frenética del abogado: estudio del asunto, recopilación de pruebas, redacción de escritos, llamadas, preparación de audiencias y vistas y pruebas y conclusiones finales. Plazos que cumplir, escritos que redactar, entrevistas que realizar se intercalan con otros asuntos y, al mismo tiempo, con el proceso continuo de captación de nuevos clientes, con el asesoramiento de otros, lectura de correos, atención de llamadas, etc. En esta forma de trabajar, no se pasa por una fase de definición, ni de planificación o si las hay, éstas son breves. El trabajo sale adelante, por la básica razón de que los abogados son experimentados y saben lo que tienen que hacer. Trabajan de forma

---

[24] PÉRREZ BENÍTEZ, J.L., en *Dirección por proyectos en la abogacía,* ed. Black Swan, Consultoría, S.L, 2017, pág. 21.

intuitiva. La fase de ejecución es la que ocupa la mayor parte del tiempo y consiste en cómo hemos dicho: en el estudio del asunto, búsqueda de argumentación, redacción de escritos y preparación de vistas, prueba y conclusiones. La fase de conclusión es mínima, puesto que el abogado que termina un asunto, entrega el mismo, informa al cliente y pasa la factura para que ésta sea pagada. Se toman decisiones según el devenir de los acontecimientos; se corrigen defectos según van surgiendo los inconvenientes o errores y también de forma inmediata se comunica el devenir de los asuntos, tanto de forma interna como externa[25].

En el taller práctico, se pregunta a los participantes, cuáles son los inconvenientes de esta forma de trabajar. Salen en el listado los siguientes aspectos: retrasos, incumplimientos de plazos, inconvenientes con los abogados y demás trabajadores del despacho; nula comunicación con el cliente o escasa o defectuosa; estrés en el abogado; surgimiento de elementos sorpresivos que no se han tenido en cuenta; soluciones improvisadas y nada meditadas; por lo tanto, a veces, erróneas.

Entender un encargo como un proyecto permite planificar. En *legal project managament*, se divide el trabajo en fases: fase de inicial o de definición del encargo; planificación detallada del mismo (alcance, tiempo, tareas a desempeñar; definición de roles y asignación a los implicados; control de posibles riesgos; previsión de terceros involucrados; diseño de un plan de comunicación básico, elección de proveedor y ciertamente, hasta la fase de ejecución, no cabe hablar de fase generativa de facturación. Pero todas las fases anteriores resultan imprescindibles para el buen desarrollo del caso.[26] En este proceso se planifican entregas parciales y cumplimiento de hitos.

Qué ventajas reporta este modelo de trabajo, si supone en teoría más tiempo: mejor comunicación con el cliente, mayor control del proyecto y de los posibles riesgos y de sus imprevistos; facilita

---

25 PÉRREZ BENÍTEZ, J.L., *op. cit. pág. 84*
26 PÉRREZ BENÍTEZ, J.L., *op. cit. pág. 88*

el proceso de cobro de la factura. En definitiva, mayor rentabilidad, simplificación del proceso y mejor gestión de conocimiento, empleo y utilización de los recursos de los que se disponen.

Si se comparan ambos modelos de trabajo, se pensará que, en el tradicional, la rentabilidad es mayor, pues se ejecutan y facturan más horas de las que inicialmente se planifican. Pero esa rentabilidad inicial se deteriora, surgiendo horas inútiles de trabajo por tener que rectificar errores, improvisar, al surgir horas y tareas no facturables. Con el método de trabajo propuesto, se está hablando de rentabilidad inversa. Las horas facturadas no serán mayores a las previstas. A mayor número de asuntos parecidos, se gestionará mejor lo aprendido. Además, la planificación hará que las horas no facturables sean mínimas[27].

En la transformación digital de un despacho de abogados, resulta imprescindible la automatización de procesos, con el objetivo de ahorrar tiempos y costes, de modo que sean más eficientes. Así, deben analizarse qué procesos se repiten y cuáles se pueden simplificar. Pensar un método para acometer los procesos que se realizan una y otra vez, ahorra tiempos y coste. Eso es parte también de la evaluación final de cada proyecto. Aprender de los procesos anteriores, gestionar el conocimiento, logra acelerar y minimizar la curva de aprendizaje. Aplicar métodos para procesos iguales, mejora la rentabilidad del despacho. Lo importante es que los procesos sean coherentes, estandarizadables, repetibles y sencillos.

En estos procesos, entendemos deben utilizarse metodologías ágiles, propias de las empresas que crean productos, pero aplicables también y beneficiosas en extremo, cuando lo que se prestan son servicios. Por qué no utilizar el método *Kanban* o *Scrum* en un sector de prestación de servicios.

---

27 Para conocer con profundidad la rentabilidad inversa cuando se utilizan estos métodos de trabajo, véase PÉRREZ BENÍTEZ, J.L., *op. cit. págs.. 89 y 90.*

El método *Kanban* es una técnica visual de gestión de proyectos que permite visualizar los flujos y la carga de trabajo. Funciona situando en un tablero organizado por columnas el trabajo por realizar. Cada columna representa una etapa del trabajo[28].

El método *Scrum* se articula sobre los llamados *sprints*. Es un proceso que permite realizar un conjunto de tareas de forma regular con la finalidad de trabajar de manera colaborativa, de mejorar el resultado del proyecto. Los *sprints* son períodos de tiempo fijo, durante los cuales el equipo trabaja para completar una cantidad de trabajo determinado. Así, se crean sesiones de trabajo, cada cierto tiempo, con reuniones diarias y se fija una cantidad determinada de trabajo a finalizar durante el ciclo de cada *scrum*. Las etapas de este método son: análisis de partida, planificación, implementación, revisión y entrega.

---

28 El creador de este método fue Taichi Ohno, ingeniero japonés de Toyota, a finales de 1940. Queriendo mejorar el sistema de producción de la empresa, introdujo un sistema de producción ajustada. Toyota decidió modificar su modelo productivo: en lugar de fabricar nuevos productos en función de un análisis previo de la demanda anticipada, comenzó a producir y reabastecer sus bienes conforme a la demanda real del consumidor, implementando el sistema de producción *Just in Time* (JIT). Este cambio implicó la transición de un sistema de "empuje" a uno de "extracción". Es decir, los productos dejaron de ser introducidos al mercado de manera anticipada para pasar a fabricarse únicamente en respuesta a las necesidades efectivas del mercado. Gracias a este enfoque, Toyota logró reducir significativamente sus niveles de inventario sin comprometer su competitividad.

El método moderno Kanban se utilizó para los procesos de desarrollo de software, a principios de los años 2000. Comienza este método con una lista de tareas pendientes. El trabajo se extrae de éstas, según la carga laboral y capacidad de cada miembro del equipo. Se realiza un seguimiento, según se avanza en la consecución de las tareas, seguimiento que es visual y se cambian las tareas realizadas de columna según se va avanzando, hasta que todas las tareas se encuentran ya en la columna final, que representa el trabajo finalizado. Permite un equilibrio entre el trabajo que hay por realizar y los recursos disponibles.

Véase https://asana.com/es/resources/what-is-kanban (Consultado 6/02/2025. Hora: 15:00)

Para su implementación se requiere un *product owner* (dueño del producto), que será la voz del cliente frente al equipo*; un scrum master,* que es la persona que instruye al equipo *scrum* sobre los principios y prácticas propias de este método, siendo el encargado de velar por que se cumplan, el *scrum team* y *stakeholders,* que son los interesados, aunque no responsables, del resultado del proyecto, como por ejemplo, resultan los proveedores y asesores[29].

El método *Kanban* es compatible con *Scrum.* De hecho, los equipos de trabajo *Scrum* se ejecutan en tableros *Kanban.* Pero *Kanban* se centra en la mejora de procesos; mientras que *Scrum* ayuda a los equipos a finalizar más trabajos y más rápido[30].

Por qué no utilizar estas dos metodologías ágiles, si hemos entendido que el despacho de abogados mejorará su rentabilidad sobre los métodos propios de *legal project managment.* Si además de estos métodos, se aplican metodologías ágiles, la rentabilidad será mayor.

Fue, en este momento, en el que se indicó a los participantes del *workshop* en un supuesto de hecho concreto cómo organizar las tareas pendientes del despacho a través del método *Kanban* y *Scrum.* Se les puso como ejemplo la necesidad de atender a treinta clientes: quince de ellos, con procesos pendientes, civiles y penales, que se encontraban en diferentes fases; otros quince demandan asesoramiento en diferentes asuntos: testamentaría, contractual, creación de empresas, etc. Concretando las fases en las que se encontraban los asuntos *subiudice* y las labores que debían realizar los abogados en materia de asesoramiento, el equipo rea-

---

29 Este método tiene su origen en el juego de rugby, pues scrum es una jugada, que supone reiniciar el juego tras haberse cometido una falta menor. El equipo se reunifica, se coordina y define nuevas estrategias para buscar un mismo objetivo. https://www.personio.es/glosario/metodologia-scrum/ (Consultado 6/02/2024. Hora: 15:00)

30 https://asana.com/es/resources/what-is-kanban (Consultado 6/02/2025. Hora: 15:00)

lizó un tablero y distribuyó las tareas sin iniciar, comenzadas, en desarrollo, a punto de finalizar, finalizadas y cobradas. Al mismo tiempo, distribuyó las funciones, entre los distintos abogados. Se nombró un *product owner* y *un scrum master.*

En este ejercicio práctico, se logró visualizar el trabajo realizado y por realizar. En segundo lugar, los plazos "superpuestos" de todas las tareas a la vez. No olvidemos, que si los asuntos se encuentran en diferentes fases de distintos procesos, se superpondrán y habrá plazos que venzan al mismo tiempo, por ejemplo, el de contestación de una demanda y el de interposición de un recurso. Se lograron organizar sesiones de trabajo y fases que debían terminarse en los determinados *sprints.* Se demostró que las metodologías ágiles, que van de la mano del trabajo colaborativo, permiten tener una visión global del despacho, del trabajo realizado, del que resta por realizar y aseguran el reparto de funciones entre los distintos abogados, según la carga de trabajo y, como se ha dicho, pues se han evaluado las *soft skills,* también según las fortalezas de cada uno de ellos. La interacción entre los distintos profesionales y su colaboración, además agudizó la creatividad de los demás.

Hablando de metodologías ágiles, se planteó a los compañeros participantes en nuestro taller la posibilidad de redactar los escritos procesales a través de un modelo *canvas.* Este modelo se aplica, por ejemplo, cuando se quiere crear una empresa y permite conocer los aspectos clave de un negocio, cómo se relacionan y compensan entre sí. A través de un división en cuadrados de diferentes nichos, se visibiliza la infraestructura necesaria, la oferta, los clientes, la situación financiera, los proveedores, los materiales necesarios, la inversión necesaria, etc[31].

Al inicio, mis compañeros se quedaron perplejos. Cómo es posible que les estuviera planteando redactar un escrito procesal, utilizando un modelo empresarial. Preguntaron qué tenía que

---

31 https://blog.hubspot.es/sales/modelo-canvas (Consultado 6/02/2025. Hora: 15:00)

ver una cosa con otra. Pues bien, si antes de pensar y redactar la demanda, se entiende ésta, como un escrito en el que es preciso "ensamblar" piezas y se dibuja en un folio, las diferentes apartados de la misma, como son: suplico, jurisdicción internacional, jurisdicción por razón de la materia, competencia objetiva, competencia territorial, capacidad para ser parte, capacidad procesal, legitimación, postulación, clase de procedimiento, cuantía, hechos, documentos de prueba, fundamentos materiales y se van rellenando los cuadros con los preceptos aplicables y la conclusión alcanzada tras el estudio de cada uno de esos apartados, al redactar la demanda se terminará "juntando" las diferentes piezas analizadas anteriormente.

Tengamos presente que el encabezamiento se compone de los elementos analizados en los correspondientes apartados de jurisdicción y competencia, capacidad y legitimación de las partes, postulación y tipo de procedimiento.

Si se aplica este modelo *canvas*, los hechos habrán sido analizados y estructurados según una secuencia lógico temporal y espacial y se habrán seleccionado ya los documentos de prueba. Cuando corresponda redactar los hechos de la demanda, simplemente habrá de transplantarse el recuadro del modelo *canvas* al escrito, junto con los documentos que se presentan.

En el momento de redactar los presupuestos procesales, ya se habrán analizado, habiendo tomado una decisión de ante qué órgano presentar la demanda, qué hacer si las partes deben acreditar su capacidad procesal, qué tipo de procedimiento corresponde aplicar y si es en virtud de la cuantía, cuál regla de las de los arts. 251 ó 252 de la LEC se habrá aplicado. Es hora sólo redactarlos. Lo mismo sucede con los fundamentos materiales, pues en el cuadro de *canvas* se habrán seleccionado ya los preceptos que se van a aplicar y las sentencias que se van aportar.

El primer apartado que aconsejamos "rellenar" en el modelo *canvas* es el suplico. Esto es debido a que se está utilizando la técnica llamada "*the end*". Y es que lo primero que ha de decidirse es lo que se va pedir en el proceso. A partir de ahí, se escogerán los hechos, los fundamentos materiales y los documentos que han de aportarse junto a la demanda.

Las caras de sorpresa de los asistentes cambiaron porque entendieron posible aplicar este modelo empresarial a su tarea diaria y podría mejorar su trabajo, ahorrándoles tiempo y errores. Es claro que gracias al "ensamblaje" de piezas se evitarán incoherencias entre el encabezamiento y los fundamentos, por ejemplo, o entre el suplico y los fundamentos materiales.

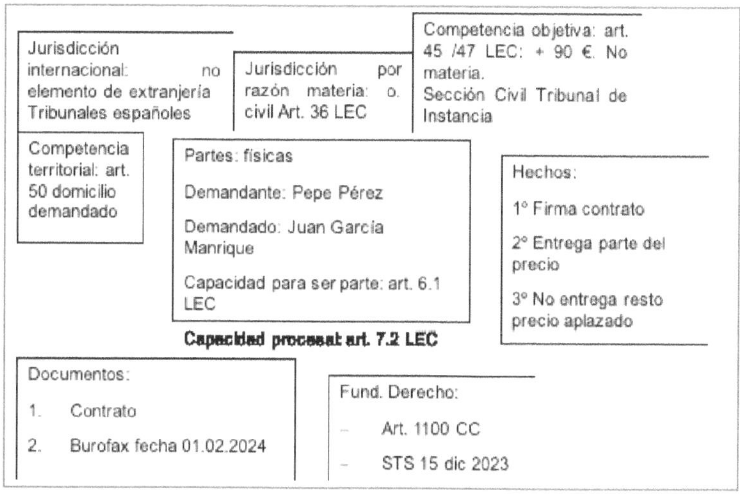

Imagen 1: Método *canvas* aplicado a la redacción de una demanda. Elaboración propia

La aplicación de los nuevos métodos permitirá, sin lugar a dudas, conocer qué procesos se repiten y pueden automatizarse. Qué sentido tiene realizar tareas administrativas que pueden realizarse por medio de herramientas informáticas. Como se puede observar, la inversión en tecnología se vuelve a poner de manifiesto y es en dicho momento cuándo se les preguntó a los participantes en el *workshop*, sobre las tareas que en un despacho se pueden automatizar y, por ende simplificar. La contestación fue unánime: gestión documental y archivo de expedientes; presupuestos y hojas de encargo. Otras que no salieron, pero los que despachos están aplicando son: facturación del despacho; informes (estadísticas sobre un asunto concreto y actualización jurídica, a través de alertas automáticas, cuando la norma cambia)[32].

Las metodologías ágiles se fundamentan en la colaboración, pero esta coordinación también se necesita, como se ha indicado, en las tareas que cada uno tiene asignadas. Si cuando llega un caso al despacho, se acepta y se estudia el mismo, se realiza una exposición ante todos los compañeros, a través de sistemas como *brainstorming* o de *design thinking* pueden obtenerse excelentes y brillantes soluciones que un abogado por sí mismo y sólo quizás no fuera capaz de alcanzar.

Para terminar en cuanto a los procesos, ha de prestarse atención a los datos. Un mundo lleno de datos conlleva la necesidad del análisis de los mismos, a la hora de tomar decisiones. El ejercicio de la abogacía no es ajeno en este sentido. Y es que los abogados habrán de toman decisiones, por ejemplo, en base a los datos de los que disponen. Y, es aquí donde se incluye la gestión predictiva de los mismos. La metodología de la empresa vuelve a aplicarse en un sector, antes ajeno. Se pone de relevancia la idea de que la abogacía y el despacho profesional ha de ser entendido como empresa.

A pesar de todo lo dicho, sabemos que no es sencillo que los despachos apuesten por estos nuevos modelos de trabajo. La implementación de nuevas metodologías se opone frontalmente a culturas y modelos operativos heredados. El despacho imaginado está compuesto por abogados jóvenes o si no tan jóvenes, convencidos de la necesidad de cambio, no sólo para sobrevivir, sino para alcanzar cotas de éxito y excelencia. Los socios están convencidos que debe crearse imagen de marca, siendo necesario fidelizar a los clientes, así como conseguir muchos más. Si el equipo no estuviera convencido de estas necesidades y de las bondades de

---

32 Véase "La transformación digital de un despacho profesional", *Guias para la transformación digital*, Vlex, pág. 10, GUIA-QUOLAW-2021.pdf (cicac.cat) (Consultado en 15/06/2024. Hora: 15:00)

estos modos nuevos de trabajar, la transformación se tornaría en fracaso.

4.4. Inversión en tecnología: mapas de legaltech

Sabiendo que la transformación tecnológica de un despacho no es sinónimo del concepto inversión tecnológica, ésta se muestra como una de las palancas imprescindibles para que aquélla pueda ser viable. Se precisa adquirir herramientas de *software* que permitan automatizar procesos, digitalizar elementos físicos del despacho, tales como archivar expedientes, documentación y facturas. Se necesitan herramientas de IA, por ejemplo, que analicen los escritos de la parte contraria y resalten los puntos fuertes y débiles e incluso que propongan argumentación favorable a la pretensión del cliente. Se requiere *software* que permita la consulta y selección de legislación y jurisprudencia. Se necesitan elementos de *hadware* potentes y modernos, que soporten los programas necesarios y también que permitan, por ejemplo, ser utilizados en una vista o audiencia en un proceso.

La tecnología posibilita la eficiencia, el ahorro de costes y, por ende, trae consigo nuevas oportunidades de negocio.

El *software* necesario para la realización de las tareas propias de la abogacía puede contratarse a través de licencias, pero también puede ser propio. Y es que la creación de *software* por parte de una firma de abogados puede ser más eficaz que la contratación a empresas externas. Ante situaciones nuevas, cabe agudizar el ingenio de los abogados y si disponen, como es el caso del despacho del supuesto práctico, de un ingeniero o de un informático, crear aplicaciones propias. Pongamos el ejemplo del despacho británico *Taylor Wessing*. Esta firma se vio obligada a adaptarse a una nueva exigencia prevista por el Gobierno y es que éste dictó una norma que obligaba a las empresas a crear y mantener un registro sobre la titularidad última de las acciones y participaciones de empresas, a los efectos de determinar situaciones de poder y/o control. Según dicha norma, se imponía a las empresas determinadas obligaciones informativas y registrales. Lo lógico era pensar que los despachos emitiesen una circular informativa a sus empresas-cliente sobre tal novedad, a través de la cual informen de los supuestos en los que se incurre en la obligación de informar y crear el correspondiente registro. *Taylor Wessing* aplicó la tecnología *Neota Logic* y desarrolló una aplicación, accesible por todos sus clientes desde cualquier tipo de dispositivo, para realizar un primer asesoramiento personalizado a sus clientes sobre esta normativa. La aplicación funcionaba a partir de un sistema de diez preguntas organizadas mediante un árbol de decisión lógico. En función de la respuesta del cliente a la primera pregunta, el sistema generaba automáticamente nuevas cuestiones adaptadas a su caso concreto. De este modo, el cliente podía saber si su empresa se encontraba afectada por la nueva norma y, en caso afirmativo, la propia aplicación indicaba los pasos necesarios para cumplirla, elaborando además un presupuesto estimado para su implementación por parte del despacho. Posteriormente, el bufete ofrecía el asesoramiento especializado para la adecuada adaptación normativa.

Otro ejemplo, parecido al anterior es el *Foley & Lardner*, despacho que creó una aplicación, la *Foley Global Risk Solutions*, que tenía por finalidad permitir que las empresas que operaban en mercados internacionales pudieran comprobar su grado de cumplimiento de la normativa anticorrupción. Un servicio de pago que funcionaba de forma totalmente automatizada mediante la tecnología del aprendizaje automático posibilitaba que cada empresa pudiera obtener un informe de cumplimiento adaptado a su caso concreto[33].

---

33 Véase este ejemplo explicado por BRUNCH, E. en "Innovación de base tecnológica en el sector legal. Machine Learning" en *Transformación digital de despachos y redes sociales para abogados*" https://www.abogacia.es/wp-content/uploads/2012/03/TRANSFORMACION-DIGITAL-Y-RRSS-PARA-ABOGADOS.pdf (Consultado en 15/02/2024. Hora: 15:00).

Pero la inversión en tecnología no puede realizarse sin planificación. Hacerlo de esa manera supondría gastar una parte del presupuesto del despacho, sin ajustarse a las necesidades reales del mismo. Destinar una parte del presupuesto a herramientas de IA es algo que los pequeños despachos se piensan y, quizás ahí radica el problema.

La IA ha dejado de ser un lujo para convertirse en una herramienta esencial en el ejercicio jurídico. Su implementación en los despachos permite automatizar procesos, planificar estrategias procesales, reducir riesgos y optimizar la gestión documental. No obstante, conviene distinguir entre la IA de libre acceso y la IA jurídica especializada, desarrollada para satisfacer las necesidades concretas de abogados y operadores jurídicos. Mientras las grandes firmas invierten sin reparos en soluciones avanzadas de gestión del conocimiento, cumplimiento normativo o investigación legal, los despachos pequeños y medianos aún muestran reticencias, ya sea por los costes, el desconocimiento o la brecha digital. Sin embargo, cada vez más profesionales reconocen que resulta imposible ejercer sin apoyo tecnológico, sustituyendo las tradicionales bases de datos por sistemas LLM entrenados en Derecho, capaces de redactar escritos, analizar documentos y diseñar estrategias procesales.

Entre las aplicaciones más útiles destacan las herramientas de gestión de riesgos, por las sanciones que pueden evitar, la gestión documental y la investigación jurídica. Estas tecnologías permiten complementar la intuición profesional con análisis precisos, reduciendo tiempos y aumentando la calidad de las decisiones.

La IA también transforma la práctica mediante modelos predictivos que anticipan contingencias, aunque su uso exige formación continua y un sólido criterio jurídico. Pese a su potencial, la empatía y la confianza que caracterizan la relación abogado-cliente siguen siendo insustituibles.

No obstante, la IA presenta limitaciones: errores o "alucinaciones", sesgos en los datos de entrenamiento y opacidad algorítmica, las llamadas "cajas negras". Los riesgos de citar jurisprudencia inexistente o legislación equivocada son altos, lo que subraya la necesidad de emplear IA jurídica verificada y de respetar los principios éticos y de protección de datos.

Para no invertir en tecnología innecesaria, los expertos aseguran la necesidad de realizar mapas de *legaltech*.[34] Éstos son representaciones gráficas con listados de soluciones tecnológicas, acompañadas de estudios de análisis del impacto de las diferentes aplicaciones y soluciones que van surgiendo en el ecosistema empresarial tecnológico del sector legal. Son elaborados por especialistas en *legaltech*, profesionales de las *TICs* aplicadas al Derecho, medios de comunicación especializados e importantes consultoras internacionales. Son tantas las soluciones y aplicaciones que están surgiendo y van a surgir en el mercado, que resulta imposible sean conocidas por los despachos de abogados. Si no se conocen, por ende, no se pueden aplicar al trabajo diario que desarrollan. Por otra parte, son tantas y tan nuevas dichas aplicaciones y herramientas que necesitan de un proceso de prueba, de análisis y de estudio, para medir su efectividad según la necesidad que pretendan solucionar. Estos mapas se basan en nichos, es decir, en categorías que engloban *software* tecnológico y aplicado al ámbito jurídico.

Sin querer ser exhaustivos, algunos nichos son:

1. *Legal Consultation*: son aplicaciones de consultas legales *online*. Estos programas crean sistemas automatizados de diagnóstico y solución de situaciones jurídicas concretas. Se ejecutan a demanda por los usuarios en base a la información por ellos proporcionada y que es contrastada con la propia de la aplicación, sugiriendo soluciones concretas. En este ámbito, en España se han creado herramientas de IA gene-

[34] Véase "La transformación digital de un despacho profesional", *Guias para la transformación digital*, Vlex, págs. 22 y siguientes, GUIA-QUO-LAW-2021.pdf (cicac.cat) (Consultado en 15/06/2024. Hora: 15:00)

rativa como es *GenIA-L*, de *Lefevre*, el Derecho[35] o *Vicent AI*, de *VLEX*.[36] que permite dar respuesta a concretos problemas jurídicos a través de un lenguaje natural, permitiendo al usuario conocer la fuente de la información. Si se le pregunta a Chat GPT una cuestión jurídica no se puede conocer la fuente de donde se obtiene la información. *GeniIA-L o Vicent AI* permiten asegurarse que la respuesta se encuentra en los mementos de la editorial, esto es, está extraída de los autores que trabajan para ellos.

2. *Legal Funding*: *crowfunding* de acciones judiciales.
3. *Research & Analytics*: permiten la búsqueda y el análisis de documentos jurídicos con IA o *machine learning*. Por ejemplo, buscan jurisprudencia y la analizan. Hoy día, son búsquedas inteligentes que van más allá de las palabras clave, pues analizan el contexto de las palabras, para descartar información no pertinente. *Vincent AI*, herramienta de IA creada por V-LEX puede dar respuesta a preguntas relativas a diferentes órdenes jurisdicciones, construir argumentos jurídicos a favor y en contra y comparar una determinada problemática jurídica entre diferentes jurisdicciones. En su actualización *Winter* 2025, se han incorporado importantes mejoras, como son las capacidades multimodales, que permiten analizar audios y vídeos de vistas o declaraciones mediante transcripción automática y detección de argumentos procesales. Además, ha anunciado el próximo lanzamiento de *Vincent Studio*, una herramienta aún en fase beta que permitirá a los despachos construir sus propios flujos de trabajo personalizados sin necesidad de programación, marcando

---

35 https://lefebvre.es/ecosistema-productos/genial-inteligencia-artificial-generativa-ia/?cd_camp=5800&acc=23648&gad_source=1&gclid=Cj0KCQiAzoeuBhDqARIsAMdH14E4QC8ZBu4bnUpcQmu3lqxotG_Rxa5tcM-dpMuIATkctlgcmeJKLSUaAl7pEALw_wcB. (Consultado en 4/02/2024. Hora: 12:00)

36 https://vlex.es/vincent-ai (Consultado en 03/03/2025. Hora: 10,00)

un paso decisivo hacia la personalización y la automatización avanzada en la práctica jurídica[37].

Otra herramienta de IA adaptada a la profesión de abogacía es *Global IA*, de *Economist and Iuris.* Contiene casos reales, formularios y la posibilidad de generar documentos a partir de aquéllos[38].

Habitualmente, las herramientas de búsqueda de legislación y jurisprudencia son caras. Los despachos de abogados, para asegurarse estar provistos de buenas bases de datos suscriben licencias costosas. Viene al caso citar, sin embargo, Justicio, que es la primera herramienta de búsqueda de legislación el acceso a la legislación española y europea. La ventaja que tiene es que es de Código abierto tratando de garantizar que cualquier profesional, independientemente de sus recursos, pueda acceder de forma gratuita. Su respuesta es confiable y más rápida que los sistemas de pago[39].

Nos podemos hacer la siguiente pregunta: ¿bases de datos o IA? La respuesta es contundente. La IA cada vez está ganando en fiabilidad y, ello gracias a la aplicación de la técnica RAG (*Retrieval Augmented Generation*). Expliquemos breve-

---

37 https://www.derechopractico.es/vlex-convierte-su-asistente-de-busqueda-juridica-vincent-ai-en-el-mas-completo-del-mundo/ (Consultado en 4/02/2025. Hora: 12:00). https://vlex.com/blog/VincentAIWinterRelease?utm_source=chatgpt.com. (Consultado en 20/10/2025. Hora: 12:00). La versión *beta* de esta herramienta de IA generativa pone de manifiesto la importancia de realizar los mapas de *legal tech* en cada despacho, antes de invertir en tecnología. Este mapa permite conocer las herramientas existentes en el mercado, su finalidad, la versión en la que se encuentran y evitar reiteraciones en a la hora de decidir qué aplicaciones son necesarias en cada uno de los bufetes.

38 https://formularios.economistjurist.es/form/login.php (Consultado en 20/10/2025. Hora: 12:00).

39 https://www.derechopractico.es/guialegaltech/justicio/ (Consultado en 20/10/2025. Hora: 12:00).

mente esto: cuando un usuario realiza una pregunta a la IA, a través de una interfaz conversacional, antes de dar una respuesta conforme a los datos obtenidos en su base de conocimiento única con la que ha sido entrenada, lleva a cabo una búsqueda en bases datos específicas, que contienen datos completamente actualizados y que actúan como complemento a la del entrenamiento. De esta forma, la IA, apoyada en el uso de las técnicas RAG, junto al modelo de lenguaje LLM permite generar respuestas más precisas y adaptadas a un contexto concreto.

4. *Online Legal Services*: realizan la gestión de reclamaciones *online* o administración de documentos notariales.

5. *Digital Evidence*: posibilitan la firma y certificación de documentos en remoto.

6. *Marketplaces*: plataformas de contacto entre abogados y clientes.

7. *Management Software*: son *softwares* de gestión de despachos de abogados. *Kamaleon* Abogados, de *Wolters Kluwer*, es una de las últimas en aparecer en el mercado[40]. Hay muchas ya en el mercado[41].

8. *Contracts and Legal Documents*: son sistemas que comparan contratos según modelos predefinidos, los cuales permiten detectar cláusulas no coincidentes, inexistentes, adicionales o la divergencia entre ellas, facultando la clasificación de

---

[40] https://www.wolterskluwer.com/es-es/solutions/kmaleon/abogados?utm_source=Eloqua&utm_content=WKLSWES_Kmaleon_NUR_Email_FebBOFU_2025_Invitation&utm_campaign=wklswes_kmaleon_nur_demo-feb2025_bofu_sol&utm_econtactid=CWOLT000028963557&utm_medium=email_marketing&utm_crmid=701Vk00000FTkLvIAL (Consultado en 20/10/2025. Hora: 12:00)

[41] https://derechopractico.es/guialegaltech/categoria/software-de-gestion-de-despachos-y-asesorias/ (Consultado en 20/10/2025. Hora: 12:00)

contratos y cláusulas según tipo, importes, fechas. También, posibilitan la creación de informes automatizados con dichos parámetros. Otros programas habilitan la preparación de un primer borrador de escritos procesales, como puede ser la demanda o contestación a la demanda en un proceso civil. Analizan y estructuran documentos judiciales y no judiciales, en base a algoritmos lógicos en los que se incorporan las tendencias en emisión de sentencias de los jueces que deberán resolver el caso. Ejemplos de estas herramientas son *eBrevia*[42], *Kira Systems*[43] y *Luminence*[44]

9. Automatización de procesos: existen herramientas que simplifican y automatizan procesos que los despachos realizan en su día a día. Así existen herramientas tales como *Neota Logic*[45] y *Oracle Policy Automation*. Permiten, por ejemplo, la redacción y ejecución de una multitud de contratos, de empresas que necesitan modelos que utilizan en su negocio diario. De esta manera, se agiliza el trabajo de los equipos legales internos de dichas compañías. *Neota Logic*, también proporciona respuesta automática en ámbitos jurídicos concretos y determinados.

10. Investigación legal: ejemplos de estas aplicaciones son *Ross, Fastcase*[46], *LexisNexis*[47].

    Se dice que Ross es el primer abogado digital del mundo, pues es una herramienta de investigación legal que utiliza *machine learning* y procesamiento de lenguaje natural. Com-

---

42 https://secure.ebrevia.com/login.html (Consultado en 20/10/2025. Hora: 12:00)

43 https://kirasystems.com/ (Consultado en 20/10/2025. Hora: 12:00)

44 https://www.luminance.com/ (Consultado en 20/10/2025. Hora: 12:00)

45 Véase https://neota.com/solutions/ (Consultado en 20/10/2025. Hora: 12:00)

46 https://www.fastcase.com/ (Consultado 20/10/2025. Hora: 12:00)

47 https://www.lexisnexis.com/en-us/gateway.page (Consultado en 20/10/2025. Hora: 12:00)

bina tecnología de computación cognitiva *Watson de IBM* y su propio entorno de trabajo basado en IA, *Legal Cortex.* Hasta ahora sólo abordaba asuntos de derecho concursal, pero ahora incluye jurisprudencia (de Canadá y USA) de todas las áreas de práctica[48].

11. Predicción: *Lex Machina*[49], *Elevate*[50] *y Premonition*[51]. Este tipo de aplicaciones permiten por ejemplo manejar de forma inteligente los procesos judiciales, administrando el riesgo, y consiguiendo los resultados esperados. Aunque, por ejemplo, Elevate propone soluciones integrales para los despachos, entre otras, bufete de abogados integrado, o en materia de gobernanza, riesgo y cumplimiento.

12. Herramientas globales: *Relativity*[52] *y Recommind*[53]. Proponen a los despachos de abogados herramientas y soluciones tecnológicas para maximizar la experiencia de estas empresas. Por ejemplo, permiten crear flujos de trabajo automatizados, navegación intuitiva, para todos los miembros del equipo de un despacho de abogados. En otro caso, posibilitan crear ecosistemas de comunicación, nube de ciberseguridad, etc.

---

48 Véase https://www.derechopractico.es/guialegaltech/ross-intelligence/ (Consultado en 20/10/2025. Hora: 12:00)

49 https://www.lexisnexis.com/en-us/products/lex-machina.page (Consultado en 20/10/2025. Hora: 12:00).

50 https://elevate.law/ (Consultado en 20/10/2025. Hora: 12:00)

51 https://premonition.ai/legal_analytics/ (Consultado en 20/10/2025. Hora: 12:00). Anuncian sus servicios d de la siguiente manera: "Una ventaja muy, muy injusta en los litigios. Porque perder sale caro. El factor vital en un litigio es la tasa de victoria de su abogado ante el juez. *Premotion* es la única empresa con esos datos (Benjamin Wolkow, Consejo General)".

52 https://www.relativity.com/ (Consultado en https://www.relativity.com/. Hora: 12:00)

53 https://www.opentext.com/about/brands/recommind (Consultado en 20/10/2025. Hora: 12:00)

13. Sistemas que permiten la anonimización de documentos. Debe tenerse en cuenta que el almacenamiento y tratamiento de datos sensibles obliga a las empresas y a los despachos de abogados a trabajar con documentos que es preciso anonimizar, eliminando información de los mismos, para poder trabajar con ellos y compartirlos[54].

14. Herramientas que permiten planifican los riesgos, en el ámbito del cumplimiento normativo, identificando de forma concreta aquéllos según la actividad de la empresa, en el ámbito del cumplimiento normativo[55]. Y es que está ha surgido el *Regtech*[56]. Para quienes no lo conozcan, tiene que ver con el uso de las tecnologías emergentes para poder cumplir con la regulación, que cada vez es más exigente. Si

---

54 https://www.syntho.ai/es/the-best-data-anonymization-tools-next-gen-techniques/ (Consultado en 20/10/2025. Hora: 12:00). En esta página se nos explica los distintos sistemas de anonimización de datos en un documento.

55 https://www.softexpert.com/es/productos/riesgos-corporativos-erm/?utm_source=google&utm_medium=cpc&utm_campaign=22122049856&utm_content=174221199300_{sitelinkid}&utm_term=gestion%20de%20riesgos&utm_term=gestion%20de%20riesgos&utm_campaign=%5BIberia%5D+GRC+(S)&utm_source=adwords&utm_medium=ppc&hsa_acc=6826406784&hsa_cam=22122049856&hsa_grp=174221199300&hsa_ad=735417880732&hsa_src=g&hsa_tgt=kwd-326347293244&hsa_kw=gestion%20de%20riesgos&hsa_mt=b&hsa_net=adwords&hsa_ver=3&gad_source=1&gclid=CjwKCAiArKW-BhAzEiwAZhWsIKqh5E2dkVjw5s-nZj08knvzVPecQ7pXmnLUiF_Z-ZLupX2Gi3p5-sRoCUq4QAvD_BwE (Consultado en 20/10/2025. Hora: 12:00).

56 CHAROENWONG, B., KOWALESKI, Z.T., KWAN, A., SUTHERLAND, A.G, "RegTech: Technology-Driven Compliance and its Effects on Profitability, Operations, and Market Structure" (January 1, 2024). MIT Sloan Research Paper 6563-22, Journal of Financial Economics (JFE), Vol. 154, No. 103792, 2024, https://ssrn.com/abstract=4000016 or http://dx.doi.org/10.2139/ssrn.4000016 (Consultado en 20/10/2025. Hora: 12:00).

las herramientas de IA se aplican en este sector, será posible una mejor y más eficaz planificación de riesgos y, por ende, una mejor protección. Imaginemos herramientas de IA integradas e interoperables, que permitan trazar un mapa de riesgos en todos los ámbitos en los que una empresa, incluso la Administración Pública, ha de cumplir. El abogado no deja de ser una empresa, por ende, todas estas herramientas le serán de gran utilidad.

Pueden existir muchas aplicaciones que permitan acelerar y simplificar el trabajo de los abogados, pero es necesario ser conscientes de que las herramientas de IA y de tecnología conllevan un reto: tiempo de adaptación. Para que éstas permitan optimizar los tiempos de trabajo, se precisa planificar los tiempos de formación y aprendizaje de las personas que las vayan a utilizar; también, necesariamente para la resolución de dudas. Una tarea simple que antes podía realizarse en un minuto, puede dificultarse por la utilización de un *software* complejo, cuando se inicia su uso. Una vez aprendido, permitirá ahorrar tiempo y costes.

4.5. Marketing inbound y redes sociales en la abogacía

Todo el esfuerzo por transformar digitalmente el despacho no tendría sentido si no va acompañado de la publicidad necesaria para ser conocidos en el mercado. Se les preguntó entonces a los participantes en el *workshop* si la publicidad, la venta de la marca, formaban parte de la transformación digital. La respuesta fue completamente unánime y afirmativa.

¿Cómo puede hacerse conocido, entonces, un despacho de abogados en el mercado?

En primer término, el despacho vende sus servicios, atendiendo bien al cliente. Trabajar por y para éste es la mejor forma no sólo de conservarlo, sino de atraer a otros nuevos. Alcanzar un buen NPS es la manera de saber que el despacho va por buen camino. Atender los *verbatim* de los clientes resulta una buena fórmula para saber en qué puntos ha de mejorarse.

La mejor publicidad es el trato personalizado del cliente. Recordemos la importancia del proceso de escucha activa en la primera entrevista o la necesidad de mantenerle informado de cómo va su asunto cada cierto tiempo. El cliente quiere ser tratado, no como un número, sino como único. Los correos electrónicos y los flujos de comunicación personalizados dicen mucho de la imagen de marca del despacho en cuestión. Cuanto menos tiempo se tarde en contestar a un correo y más personalizada sea la respuesta, mejor para el cliente. Esta atención se convierte en prioritaria cuando se trata de la primera consulta. Dese al cliente, en este sentido, una experiencia *premium.* La agilidad en la prestación del servicio también dice mucho del estilo de actuar del despacho.

Las páginas *web* corporativas de los bufetes son una muy buena oportunidad para captar la atención de potenciales clientes. Cada vez son mejores y más completas. A través de ellas, los despachos ofrecen sus servicios, informan de la marca, de las especialidades que atienden. Conviene destacar, en ellas, los aspectos que mejor identifiquen al despacho en el mercado, como son los valores de la firma o la metodología de trabajo. Resulta imprescindible publicar las fotos de los abogados y una *bio* para que los clientes conozcan al abogado antes de contratarlo. Se pueden publicar vídeos, eventos en los que participen los socios o el despacho en cuestión, publicaciones, reconocimientos tanto de la marca como de los abogados que lo conforman, etc.

Cada vez es más frecuente que se publiquen comentarios de clientes sobre la actuación del despacho o de sus abogados, pues es lo que les diferencia de la competencia. Y, si no contraviene la confidencialidad o el deber de secreto profesional, se pueden listar casos en los que ha participado el despacho o incluso vídeos en los que se publicite la actuación exitosa en una negociación. Recuérdese siempre solicitar permiso o autorización, para no quebrantar la protección de datos sensibles.

La continua actualización de la página *web* resulta importantísima. Por ejemplo, si un abogado ya no forma parte de la firma, da imagen de descuido, seguir manteniendo la foto y la bio de ese profesional. Una buena página corporativa incluso ofrece un área exclusiva de clientes, en la que pueden conectarse para mantener comunicación individualizada o actualización constante de sus asuntos.

La incorporación de *chatbots* en las páginas web de los despachos de abogados representa una oportunidad significativa para mejorar la atención al cliente y optimizar la gestión interna. Estos asistentes virtuales permiten ofrecer respuestas inmediatas a consultas frecuentes, gestionar citas, filtrar solicitudes de nuevos clientes o facilitar información básica sobre servicios jurídicos, lo que incrementa la eficiencia y disponibilidad del despacho. Sin embargo, su implementación exige cautela: deben diseñarse conforme a la normativa de protección de datos y confidencialidad profesional, evitando que la información suministrada por el usuario pueda ser almacenada o tratada sin garantías adecuadas. Asimismo, el *chatbot* no puede sustituir la labor de asesoramiento jurídico individualizado, pues una respuesta automatizada podría generar interpretaciones erróneas o expectativas infundadas. En definitiva, el uso de estas herramientas puede fortalecer la relación con los clientes y proyectar una imagen de innovación tecnológica, siempre que se adopten medidas de transparencia, seguridad y supervisión humana que aseguren su utilización responsable.

Pero los abogados deben aprender a utilizar las técnicas del denominado *marketing inbound* o dicho en español *marketing* "de atracción"[57]: es una técnica que mezcla el *marketing* y la publicidad. Se mezclan así *marketing* de contenidos, SEO (*search engine optimization* o, en español, optimización de motores de búsqueda), SEM (*search engine marketing*, o lo que es lo mismo, publicidad de pago en buscadores), *social media marketing*, publicidad en bus-

---

[57] Este término fue acuñado en 2005 por Brian Halligan, cofundador y CEO de HubSpot. Véase NAVARRO, E., en "Abogados y entorno digital", en en *Transformación digital de despachos y redes sociales para abogados*" https://www.abogacia.es/wp-content/uploads/2012/03/TRANSFORMACION-DIGITAL-Y-RRSS-PARA-ABOGADOS.pdf. (Consultado en 15/03/2025. Hora: 15:00)

cadores, analítica *web, email marketing,* entre otros. En definitiva, se trata de una clase de *marketing* menos intrusiva y que aporta mayor beneficio, pues debe tenerse en cuenta que lo importante no sólo es atraer clientes, sino fidelizarlos después. Con este tipo de *marketing* no se busca al cliente, sino que se deja que el cliente encuentre al profesional.

Por este motivo, parte de la transformación digital del despacho consistirá en la necesaria atracción y fidelización del cliente y, para ello, aconsejamos a los abogados dedicar parte de su tiempo a crear y distribuir contenidos por *internet.* El abogado debe vender sus servicios, creando confianza en el mercado. Así, si graba vídeos, redacta escritos, crea *ebooks,* distribuye infografías o guías, con respuestas a preguntas y necesidades de los ciudadanos, comenzará a crearse imagen de marca.

Este tipo de publicidad tiene muchas ventajas con respecto al tradicional: reduce los costes dedicados al *marketing*; atrae tráfico *web* de calidad, incrementa la confianza en la marca, es asequible para negocios de distinto tamaño, incluso para las pequeñas firmas, permite diferenciar a una marca de la competencia o aporta conocimiento al cliente sobre el abogado que contrata.

Hablemos de las redes sociales -en adelante, RRSS-. Hoy día quien no tiene *Linkedin, Facebook, Instagram, Twitter,* por qué no aprovechar estas redes para mantener una lista de contactos, realizar publicaciones en ella, para que conozcan la marca del despacho, teniendo en cuenta que una publicación, a la que se añade un hashtag (#) o una etiqueta (@) supone bien crear un *hyperlink* que lleva a una página con otras publicaciones relacionadas al mismo tema o que dicha publicación se replique en los usuarios y los contactos que hayan sido etiquetados. Los abogados deberían realizar publicaciones cada cierto tiempo, con la finalidad de darse a conocer, así como dedicarse a rastrear, a través de herramientas de monitorización, de vez en cuando lo que se dice en RRSS de su firma o despacho, pues es necesario conocer su posicionamiento en el mercado. A esto se le denomina reputación “online”.

Debe prestarse mucha atención a las publicaciones que se realizan en las RRSS. La *International Bar Association* ha elaborado un código de buenas conductas a este respecto. Así se indica a los abogados que deben estar atentos a los siguientes puntos[58]:

1. Respetar el secreto profesional y la confidencialidad con el cliente.
2. Tener un comportamiento correcto y educado.
3. Generar contenido original y de calidad, aportando factores que resulten interesantes y que permitan apreciar la diferencia.
4. Cuidar la redacción.
5. Interactuar: conversar y escuchar, compartiendo información.
6. Prudencia y discreción.
7. Perder el miedo a equivocarse.
8. No obsesionarse: las RRSS aportan valor, pero han de tomarse como algo en lo que no deben invertirse más horas de las debidas.
9. Ser uno mismo: uno proyecta lo que es y, por ende, ha de ser coherente con la actividad profesional que realizamos.
10. Tener sentido común y reflexionar antes de actuar

Líneas atrás, se mencionaban los *KPIs* y se hablaba de los primarios. Estos son los indicadores que permiten valorar si los objetivos de la campaña se están cumpliendo o no y si la empresa o marca está obteniendo un buen retorno de la inversión. Medir para conocer. En relación con la publicidad también será preciso medir. El objetivo es conocer si las acciones realizadas de pu-

---

58 Véase PEREZ GURREA, R. en en *Transformación digital de despachos y redes sociales para abogados"* https://www.abogacia.es/wp-content/uploads/2012/03/TRANSFORMACION-DIGITAL-Y-RRSS-PARA-ABOGADOS.pdf (Consultado en 15/03/2025. Hora: 15:00)

blicidad y *marketing* repercuten en la fidelización y captación de clientes. Igual que se mide la satisfacción del cliente, será preciso conocer si los objetivos previstos en cuanto la fidelización y captación de nuevos clientes se han conseguido.

5. CONCLUSIONES

Las conclusiones del *workshop* realizado en el seno del Proyecto de Investigación, "Observatorio mundial de la abogacía", financiado con fondos del Banco Santander y convocado por la Fundación Alfonso X el Sabio, realizado los días 28 y 29 de junio fueron las siguientes:

a) La abogacía debe ser considerado como otro sector empresarial más, necesitado como otro cualquiera de actualización. Las recientes modificaciones legislativas relativas a la eficiencia procesal, que entienden la Justicia como un servicio público eficiente, no permiten al profesional quedarse atrás. Por otra parte, si lo hiciera, sería el propio sistema el que le expulsaría, debido a la competencia de otros muchos compañeros que sí están dispuestos al cambio.

b) La transformación de un despacho de abogados no sólo debe suponer inversión en tecnología; por supuesto, que un despacho del S.XXI, debe invertir en tecnología y debe estar a la última en IA. Ahora bien, implica un cambio mucho más profundo que afecta a la propuesta de valor de la firma, a las personas que trabajan en él, los procesos y, por último, al *marketing* y publicidad.

c) La propuesta de valor de una firma de abogados es trabajar por y para el cliente. Por este motivo, como sucede en cualquier empresa, se impone la necesidad de medir su satisfacción a través de indicadores, para descubrir donde ha de mejorar.

d) La IA ayuda al abogado, pero no le sustituye. Las *soft skills,* tales como empatía, liderazgo, la intuición, el liderazgo y la creatividad hacen al abogado-persona insustituible en su profesión. Ese es el valor añadido de un profesional en el año 2025 y en el futuro próximo.

e) Las personas que trabajan en el despacho son las verdaderas impulsoras del cambio. Si los abogados y todos los que componen el bufete no están convencidos del cambio y son impulsores del mismo, todo esfuerzo devendrá en una mera utopía.

f) La abogacía, así como las múltiples tareas que desempeñan los profesionales de este sector debe ser entendidas como un proyecto necesitado de planificación. Dicha planificación tratará de evitar errores y decisiones precipitadas y permitirá acometer múltiples tareas que, por definición, se superponen en su actividad. *Legal project managament* no es una moda pasajera, sino otra forma de entender el ejercicio profesional de un abogado.

g) Las metodologías ágiles como *Kanban, Scrum o Canvas* pueden ayudar a automatizar procesos. Distribuir el trabajo y ver visualmente las tareas, los vencimientos y plazos y distribuir los trabajos y sus fases entre los miembros de un equipo a través de un trabajo colaborativo permite ser más eficientes y cumplir con todas los asuntos de los que se encarga un despacho. Hacer lo mismo, pero de forma diferente, permite acometer más funciones y más tareas, en menos tiempo.

h) La inversión en tecnología es necesaria para la transformación tecnológica del despacho. La IA, fuera de ser una amenaza, resulta de gran utilidad para el ejercicio de la profesión. Eso sí, antes de lanzarse a adquirir cualquier herramienta tecnológica o de IA del mercado, debe trazarse un mapa de *legal tech*; analizar que *software* o que soluciones existen, la versión en la que se encuentran y las necesidades que se tienen. Todo ello resulta imprescindible, para decidir por cuáles se opta.

i) Los abogados deben hacerse expertos en técnicas de *marketing inbound.* El *marketing* de "atracción", a través de las páginas *web* coorporativas o de las RRSS debe ser utilizados por los abogados para la fidelización y captación de clientes.

j) La IA ha venido para quedarse y es el presente y el futuro de la abogacía, como el de tantas profesiones. El abogado que no esté por la labor de aplicar la IA en su trabajo habitual será incapaz de atender los intereses de los ciudadanos.

6. BIBLIOGRAFÍA

BRUNCH, E. en "Innovación de base tecnológica en el sector legal. Machine Learning" en *Transformación digital de despachos y redes sociales para abogados"* http://efaidnbmnnnibpcajpcglclefindmkaj/https://icater.catalegbiblioteca.cat/opac_css/doc_num.php?explnum_id=652 (Consultado en 15/02/2024. Hora: 15:00).

CONFIGLEGAL https://confilegal.com/20161212-soldier-lawyer-una-app-puede-revolucionar-mercado-la-contratacion-abogados/ (Consultado en 06/02/2024. Hora: 15:00).

EL CONFIDENCIAL, "Radiografía de la transformación digital en los despachos" httpp://efaidnbmnnnibpcajpcglclefindmkaj/https://datos.elconfidencial.com/informe-juridico/informe_juridico_digital_despachos.pdf (Consultado en 03/03/2025. Hora: 12:00)

CHAROENWONG, B., KOWALESKI, Z.T., KWAN, A., SUTHERLAND, A.G, "RegTech: Technology-Driven Compliance and its Effects on Profitability, Operations, and Market Structure" (January 1, 2024). MIT Sloan Research Paper 6563-22, Journal of Financial Economics (JFE), Vol. 154, No. 103792, 2024, https://ssrn.com/abstract=4000016 or http://dx.doi.org/10.2139/ssrn.4000016 (Consultado en 20/10/2025. Hora: 12:00).

GARCIA TORRES, M.L, en "La abogacía en el siglo XXI: una reflexión sobre los cambios más significativos que ha experimentado la profesión en el presente siglo", publicado en *Revista de la Facultad de Ciencias Económicas y Empresariales,* Universidad de Pamplona, Volumen 18-N°2, año 2018, págs. 78 -95, https://ojs.unipamplona.edu.co/index.php/face/article/view/500/464 (Consultado en 06/03/2025. Hora: 15:30)

HERRERA, F. en "La importancia de las soft skills en la profesión del abogado", en https://www.abogacia.es/publicaciones/blogs/blog-de-innovacion-legal/la-importancia-de-las-soft-skills-en-la-profesion-de-abogado/ (Consultado 3/02/2025. Hora: 15:00)

MOLINA, S., "La transformación digital de los despachos" en *Transformación digital de despachos y redes sociales para abogados,* http://efaidnbmnnnibpcajpcglclefindmkaj/https://icater.cataleg-biblioteca.cat/opac_css/doc_num.php?explnum_id=652 (Consultado en 03/03/2025. Hora: 15:00).

NAVARRO, E. "Abogados y entorno digital", en *Transformación digital de despachos y redes sociales para abogados" "* https://www.abogacia.es/wp-content/uploads/2012/03/TRANSFORMACION-DIGITAL-Y-RRSS-PARA-ABOGADOS.pdf (Consultado en 03/03/2025. Hora: 15:00).

ORTEGA, V., presidenta del Consejo General de la Abogacía española, en el prólogo "El mundo de la Justicia no puede quedarse atrás en el uso de la tecnología", citando expresamente a Navarro, E. en *Transformación digital de despachos y redes sociales para abogados"* http://efaidnbmnnnibpcajpcglclefindmkaj/https://icater.cataleg-biblioteca.cat/opac_css/doc_num.php?explnum_id=652 (Consultado en 15/06/2024. Hora: 15:00).

PEREZ GURREA, R. en en http://efaidnbmnnnibpcajpcglclefindmkaj/https://icater.cataleg-biblioteca.cat/opac_css/doc_num.php?explnum_id=652 (Consultado en 15/03/2025. Hora: 15:00)

PÉRREZ BENÍTEZ, J.L., en *Dirección por proyectos en la abogacía*, ed. Black Swan, Consultoría, S.L, 2017.

ROSAL, P, "La uberización llega al mundo del Derecho", véase en https://elpais.com/economia/2018/11/01/actualida d/1541090769_034925.html (Consultado el 06/06/2024. Hora: 15:00)

Vlex, La transformación digital de un despacho profesional", *Guias para la transformación digital* GUIA-QUOLAW-2021.pdf (cicac.cat) (Consultado en 15/06/2024. Hora: 15:00)

7. WEBGRAFÍA

https://datos.abogacia.es/catalogo-de-datos/registro general/censo/?gl=1*e8yfr5*ckg_ga*MTMyNTUxNDAyNy4xNjg2MDc3OTMw*ckg_ga_78FHB3S9EC*MTcwNTI1MTE1My44LjAuMTcwNTI1MTE1My42MC4wLjA. (Consultado en 03/03/2025, hora: 12:00)

https://asana.com/es/resources/what-is-kanban (Consultado 6/02/2025. Hora: 15:00)

https://lexgoapp.com/ (Consultado en 06/03/2025. Hora: 15:30).

https://tuappbogado.es/ (06/03/2025. Hora: 15:30)

https://blog.hubspot.es/sales/modelo-canvas (Consultado 6/02/2025. Hora: 15:00)

https://lefebvre.es/ecosistema-productos/genial-inteligencia-artificial-generativa-ia/?cd camp=5800&acc=23648&gad source=1&gclid=Cj0KCQiAzoeuBhDqARIsAMdH14E4QC8ZBu4bnUpcQmu3lqxotG Rxa5tcM-dpMuIATkctlgcmeJKLSUaAl7pEALw wcB. (Consultado en 4/02/2024. Hora: 12:00)

https://www.derechopractico.es/vlex-convierte-su-asistente-de-busqueda-juridica-vincent-ai-en-el-mas-completo-del-mundo/ (Consultado en 4/02/2025. Hora: 12:00).

https://formularios.economistjurist.es/form/login.php Consultado en 20/10/2025. Hora: 12:00)

https://www.derechopractico.es/guialegaltech/justicio/ (Consultado en 20/10/2025. Hora: 12:00)

https://secure.ebrevia.com/login.html Consultado en 20/10/2025. Hora: 12:00)

https://kirasystems.com/ (Consultado en 20/10/2025. Hora: 12:00)

https://www.fastcase.com/ (Consultado en 20/10/2025. Hora: 12:00)

https://www.lexisnexis.com/en-us/gateway.page (Consultado en 20/10/2025. Hora: 12:00)

https://www.derechopractico.es/guialegaltech/ross-intelligence/ (Consultado en 04/02/2025. Hora: 12:00)

https://elevate.law/ (Consultado en 20/10/2025. Hora: 12:00)

https://premonition.ai/legal analytics/ (Consultado en 20/10/2025. Hora: 12:00).

https://www.opentext.com/about/brands/recommind (Consultado en 20/10/2025. Hora: 12:00).

https://driv.in/blog/escala-de-satisfaccion-cliente-kpi (Consultado 03/02/2025. Hora: 16:00)

https://www.syntho.ai/es/the-best-data-anonymization-tools-next-gen-techniques/ (Consultado en 20/10/2025. Hora: 12:00).

https://www.softexpert.com/es/productos/riesgos-corporativos-erm/?utm source=google&utm medium=cpc&utm campaign=22122049856&utm content=174221199300 {sitelinkid}&utm term=gestion%20de%20riesgos&utm term=gestion%20de%20riesgos&utm campaign=%5BIberia%5D+GRC+(S)&utm source=adwords&utm medium=ppc&hsa acc=6826406784&hsa cam=22122049856&hsa grp=174221199300&hsa ad=735417880732&hsa src=g&hsa tgt=kwd-326347293244&hsa kw=gestion%20de%20 riesgos&hsa_mt=b&hsa_net=adwords&hsa_ver=3&gad_source=1&gclid=CjwKCAiArKW-BhAzEiwAZhWsIKqh5E2dkVjw5s-nZj08knvzVPecQ7pXmnLUiF_Z-ZLupX2Gi3p5-sRoCUq4QAvD_BwE (Consultado en 20/10/2025. Hora: 12:00).

https://www.wolterskluwer.com/es-es/solutions/kmaleon/abogados?utm_source=Eloqua&utm_content=WKLSWES_Kmaleon_NUR_Email_FebBOFU_2025_Invitation&utm_campaign=wklswes_kmaleon_nur_demo-feb2025_bofu_sol&utm_econtactid=CWOLT000028963557&utm_medium=email_marketing&utm_crmid=701Vk00000FTkLvIAL (Consultado en 20/10//2025. Hora: 12:00)

https://www.derechopractico.es/guialegaltech/ross-intelligence/ (Consultado en 20/10/2025. Hora: 12:00)

CAPITULO II

Ejercer como abogado en el mundo de la IA: Riesgos y ventajas.

DR. D. HÉCTOR AYLLÓN SANTIAGO[1]

España.

Profesor Universidad Rey Juan Carlos.

Abogado del ICAM.

Abstract:

AI is a technology that will become essential in the professional practice of law and, with certain precautions, will assist the lawyer in the practice of his profession, saving time and costs, and there are already several applications that use these systems.

The robot lawyer will not exist, at least in the short term, since the intervention of the lawyer in certain actions and the relationship with the client is, for the time being, irreplaceable.

It should not be forgotten that there are considerable risks that may affect society's confidence in these systems: security, reliability, privacy, difficulty in handling them, liability for damages they may cause, and control measures and supervisory authorities should be implemented for this purpose.

---

1 Doctor en Derecho por la Universidad de Educación a Distancia. Premio Extraordinario Cum Laude. Abogado del ICAM desde 2000. Profesor en la URJC, en la UAX, en ICADE, en la USPCEU y en la UNED. Director del Master de Criminología en la UAX. Autor de diversas monografías y artículos.

1. INTRODUCCIÓN

Cualquier artículo o conversación hoy día sobre el ejercicio de la abogacía está ligado inexorablemente a cómo el uso de la Inteligencia artificial ahorra tiempo a los abogados en la preparación de sus casos, en la gestión del despacho, en la comunicación con clientes y proveedores, lo que ligado a la advertencia de algunos "gurus" de la materia sobre la exclusión de aquellos que desconozcan estas nuevas tecnologías, ha generado un cierto desasosiego y preocupación en un sector de la abogacía que aún no utilizan asiduamente la Inteligencia artificial. ¿Qué hay de cierto en todo ello?¿es imprescindible hoy día el uso de la IA por los abogados para ejercer la profesión?¿existen riesgos en el uso de la IA? Trataremos de dar adecuada respuesta a los anteriores interrogantes, no sin antes advertir que la tecnología avanza extraordinariamente veloz y que, quizás, cuando este artículo vea la luz algunas partes del mismo pueden ser calificadas ya como historia tecnológica.

La IA ha sido una de los grandes inventos del recién iniciado siglo XXI junto a la telefonía móvil, los drones y la implantación de internet en la vida cotidiana de los ciudadanos. Por realizar un símil para advertir lo extraordinario de las nuevas tecnologías como internet y la IA, así como las diferencias existentes entre las mismas. Internet sería equiparable a la gran biblioteca de Alejandría en tiempos de Alejandro Magno (330 AC, con más de 700.000 obras), los buscadores de internet (google, yahoo, bing, etc.) serían como un bibliotecario diligente que es capaz de navegar y mostrar la información de ciertos volúmenes tal cual están en las estanterías, mientras que los diferentes sistemas de IA vendrían a ser, en primera instancia, un bibliotecario *premium*, que no sólo encuentra la información de los estantes sino que extraen la información de los mismos y construyen un documento con todos ellos que trata de ser coherente y más amplio que el anterior de los buscadores.

Lo que le distingue de las otras innovaciones es su meteórica evolución y las heterogéneas aplicaciones que tiene su uso, lo que impide determinar cuál será su futuro.

Los que desconfían de cualquier avance tecnológico sostienen y argumentan que la IA supondrá la extinción de la especie humana y la sustitución por robots autómatas controlados por esta nueva IA. No nos vamos a aventurar a vaticinar sobre tal desenlace pero no parece que ello vaya a ocurrir a medio plazo. En la otra vertiente, están los que consideran viable una coexistencia armoniosa entre seres humanos e IA, de tal modo que la IA facilite las tareas más tediosas tanto de la vida cotidiana como de la profesional del abogado. Sobre esto último versa precisamente el presente trabajo, dilucidar si la IA puede servir de forma específica al ejercicio de la abogacía y en qué medida puede resultar beneficioso para su actividad cotidiana.

Resulta habitual hoy día que en cualquier conversación surja el término de Inteligencia Artificial, pero ¿qué se entiende por IA[2]?, ¿existen diferentes tipos de IA? y ¿dónde se regula?.

Es obvio que la IA es una tecnología digital relativamente reciente y cuenta con extraordinarias aplicaciones en prácticamente todos los sectores económicos, sociales, profesionales, incluido el ámbito legal como tendremos ocasión de constatar.

No interesa a los presentes efectos perderse en el complejo entramado de definiciones que todos los autores han propuesto desde que surge la IA, pues todos ellos parten de una idea común a la que adicionan características o elementos accesorios según el ámbito o el propósito para el que se realice la meritada definición.

El concepto pionero de IA fue propuesto en 1956 por McCarthy al considerar que es la "*ciencia e ingeniería de hacer máquinas que se comporten de una forma que llamaríamos inteligente si el humano tuviese ese comportamiento*".

---

2 Inteligencia Artificial o como se indica en el Reglamento UE 2021/0106, sistemes de Inteligencia Artificial, pues realmente lo que interesa no es simplemente definir la tecnologia sinó regular el uso que se puede hacer con la misma que es lo que preocupa a todos los Estados de la Unión Europea.

Por su parte dispone la Real Academia de la Lengua española que la IA es una "*Disciplina científica que se ocupa de crear programas informáticos que ejecutan operaciones comparables a las que realiza la mente humana, como el aprendizaje o el razonamiento lógico*".

De igual modo, la UNESCO la conceptúa como: "*aquellos sistemas capaces de procesar datos e información de una manera que se asemeja a un comportamiento inteligente, y abarca generalmente aspectos de razonamiento, aprendizaje, percepción, predicción, planificación o control*"

La UE, en su Libro Blanco, en su Comunicación de 2018 y en el Reglamento de 2024 (art. 3), ya esboza una definición de los sistemas que utilizan IA como un sistema que muestra un comportamiento inteligente analizando su entorno y tomando medidas para lograr objetivos específicos, pudiendo estar basado simplemente en software o implementado en un hardware.

De las definiciones expuestas se infiere que existe una divergencia clara entre los que vinculan la IA a un software o sistema o programa informático y los que lo ligan a una máquina o hardware que utiliza dicha IA para desarrollar sus actividades. El Reglamento europeo opta por el primer supuesto, lo que sin duda constituye una simplificación que deja huérfano a otra dimensión de la IA – la del hardware -.

Actualmente no existe ninguna norma que se preocupe por facilitar un concepto independiente de IA, desligado de los sistemas que se basan en el uso de dicha tecnología. Por la parte del que suscribe y sin que pueda calificarse como definición absolutamente novedosa e ingeniosa, partiendo de tales definiciones se podría proponer que la IA es una nueva tecnología digital creada por los seres humanos que utiliza algoritmos que tratan de simular los procesos de la inteligencia humana a través de múltiples datos que introducen las personas, o recopilan de la red, y con pretensión de no limitarse a la generación de resultados (IA generativa) sino tratar de aprender de manera autónoma en aras de lograr un funcionamiento más independiente.

Teniendo claro el concepto, procede ahora señalar dónde se regula y cuáles son los usos y los principales abusos que pueden existir con el uso de la IA por parte de los profesionales del derecho, pues como tendremos ocasión de constatar a lo largo del presente artículo, precisamente el Reglamento UE se centra en minimizar tales riesgos o, cuando menos, controlarlos y, de no ser así, directamente prohibir tales usos nocivos de la IA.

Respecto al uso concreto del que se pueden ver beneficiados los abogados resulta bastante dispar. Los grandes despachos ya han invertido para crear software específico basado en IA, los pequeños despachos y abogados particulares se afanan en contratar servicios creados por terceros que también pivotan sobre el uso de IA, la mayor parte centradas en análisis de datos que antes realizaban varias personas en horas o días y que ahora se logra en segundos. También se emplean para el análisis de textos y la redacción de borradores de documentos, incluso destinados a los juzgados, pero precisan de una revisión detallada pues no están exentos de errores. Por último, se están utilizando incluso para tareas *a priori* más personales como redactar correos a otros compañeros, procuradores o clientes. Sin embargo, otras muchas actuaciones de los abogados no son susceptibles de sustitución a través de los sistemas basados en la IA como enfocar un asunto propuesto por un cliente, redactar un interrogatorio a un testigo, presentar escritos a través de lexnet, etc. sin que se pueda descartar que la evolución de dichos sistemas permita en un futuro realizar también tales actuaciones.

Pero como ya ocurriera con internet y con cualquier sistema tecnológico podríamos advertir que no todo el ecosistema de la IA es positivo, y precisamente los elevados riesgos derivados de ciertos usos de dicha tecnología es lo que ha propiciado que la regulación de la UE de la IA, sea, principalmente, para disciplinar medidas que permitan controlar, y minimizar, dichos riesgos (seguridad de datos, sesgos discriminatorios, propiedad intelectual, ciberataques, etc).

Además, otro riesgo que será objeto de análisis es que el uso por los abogados de diferentes programas basados en IA no está exento de problemas de fiabilidad de los resultados facilitados, con la dificultad que conlleva ser capaz de detectarlos y sin olvidar, para concluir, los eternos problemas éticos ligados al uso de la IA.

2. REGULACIÓN

Con carácter previo resulta preciso advertir que cualquier estudio que pretenda abordar seriamente la regulación actual de la IA supondría dedicar más páginas de las que podemos en este artículo pues todos los países, organizaciones y entidades con facultades para ello han querido contribuir, de un modo u otro, al desarrollo normativo de esta nueva tecnología. Es por ello que en el presente epígrafe nos limitaremos a las disposiciones que consideramos más relevantes al objeto de nuestro estudio, siendo plenamente conscientes de las omisiones de que adolece.

Siguiendo un orden cronológico, y al margen de la elaboración de una Estrategia de IA para la UE en abril de 2018[3] y la creación de un grupo de expertos sobre dicha materia en junio de 2018, quizás el primer hito relevante sería la cita de los prin-

---

[3] Comunicación de la Comisión al Parlamento Europeo, al Consejo Europeo, al Consejo, al Comité Económico y Social Europeo y al Comité de las Regiones (COM 2018, 237, de 25 de abril de 2018. https://eur-lex.europa.eu/legal-content/ES/TXT/PDF/?uri=CELEX:52018DC0237 (Consultado 14/01/2025, hora: 18:00)

Posteriormente se elabora otra Comunicación de la Comisión al Parlamento Europeo, al Consejo Europeo, al Consejo, al Comité Económico y Social Europeo y al Comité de las Regiones (COM 2018, 795, de 7 de diciembre de 2018, sobre plan coordinado https://eur-lex.europa.eu/legal-content/ES/TXT/HTML/?uri=CELEX:52018DC0795 (fecha de consulta 16/01/2025).

cipios y recomendaciones de la OCDE[4] que sirven de necesaria inspiración y guía a quienes aspiran a elaborar cualquier normativa responsable en materia de IA. Dichos principios si bien no son vinculantes, tienen una influencia relevante en la redacción posterior de normas internacionales y nacionales. Los principios han sido actualizados en 2024 fruto de los desafíos asociados a la IA respecto de la privacidad, propiedad intelectual, seguridad e integridad de la información.

(i) Principio sobre desarrollo sostenible e inclusivo y bienestar.

Dicho principio propugna la participación activa de los interesados en la gestión o administración de los sistemas de IA con objeto de conseguir que dicha IA permita mejorar la creatividad y la capacidad de las personas, se fomente la inclusión de sectores de la población – o de poblaciones enteras – actualmente ajenos a la tecnología – la famosa brecha digital -, se reduzcan las desigualdades de cualquier tipo y se proteja el medio ambiente y el bienestar general.

A tal efecto resulta necesario que los diferentes Estados promuevan la participación de todos los actores interesados, y afectados, por los sistemas de IA en los procesos de creación de los marcos normativos. También resulta altamente recomendable que se invierta en mejorar las infraestructuras existentes y facilitar a los ciudadanos recursos digitales para el acceso a los sistemas de IA con objeto de minimizar la brecha digital actualmente existente.

(ii) Principio de respeto de los derechos humanos, los valores democráticos y la diversidad en el diseño de cualquier sis-

4 La OCDE, fundada en 1961, cuenta actualmente con 47 adherentes – incluida la UE -, ha estado muy involucrada en el desarrollo normativo de la Inteligencia artificial, hasta el punto que el 22 de mayo de 2019, suscribieron, junto con Brasil, Argentina, Colombia, Costa Rica, Perú y Rumanía, en París los principios de la OCDE sobre la inteligencia artificial. El texto íntegro de los principios puede consultarse en: https://legalinstruments.oecd.org/en/instruments/OECD-LEGAL-0449 (fecha de consulta 15/01/2025).

tema de IA, así como establecer garantías para que la sociedad sea más justa y equitativa.

Cuando se diseñe cualquier aplicación de IA, se debe tener muy presente que los sistemas que utilizan IA siempre deben respetar el Estado de Derecho, los derechos humanos y los valores democráticos durante todo su ciclo de vida. Esto supone, como resulta evidente, que no pueden verse afectados derechos tan relevantes para los ciudadanos como la libertad, igualdad, dignidad, autonomía, derechos laborales, libertad de expresión, privacidad y protección de datos, entre otros. Dicho principio también incluye la desinformación generada por la IA – *fake news* – que puede manipular la convicción de los ciudadanos y su toma de decisiones en determinadas situaciones.

Precisamente este es uno de los miedos de los ciudadanos con la IA, que su uso conculque los principales derechos y libertades cuya protección tanto tiempo se ha tardado en consolidar en los Estados democráticos de derecho.

A tal efecto, en el diseño y uso de sistemas de IA se deben aplicar mecanismos y salvaguardias, como la capacitación de las personas para poder utilizar e interactuar de manera eficaz con los sistemas de IA y la necesidad de supervisión de los sistemas de IA por seres humanos, incluso para afrontar los riesgos derivados de los usos ajenos a la finalidad prevista.

En esta línea la OCDE recomienda a los Estados que se promueva un uso responsable de la IA en el trabajo, se mejore la seguridad de los trabajadores, la calidad de los empleos y traten de garantizar que los beneficios de la IA se compartan de forma extensa y justa.

(iii) Principio de transparencia y divulgación.

También se anticipaba la OCDE a otro riesgo derivado del uso de la IA, como es la falta de transparencia de su funcionamiento y, en ocasiones, de que los resultados son derivados del empleo de tales sistemas. Es por ello que, en toda actuación en que intervengan sistemas de IA debe garantizarse que exista transparencia y divulgación, con objeto de que los ciudadanos no tengan dudas sobre si el interlocutor que está tratando su reclamación, solicitud, etc. es un robot basado en IA o una persona.

(iv) Principio de seguridad y fiabilidad de los sistemas de IA.

Otro principio básico del diseño y uso de los sistemas de IA es que deben ser fiables y seguros durante toda su vida útil y que, de existir riesgos o peligros, deben evaluarse y gestionarse de forma continua. Evidentemente, dicho principio es una pretensión necesaria para permitir la expansión del uso de la IA (nadie utilizaría la IA si los resultados facilitados por la misma fueran falsos, desactualizados o incluso procedieran de infracciones normativas), resulta preciso, por tanto, desde el propio diseño e implementación de tales sistemas generar seguridad a los usuarios de los sistemas basados en IA.

No obstante, la seguridad o fiabilidad absoluta no es un calificativo que pueda predicarse de la tecnología con carácter general, ni tampoco de los sistemas de IA de manera particular pues, como es bien sabido, la tecnología es falible, y existen múltiples ejemplos de ello todos los días. Cuestión distinta es que, siendo plenamente conscientes de la existencia de riesgos y peligros, vulneraciones y hackeos en el sistema, las entidades públicas y privadas deben ser siempre proactivas en abordar los mismos y tratar de establecer mecanismos para una gestión adecuada e inmediata – o lo más rápida posible – de dichos riesgos. En por ello que la OCDE promueve la cooperación activa entre todas las entidades y gobiernos para avanzar en una gestión responsable de una IA fiable, intercambio de conocimientos especializados y adopción de medidas para el desarrollo de una IA interoperable.

(v) Principio de responsabilidad.

Por último, conforme al citado principio los desarrolladores de sistemas basados en IA – extensible a los Estados u organismos internacionales y nacionales que diseñen, desarrollen y gestionen tales sistemas -, tendrán necesariamente que asumir una responsabilidad respecto de su correcto funcionamiento, de tal modo que la producción de daños por dichos sistemas será, o podrá ser, imputable a dichas entidades. Si bien es cierto que, como veremos posteriormente, dicha imputación no es tan sencilla y no está exenta de problemas.

En esta misma fecha también se promulga la declaración de Montreal para un desarrollo responsable de la inteligencia artificial y que recoge 10 principios esenciales (bienestar, respeto a la autonomía, protección de la privacidad, solidaridad, participación democrática, equidad, inclusión de la diversidad, precaución, responsabilidad y desarrollo sostenible). Dichos principios son muy similares a los que proponía la OCDE y reflejan los valores morales y éticos de la sociedad para lograr una transición hacia una sociedad digital dominada por la IA, pero bajo el amparo del citado marco ético[5].

En febrero de 2020, siguiendo las directrices de la estrategia europea para la IA y el plan coordinado de 2018[6], se publica por la UE el Libro Blanco sobre la inteligencia artificial[7]. Dicho texto hace hincapié en la necesidad de invertir en el desarrollo de la IA, en fomentar e impulsar el uso responsable de ésta, establecer un marco normativo para que los usuarios de la IA tengan nuevos beneficios como mejor atención sanitaria, sistemas de transporte más seguros y limpios, mejores servicios públicos y todo ello con la seguridad y confianza necesaria, pero sin descuidar la necesidad de detectar también los eventuales riesgos asociados a dicho uso – para los derechos fundamentales, la privacidad, para la seguridad ante fallos del sistema y cómo se articular la responsabilidad en

---

5 Declaración de Montreal IA responsable. 2018.

6 Y también siguiendo la Comunicación de la Comisión de 2019 (COM 2019, 168), en la que se recogían los 7 requisitos esenciales del grupo de expertos de alto nivel que debía cumplir los sistemas de IA: acción y supervisión humana, solidez técnica y seguridad, gestión de la privacidad, transparencia, diversidad, no discriminación y equidad; bienestar social y medioambiental y rendición de cuentas.

7 Libro Blanco sobre la inteligencia artificial. Un enfoque europeo orientado a la excelencia y la confianza. 19 de febrero de 2020.

tales casos, etc. - y cómo abordarlos. Pero dicho libro blanco también se dirige a los empresarios y entidades – sin olvidar el sector público - que de algún modo tienen relación en el desarrollo de sistemas de IA.

Otras normas importantes en el ámbito europeo fueron tres resoluciones del Parlamento europeo de 20 de octubre de 2020 sobre la propiedad intelectual[8], la ética o implicaciones éticas del uso de los sistemas de IA[9] y la responsabilidad civil derivada también del uso de la IA[10]. Evidentemente excede del presente artículo efectuar un análisis de tales resoluciones, pero sí se considera preciso realizar alguna mínima valoración sobre las mismas habida cuenta que los abogados cuando utilicen la IA tienen que conocer las implicaciones de sus acciones en sede de derecho de autor, responsabilidad y ética.

La resolución sobre los derechos de autor incide en varias cuestiones de interés cuando se trata de la creación de contenidos, de un lado, y respecto de los derechos inherentes a los propios programas o aplicaciones que utilizan IA, de otro. En el primer supuesto puede ocurrir que un abogado efectúe una creación de un texto requerido por un cliente (informe, dictamen, etc.) valiéndose de sistemas de IA. En dicho caso, es el propio abogado quien requiere a la IA y facilita los datos precisos para que dicho sistema proporcione la respuesta oportuna. Resulta evidente la

---

8 Resolución del Parlamento Europeo, de 20 de octubre de 2020, sobre los derechos de propiedad intelectual para el desarrollo de las tecnologías relativas a la inteligencia artificial (2020/2015(INI)). DOUE C-404-129, de 6 de octubre de 2021.

9 Resolución del Parlamento Europeo, de 20 de octubre de 2020, con recomendaciones destinadas a la Comisión sobre un marco de los aspectos éticos de la inteligencia artificial, la robótica y las tecnologías conexas (2020/2012(INL)). DOUE 404-63, de 6 de octubre de 2021.

10 Resolución del Parlamento Europeo, de 20 de octubre de 2020, con recomendaciones destinadas a la Comisión sobre un régimen de responsabilidad civil en materia de inteligencia artificial (2020/2014(INL)). DOUE C-404-107, de 6 de octubre de 2021.

intervención del profesional al inicio y, si efectúa la deseable revisión posterior, también al final, pero el desarrollo del trabajo corresponde al sistema de la IA basándose en textos ya existentes en la red y ue cuentan con los correspondientes derechos de autor en la mayor parte de los casos, con lo que su uso precisaría de la autorización oportuna por parte de su autor.

El problema será reconocer cierto grado de originalidad a dicha obra literaria de índole jurídico, si se ha obtenido a partir de otras obras o creaciones ya existentes, y, sobre todo, ser capaz de averiguar quiénes son los autores a quienes hay que solicitar las cesiones de derechos correspondientes para explotar la obra resultante.

Si, por el contrario, la labor del abogado resulta inexistente puesto que la IA actuase de modo completamente autónomo (ej. ante consultas formuladas por clientes en la web del despacho), el citado resultado también procedería de obras de terceros y no habría ninguna colaboración por el abogado del despacho, con lo que no podría atribuírsele derecho alguno sobre el trabajo resultante. Resulta evidente que las tecnologías de IA no tienen personalidad jurídica y, por consiguiente, no se les puede reconocer autoría[11]. De hecho, ya la copyright office americana manifestó que sólo registraría obras de autoría cuando fueran creadas por seres humanos (basándose en el caso feist publications vs. Rural telephone service Company Inc. 499 US 340 (1999). Y en idéntico sentido en Australia (caso Acohs Pty Ltd vs Ucorp Pty Ltd).

Más sencillo de resolver es si las propias apps o software que utilizan IA en el ámbito jurídico como GenIA-L de Lefebvre se

---

11 La primera ocasión que se planteó el problema fue con la obra "el nuevo Rembrandt", un proyecto financiado por ING y Microsoft que consistía en una pintura creada por un ordenador e impresa luego en 3D gracias a un algoritmo de reconocimiento facial que durante 18 meses analizó los datos de 346 pinturas conocidas del pintor neerlandés. El retrato tiene 148 millones de píxeles y se basa en 168.263 fragmentos de las obras de Rembrandt almacenados en una base de datos.

pueden proteger con derechos de autor[12], y aquí la respuesta es meridiana, de igual modo que se puede proteger el software, las bases de datos, etc. también las apps y programas que utilicen IA son susceptibles de protección (y de hecho están siendo objeto de protección por sus creadores).

La resolución sobre la responsabilidad civil derivada del uso de la IA es bastante explícita y aborda las principales cuestiones que se pueden suscitar en esta materia. Pero, además, tiene un Anexo que contiene concretas recomendaciones para aprobar un futuro reglamento europeo sobre responsabilidad civil por el funcionamiento de los sistemas de IA, lo que pone de relieve la importancia que para las instituciones europeas tiene el problema de la responsabilidad civil derivada de IA.

Respecto de la responsabilidad civil, la resolución parte de la necesidad de que exista debate público para considerar todos los intereses en juego (éticos, jurídicos, económicos y sociales) y poner de relieve y zanjar los miedos que el uso de dicha tecnología pueda generar en la sociedad. Se muestra partidario de un marco normativo reglamentario para disciplinar de forma horizontal esta nueva tecnología y que en el mismo se debe prever de forma específica la responsabilidad civil para el supuesto de daños o perjuicios causados por sistemas de IA.

No obstante lo anterior, se reconoce que el régimen normativo de responsabilidad civil existente sirve, con simples adaptaciones, como marco para los problemas generados por sistemas que utilicen IA. Es más, incluso se cita la Directiva de responsabilidad por los daños generados por productos defectuosos y cómo ha demostrado todo este tiempo su plena eficacia y que podría aplicarse también a estos nuevos "productos digitales" con ligeras adaptaciones.

---

12 La resolución de forma impropia menciona conceptos que no son como tal propiedad intelectual sino industrial (caso de las marcas, patentes, modelos, dibujos) o competencia desleal (caso de los secretos industriales).

Uno de los retos que más preocupan al hilo de la exigencia de responsabilidad civil por los daños causados por la IA es precisamente identificar al autor, al responsable, al que exigir la indemnización correspondiente. La propia configuración de los sistemas basados en IA, en ocasiones opacos o poco transparentes, puede dificultar la determinación de quién controlaba el riesgo concreto asociado al sistema de IA que ha provocado el daño o quién ha redactado el código o quién ha programado la IA en un sentido u otro.

Esto es, en ocasiones, la propia estructura o funcionamiento de la IA hacen difícil determinar la relación de causalidad entre el daño sufrido y el autor del mismo, máxime cuando varias personas pueden estar detrás del mismo. En tales casos, se considera que el proceso de indemnización debe ser similar cuando la víctima ha sufrido un daño en su persona o patrimonio por tecnología basada en IA o con cualquier otra causa, solo de este modo los usuarios dejarán de estar reticentes en su uso.

Otra opción, para facilitar el cobro de la indemnización en tales casos de dificultad de identificación del autor del daño puede ser reclamar al operador del sistema de IA o instaurar un régimen de responsabilidad objetiva – esta última sería la opción por la que se decanta la resolución parlamentaria en casos de sistemas de IA autónomos denominados de alto riesgo -.

Dicha resolución permitiría reflexionar si el abogado utiliza un sistema de IA y el resultado facilitado adolece de graves fallos en la argumentación jurídica empleada o en las citas jurisprudenciales proporcionadas y si como consecuencia de ello se pierde el procedimiento judicial – e incluso se impone una sanción monetaria al letrado como ha ocurrido ya en otros países – si dicho letrado pudiera exigir responsabilidad civil al operador del sistema de IA o si, por el contrario, resulta exigible al profesional un uso responsable y una revisión de los resultados obtenidos del sistema de IA. La exigencia de la fiabilidad de la IA a estos efectos resultaría clave. No obstante, la resolución europea no está pensando realmente en supuestos como los expuestos sino aquellos que afectan a la vida, salud, integridad física, violaciones de derechos importantes, etc, esto es, los reconduce a los denominados sistemas de IA de alto riesgo a que luego se hará cumplida referencia.

Y, por último, respecto de la resolución sobre las implicaciones éticas, que también contiene un anexo, en este caso, de recomendaciones dirigidas también a una futura redacción de un reglamento sobre principios éticos para el diseño, desarrollo y uso de la IA[13] (pero también de la robótica y otras tecnologías conexas), a la elaboración de un anexo enumerando sectores de alto riesgo y solicitando la coordinación y cooperación del resto de instituciones europeas.

En cuanto a los concretos principios éticos cuyo respeto exige cualquier sistema basado en IA, la resolución parte de una IA antropocéntrica y antropogénica, de tal suerte que se constituya un marco regulatorio basado en valores y principios éticos priorizando la seguridad, responsabilidad y respeto a los derechos fundamentales de la Carta de derechos digitales, que exista transparencia para los usuarios en el uso de IA, que se protejan los datos personales, que se eviten los sesgos discriminatorios y que se implementen medidas de control por seres humanos a través de autoridades de control[14].

Por último, en la UE, destaca el Reglamento 2024/1689, del Parlamento Europeo y del Consejo de 13 de junio de 2024 por el que se establecen normas armonizadas en materia de inteligencia

---

13 En este concreto supuesto se recoge la propuesta del Reglamento del Parlamento europeo y del Consejo sobre los principios éticos en esta materia, lo que pone de relieve lo avanzado del marco normativo en materia de salvaguardar los riesgos éticos derivados del uso de sistemas basados en IA, que siempre ha sido una constante en todos los foros en que se debatía el marco normativo sobre IA.

14 Se contempla incluso ya que cada Estado designe una autoridad pública independiente encargada de controlar la aplicación y eficacia de la propuesta de Reglamento y, en su caso, evaluar los riesgos, certificar la conformidad ética en su caso y respaldar la exigencia de responsabilidad por los ciudadanos.

artificial (ley de inteligencia artificial) y se modifican determinados actos legislativos de la Unión.

Dicho texto normativo regula la IA desde una perspectiva fundamentalmente represiva o preventiva de los riesgos de la tecnología, más que efectuar una regulación genérica del sector en la Unión Europea lo que motiva que existan omisiones que deberán paliarse con futuros reglamentos o resoluciones europeas.

De este modo, se pone de relieve cómo una de las principales preocupaciones de la UE es el de los riesgos que supone el uso incontrolado de la IA, de ahí que la mayor parte del texto del Reglamento se focaliza en identificar los riesgos y prever medidas frente a los mismos, sin descuidar la vigilancia y control.

El Reglamento establece diferentes obligaciones y medidas específicas para los proveedores y usuarios de IA en función del nivel de riesgo (probabilidad de que se produzca un daño o perjuicio con su uso) y delimita 4 niveles de riesgo (originariamente eran dos):

i) Riesgo inaceptable, el reglamento lo califica como prácticas prohibidas en su art. 5:

Son los que se consideran un grave riesgo para las personas y están prohibidos:

- Manipulación cognitiva del comportamiento de las personas o grupos vulnerables (ej. juguetes que se activan por voz que fomentan comportamientos agresivos en los niños), así como el uso de técnicas engañosas o subliminales con objeto de mermar la capacidad de la persona para tomar decisiones que no hubieran tomado[15].
- Puntuación social (clasificación de personas según su comportamiento o status socioeconómico o características personales) de manera que se produzca un trato perjudicial

15 Dicho riesgo coincide con la conducta que prevé el art. 5 de la Ley 3/1991 de Competencia Desleal (BOE n.º 10, de 31 de enero)

hacia ciertas personas o colectivos injustificado o que no guarde relación con el contexto en el que se recabaron los datos.

- Identificación biométrica en tiempo real y a distancia (ej. el reconocimiento facial) para deducir su raza, opinión política, religiosa, vida sexual, etc. Se excepciona el uso para la búsqueda de víctimas de secuestro, trata o explotación sexual, prevención de amenazas específicas para la vida o seguridad física o la localización de sospechosos de comisión de un delito o ejecución de una sanción penal.
- Realización de evaluaciones de riesgo de personas respecto de la posibilidad de comisión de actos delictivos basándose en perfiles y rasgos de su personalidad, salvo que se apoye en hechos objetivos y verificables relacionados con actividad delictiva.
- Inferencia de emociones de una persona en lugares de trabajo o centros educativos, salvo que existan motivos médicos de seguridad.

ii) Sistemas de Alto riesgo

Son los que afectan negativamente a la seguridad o derechos fundamentales y son evaluados necesariamente antes de su comercialización y también durante todo su ciclo de vida. Son sin duda los sistemas más regulados por el Reglamento y afecta a los los proveedores de IA (distribuidores, importadores, responsables del despliegue, terceros) Hay dos tipos:

- Sistemas de IA utilizados en productos sujetos a legislación de UE sobre seguridad de los productos (juguetes, aviones, coches, dispositivos médicos, ascensores, etc.). Dicha regulación se encuentra en el también Reglamento UE 2023/988, de 10 de mayo que, curiosamente, acaba de entrar en vigor en el mes de diciembre, con lo que existe un mínimo desfase temporal entre ambos textos normativos.

- Sistemas de IA de 8 ámbitos concretos que tienen que registrarse en la base de datos de la UE (identificación biométrica y categorización de personas cuando no sea riesgo inaceptable; gestión y explotación de infraestructuras críticas; educación; empleo, gestión de trabajadores y acceso al autoempleo; acceso y disfrute de servicios privados esenciales y públicos; aplicación de la ley; gestión de migración, asilo y control de fronteras; asistencia en la interpretación jurídica y aplicación de la ley).

Evidentemente, estos usos, junto con las prácticas prohibidas, son los que más preocupan al Reglamento de la UE y, por ello, está sujeto a numerosas reglas como la adopción de un sistema de gestión de riesgos – art. 9 -, la necesidad de elaborar una evaluación de impacto del sistema concreto de IA respecto de los derechos fundamentales – art. 27 - y un registro de la actividad concreta para garantizar la trazabilidad de los resultados – art. 12 -, el registro de la empresa en la base de datos de la UE, medidas de ciberseguridad respecto de los datos empleados – art. 15 -, normas concretas en materia de gobernanza de datos utilizados para que dichos datos sean de alta calidad y se minimicen los riesgos y la discriminación – art. 10 -, supervisión humana en último término de dichos sistemas – art. 14 - y también información a los usuarios (transparencia) – art. 13 -.

iii) IA generativa (IAG)

Caso de Chatgpt, copilot, bard, etc. tiene que cumplir con los requisitos de transparencia de la IA que implican concretamente:

- Revelar que el contenido obtenido con los sistemas de la IA generativa fue elaborado por la IA.
- Diseñar el sistema para que no genere contenidos ilegales o que infrinjan las leyes o normas de los Estados.
- Publicar resúmenes de los datos protegidos por derechos de autor usados en el entrenamiento del sistema de IAG.

iv) Riesgo limitado

Deben cumplir requisitos mínimos de transparencia que permitan a los usuarios tomar decisiones con pleno conocimiento. Así los usuarios deben ser conscientes antes de usarla de cuándo están interactuando con la IA y pueden decidir seguir usándola o no. Incluye los sistemas de IA que generan o manipulan contenidos de imagen, audio o video.

Los abogados y despachos de abogados actualmente realizan usos de IA que se podrían encuadrar en los dos últimos apartados de riesgos reseñados, con lo que no son considerados problemáticos a efectos del meritado Reglamento y las exigencias de cumplimiento son muy limitadas.

En otros países (EEUU y Japón) también se ha abordado el problema del marco regulatorio de la IA. En Estados Unidos, el presidente Joe Biden ha promulgado una orden ejecutiva el 30 de octubre de 2023 sobre la inteligencia artificial. Dicha orden, que constituye un hito legislativo en la administración americana, tiene un componente práctico al exigir a las empresas que utilicen sistemas basados en IA la notificación a la administración, siempre que dicho uso pueda incidir en la seguridad nacional o en la salud pública.

Ello no obsta para que la orden también incluya obligaciones de claridad en el etiquetado de todo contenido generado con IA, con objeto de evitar con ello el fraude o engaño a terceros. La necesidad de transparencia en el desarrollo de los sistemas basados en IA, en el uso de IA o en los resultados generados por IA es un requisito indispensable para poder exigir responsabilidad.

Por último, recientemente el Senado ha aprobado en 2025 la Ley de transparencia y responsabilidad de las redes de inteligencia artificial, cuyo propósito es que los titulares de derechos de autor conozcan qué obras suyas han sido utilizadas por la IA, cuya intención y la ley de protección e integridad de contenido frente a medios editados y falsificados, que trata de eludir las Deep fakes creadas sobre todo a través de IA.

Japón ha publicado directrices en el ámbito educativo para limitar el uso de la IA en los colegios pues considera que si bien resulta necesario que los estudiantes conozcan y sepan utilizar las nuevas tecnologías, son conscientes – al igual que ha ocurrido en Suecia y Noruega recientemente, que incluso se están planteando la vuelta a los libros dando un paso atrás tecnológico[16] – de los riesgos que un exceso en el uso de IA generativas como chatgpt tendría efectos negativos en el pensamiento crítico y otras habilidades necesarias para crear ciudadanos responsables y con valores.

En mayo de 2023, Japón ya propuso al G7[17] que la forma de regular la IA era a través de una regulación flexible o permisiva pero con ciertas materias de regulación más estricta como el derecho de autor o la protección de datos, para ello se creó el Foro de Hiroshima sobre IA.

Por su parte, Francia aprueba en 2023, coincidiendo con las olimpiadas de París, la ley que permitía el uso de videovigilancia asistida por IA para detectar sucesos anómalos, sin que pueda efectuarse reconocimiento facial prohibido desde abril de 2023 y que constituye uno de los riesgos inaceptables para el Reglamento UE.

---

16 También España está planteando limitar el uso de medios tecnológicos en la educación, ante los riesgos de adicción y malos usos por parte de menores. El proyecto de ley de protección de los menores en entornos digitales, aprobado por el Consejo de Ministros el 8 de abril de 2025, consideran imprescindible que los menores hagan un uso seguro, saludable, sostenible, crítico y responsable. Iniciativa que se une a la existente en la Comunidad de Madrid que a partir de septiembre de 2025 prohíbe el uso individual de dispositivos electrónicos en colegios públicos y concertados por menores de infantil y primaria, tanto para realizar deberes como en los propios centros.

17 El G7 es una asociación intergubernamental de carácter tanto político como económico formada por Alemania, Canadá, Estados Unidos, Francia, Italia, Japón y Reino Unido. Además, la Unión Europea es miembro de hecho al tener representación política permanente.

En UK se aprobó la national security act en 2023 que aspira a proteger a los ciudadanos ingleses pero que no está exenta de críticas por los importantes riesgos en materia de privacidad.

En Australia, si bien no existe regulación general de IA sí cuenta con una estrategia nacional centrada en el uso ético y responsable de dicha tecnología con objeto de evitar casos preocupantes de Deep fakes y acoso. En 2021 la Comisión australiana de Derechos humanos propone una serie de recomendaciones para implementar la IA en el país y advierte de la necesidad de crear una institución independiente de seguridad de la IA.

En agosto de 2023, ha aprobado una ley general reguladora de la IA y otra específica sobre IA generativa, que cuenta con 73 artículos en los que se establece la necesidad de que los seres humanos supervisen y controlen continuamente la IA, prevé una serie de principios – seguridad, transparencia, igualdad, apertura, etc-, la existencia de una autoridad nacional responsable, la responsabilidad por infracción y un sistema de listas negativas de IA que puedan constituir un daño potencial para la seguridad nacional, interés público, economía, etc.

De este modo, la mayor parte de países son conscientes de los riesgos del uso de la IA y, de un modo u otro, están tratando de adoptar medidas institucionales o normativas que puedan limitar los graves problemas que un uso malintencionado de la IA puedan generar.

En España, además del papel destacado en el Reglamento UE, que se impulsa con su presidencia, destacan las siguientes normas: ley 15/2022, de 12 de julio, integral para la igualdad de trato y la no discriminación[18], el Real Decreto-ley 6/2023, de 19 de diciembre, por el que se aprueban medidas urgentes para la ejecución del Plan de Recuperación, Transformación y Resiliencia en materia de servicio público de justicia, función pública, régimen

---

[18] Ley 15/2022, de 12 de julio, integral para la igualdad de trato y no discriminación. BOE n.º 167, de 13 de julio.

local y mecenazgo[19], Real Decreto 729/2023, de 22 de agosto, por el que se aprueba el Estatuto de la Agencia Española de Supervisión de Inteligencia Artificial[20], el Real Decreto 817/2023, de 8 de noviembre, que establece un entorno controlado de pruebas para el ensayo del cumplimiento de la propuesta de Reglamento del Parlamento Europeo y del Consejo por el que se establecen normas armonizadas en materia de inteligencia artificial[21], el Plan ENIA (marco flexible, administrativo, pero abierto a las empresas, a los profesionales, a las entidades y a los ciudadanos, con objeto de desarrollar un ecosistema basado en IA que sea inclusiva (y sostenible), ética, fiable, transparente y rentable[22]), algunas normas de ciertas CCAA (Extremadura -, Decreto-ley 2/2023, de 8 de

---

19 Dicho Real Decreto-ley 6/2023, de 19 de diciembre, por el que se aprueban medidas urgentes para la ejecución del Plan de Recuperación, Transformación y Resiliencia en materia de servicio público de justicia, función pública, régimen local y mecenazgo. Ha sido recientemente publicado en el BOE n.º 303, de 20 de diciembre y constituye una norma de extraordinaria importancia pues, como antes se hacía en la ley de presupuestos generales del Estado, se introducen multitud de reformas normativas en dicho RD de final de año que van a incidir en el ejercicio profesional diario de todos los operadores de la justicia. En dicho RD existe alguna disposición específica donde también se prevé el uso de la IA, como se tendrá ocasión de constatar en las siguientes páginas.

20 Real Decreto 729/2023, que regula el estatuto de la AESIA española y cuyo texto puede verse en el BOE n.º 210, de 2 de septiembre.

21 Real Decreto por el que se habilita al Ministerio de Asuntos Económicos y Transformación Digital a abrir, en colaboración con la Comisión Europea, la convocatoria a empresas para participar en el entorno controlado de pruebas (sandbox) del Reglamento Europeo de IA, aprobado por el Consejo de Ministros el 7 de noviembre y que se publica en el BOE n.º 268, de 9 de noviembre.

22 El plan de la Estrategia Nacional también aspira a conseguir una proyección de la lengua española en el uso de la IA (que los diferentes sistemas basados en IA utilicen nuestra lengua), impulsar la creación de empleo cualificado (programadores y desarrolladores de IA, lingüistas que puedan redactar los prompts, creadores de hardware que pueda implementar sistemas de IA, etc.).

marzo, de medidas urgentes de impulso a la inteligencia artificial en Extremadura[23]-. Andalucía - Estrategia Andaluza de Inteligencia Artificial 2030[24]-, Valencia - Decreto 85/2023, de 9 de junio, del Consejo, de creación del Observatorio de la Inteligencia Artificial de la Comunidad valenciana[25]-, Galicia).

En julio de 2021, se aprueba la Carta de Derechos Digitales, que sin tener un valor normativo se ha erigido como marco de referencia internacional para garantizar y reforzar los derechos y valores democráticos en la nueva economía digital y la IA[26]. Los seis grandes ejes o derechos que pueden resultar afectados por la IA serían los derechos de libertad e identidad digital, los derechos de igualdad, derechos de participación, derechos laborales, derechos digitales en entornos concretos (cultura, educación, medioambiente, neurotecnología), derechos ante la inteligencia artificial y tutela de derechos en el entorno digital.

3. USOS DE LA IA EN EL ÁMBITO JURÍDICO POR LOS ABOGADOS.

Son muchos y muy heterogéneos los usos de la IA y se incrementan de forma exponencial cada día que pasa, con lo que soy plenamente consciente de que la presente lista estará obsoleta tan

---

23 Decreto publicado en el DOE n.º 48, de 10 de marzo, que constituye la primera norma autonómica sobre esta materia.

24 Puede accederse al texto íntegro de dicha Estrategia Andaluza de Inteligencia Artificial 2030 en el siguiente enlace: https://www.juntadeandalucia.es/sites/default/files/2023-03/BORRADOR_ESTRATEGIA_IA_2_0.pdf

25 Decreto que se publica en el DOGV n.º 9616, de 13 de junio de 2023.

26 La Carta de Derechos Digitales, que se puede consultar en https://www.lamoncloa.gob.es/presidente/actividades/Documents/2021/140721-Carta_Derechos_Digitales_RedEs.pdf, enumera en lenguaje claro y comprensible para los ciudadanos los derechos de las personas y empresas en el mundo digital y, además, constituye un punto de inflexión para futuras acciones de los poderes públicos (elaboración de normas).

pronto como remita este artículo a la editorial para su publicación. No obstante, sirva a título de ejemplo no como lista exhaustiva[27]:

- En el ámbito de la educación.

Se está utilizando la IA para la elaboración de pruebas, prácticas y simulaciones para los alumnos. También para el análisis de grandes cantidades de datos y poder alcanzar conclusiones válidas. Para tener retroalimentación o feedback inmediato de los ejercicios realizados y para un aprendizaje adaptativo a cada alumno, de modo que cada uno de ellos tendrá el ritmo de aprendizaje que la IA considera mejor se adapta al mismo. Es un recurso muy útil también para simplificar la gestión y burocratización de la educación (actas, listas de alumnos, certificados de notas, erasmus, etc.). Y, por último, también se está empleando, con razonable éxito, para predecir el riesgo de abandono escolar de los alumnos y así poder adoptar las medidas oportunas para evitarlo o, en su defecto, para proponer otras opciones a los alumnos.

- En el ámbito policial

Sin perjuicio de que las fuerzas y cuerpos de seguridad quieren estar a la vanguardia del uso de la IA en el desempeño de sus funciones, por el momento se están empleando para la identificación de sospechosos con el reconocimiento facial y el análisis de imágenes para la identificación de objetos – posibles armas, objetos sospechosos, etc. -, para la verificación de antecedentes y cancelación automática de los mismos, para colaborar con otras policías de otros Estados en la persecución de delincuentes internacionales, para la prevención de atentados y actos delictivos (como sabemos no siempre la tecnología acierta a este respecto pues en el caso Trump tenían la información desde hacía tiempo,

---

27 Un estudio realizado por PWC y Microsoft en 2018 pone de relieve que los sectores en los que se prevé tengan mayor impacto la IA son las telecomunicaciones, los servicios financieros, la distribución, la sanidad y el turismo, quedando relegado a un porcentaje muy bajo tanto el sector servicios – en el que incluiríamos a los profesionales jurídicos – como la administración y, evidentemente, la construcción.

pero no se advirtió su seriedad hasta después del atentado, con lo que resulta preciso que exista filtros más precisos para discriminar las amenazas más serias de las meras exaltaciones efectuadas bajo el amparo del anonimato de internet), generación de contenido para la realización de operaciones encubiertas (perfiles falsos basados en datos recopilados de individuos sospechosos para poder ensayar diálogos y situaciones operativas), como en cualquier ámbito administrativo ayuda a optimizar la gestión del tiempo de los agentes (sobre todo respecto de tareas burocráticas como la redacción de informes, introducción de datos en el sistema, etc.).

- En el ámbito sanitario

Otro escenario donde la IA está siendo utilizada, con cierta precaución considerando las implicaciones que un error puede suponer para la salud o vida humanas, es en la medicina. De este modo, se está empleando para la revisión de los TACS y radiografías y proponer un diagnóstico (ej. Face2gen), para planificar operaciones según la gravedad y evolución de enfermedades, para la investigación de enfermedades y curación de las mismas con el análisis genético, para la detección precoz de enfermedades ante la existencia de ciertos síntomas[28], para el desarrollo de nuevos fármacos más eficaces, monitorización de pacientes, gestión de la asistencia sanitaria (las listas de espera), para mejorar la experiencia del paciente y reducir los gastos del hospital, sin desdeñar la formación de los profesionales sanitarios, etc.

- En el ámbito laboral[29]

Las empresas y los departamentos de Recursos Humanos, así como los gestores de talento, utilizan la IA en la selección de per-

---

[28] Chief – clinical histopathology imaging evaluation foundation - es una nueva herramienta que permite la predicción de 19 tipos distintos de cáncer y, posteriormente dar respuesta a tratamientos y evaluar el pronóstico del paciente.

[29] Un estudio de agosto de 2023 de OpenAI y la Universidad de Pennsylvania concluye que el 80% de los trabajadores de EEUU podría verse afectado por el uso de IA.

sonal para revisar CV, detectar incoherencias o saltos en los mismos, para redactar las posiciones laborales que mejor interesan a la empresa, para analizar el rendimiento de los trabajadores, para control del personal (reconocimiento de voz, cámaras de seguridad, etc.), para optimizar procesos administrativos en la empresa, para una mejor atención al cliente, para análisis de datos y predicción de ventas, detección de fraude y robos por los propios trabajadores, mejora en la prevención de riesgos laborales (análisis del puesto y del trabajador concreto), formación específica para cada trabajador. Aunque la automatización de ciertos desempeños laborales determinará la amortización de algunos puestos de trabajo, evidentemente también servirá para crear nuevos puestos de trabajo específicos de esta tecnología (como desarrolladores, consultores, creadores de agentes IA, analistas de datos, lingüistas especialistas en IA, ingenieros de robótica, etc.)

- En el ámbito militar

El uso de la IA contribuirá a la transformación de las organizaciones militares en todas las áreas de operaciones como una mejora de la logística, recopilación y gestión de información de inteligencia, los drones pilotados de forma autónoma por la IA, análisis de patrones en las guerras, optimización de rutas de los ejércitos, recopilación de información y análisis de zonas conflictivas o de futuro conflicto, potenciales amenazas según criterios de búsquedas en internet por los terroristas o delincuentes organizados (hacer bombas, revueltas, etc.), detección de radares, planeamiento estratégico de operaciones, toma de decisiones más rápida y eficaz, etc.

- En el deporte.

Los equipos de futbol utilizan aplicaciones (caso de Tactical) donde tienen todos los jugadores de las grandes ligas con sus características para determinar cuál tienen que fichar según las necesidades del equipo o del estilo de juego, también para remunerar a los jugadores según sus rendimientos y los entrenadores para planificar las cargas de entrenamiento, minutos de juego, etc. con objeto de minimizar lesiones, así como para planificar estrategias de juego y mejorar las probabilidades de éxito según el rival, el estado físico de tus propios jugadores, etc..

En otros deportes se usa la IA para planificar y entrenar el gesto deportivo concreto del deporte que sea más óptimo (por dónde saltar, correr, lanzar, etc.), para planificar entrenamientos, cargas, intensidades, dobles sesiones, etc. según cuándo tenga lugar la competición, nutrición, descansos, otras actividades compatibles con el deporte concreto que no sean nocivas para el rendimiento del deportista, etc.

También se emplea para analizar publicaciones en redes sociales en tiempo real eliminado contenido de odio sobre los deportistas o clubes; para optimizar horarios y lograr una mayor asistencia a los eventos deportivos; el seguimiento del deporte con cámaras 360º y alta definición en función de los intereses de cada espectador

- En el ocio.

Existe igualmente un uso recreativo como el que permite a los usuarios jugar videojuegos en mundos imaginarios o experimentar para crear historias de personajes que les interesan, dibujar comics, crear canciones con letras sobre ciertos temas o que provienen de otras fuentes o películas en las que podemos ser los protagonistas o los villanos, imágenes divertidas que parten de otras previas existentes en la red, etc. Poder poner voz a la imagen de personas ya fallecidas (familiares o famosos) que nunca fueron vistos por el usuario (ej. un discurso de Kennedy que dio en 2018 cuando fue asesinado muchos años antes y para el que se utilizó más de 831 discursos previos; un discurso de David Beckham sobre la malaria en diferentes idiomas (9 idiomas) o el anuncio de Cruzcampo realizado por la fallecida Lola Flores para el que se utilizaron más de 5000 imágenes de la cantante; las voces e imágenes de los artistas ya fallecidos para explicar sus obras (ej. museo Dalí de Petersburg).

- Y, por último, en el ámbito legal.

Los abogados utilizan fundamentalmente la IA para la búsqueda y el análisis de textos normativos y jurisprudencia concretamente aplicable al supuesto concreto que necesiten, labor para la cual se empleaban asistentes (becarios) o suponía una cantidad considerable de tiempo para el letrado hoy se puede realizar en minutos.

Los grandes despachos de abogados ya han invertido cuantiosas sumas para crear sus propios programas específicos de IA legal que, además de las funcionalidades anteriores, también implementan otras que precisan de manera concreta en cada firma. Tal es el caso de GenIAl, de Lefebvre o Proces@ de Garrigues, o de Ross Intelligence de IBM[30], que facilitan la búsqueda de normativa y jurisprudencia aplicable a un caso concreto del despacho, pero también extracta su contenido, proporciona otras normas o resoluciones vinculadas que resulten similares o que puedan contrariar el sentido del fallo. Dichos grandes despachos, aunque cada vez más los abogados tecnológicos, están empezando a emplear agentes GPTs que auxilian al letrado en la realización autónoma de multitud de tareas que se le pueden encomendar.

Un número menor de abogados también utilizan, en lugar de los antiguos formularios que empleaban como plantillas para la redacción de borradores de documentos, incluso destinados a los juzgados, dicha tecnología de IA, pero precisan de una revisión detallada pues no están exentos de errores que deben subsanarse. No obstante, considerando que la IA aprende de experiencias

---

30 Denominado el robot legal o el abogado robot, opera desde Canadá, ha sido creado por IBM con intención de simplificar la búsqueda de normas y jurisprudencia y mejorar los resultados de tales procesos de búsqueda. Si bien, el impacto de dicha tecnología ha hecho que las redes e internet desvirtúen dicho robot y exacerben las funcionalidades que realmente tiene, llegando a señalar que ha sido contratado por un cliente para llevarle un caso. Lo cierto es que, por el momento, Ross se limita a auxiliar a los profesionales jurídicos y, además, solo en ciertas materias como es el concurso de acreedores.

anteriores, con el uso cada vez resultarán más fiables dichos documentos y las revisiones serán menos frecuentes.

También se utilizan como predictores legales por los abogados al cuestionar la posible evolución o resultado de un determinado procedimiento judicial o extrajudicial con carácter previo a la interposición de la demanda o el requerimiento, a cuyo efecto, los sistemas analizan casos similares anteriores resueltos por los tribunales, árbitros o la práctica forense (si hubiera datos sobre ello). Destaca al efecto Lex machina que emplea datos y modelos predictivos para determinar con cierta fiabilidad cómo podrían resolverse ciertos casos a través de patrones precedentes.

De igual modo se emplean ahora para el análisis de textos o documentos que forman parte del archivo del despacho (bien por haberse creado ya en formato digital, bien por haberse digitalizado), con objeto de poder encontrar en poco tiempo datos esenciales de los mismos para el desarrollo de alguna actuación jurídica, ahorrando un tiempo considerable en la búsqueda de datos específicos de un expediente que, en ocasiones, puede contar con cientos de páginas, que ahora se puede invertir en una mayor dedicación a cada asunto. Muchos letrados utilizan para ello la aplicación relativity que es capaz de revisar ingentes cantidades de datos y expedientes y filtrar por criterios específicos.

Existen diversas aplicaciones que se utilizan en el ámbito contractual tanto para analizar contratos extensos y complejos[31] con carácter previo a su firma o que se están negociando como es el caso de Kira systems[32] (que analiza gran cantidad de contratos y permite extraer la información más relevante de los mismos), Lu-

---

[31] Las aplicaciones sirven para cualquier tipo de contrato, pero parece lógico que si el contrato es sencillo, breve y no plantea especiales problemas no resultan de tanta utilidad, salvo que sea preciso el análisis de cientos de contratos de este estilo.

[32] Puede probarse dicho sistema de IA en https://kirasystems.com/ (fecha de consulta 18/01/2024).

minance[33] (que también analiza los contratos para poder revisar si existe algún tipo de anomalía), eBrevia[34] (que igual que Kira sirve para el análisis de los contratos y extractar las cláusulas esenciales, pero lo hace incluso con contratos en otros idiomas).

Y, en otras ocasiones, la aplicación de la IA se centra más en la gestión documental y temporal del despacho, automatizando la creación y tramitación de los expedientes judiciales y extrajudiciales de cada cliente o auxiliando en la clasificación de los documentos (contratos, presupuestos, interrogatorios, declaraciones, resoluciones judiciales, pruebas, etc.) mediante el análisis previo de su contenido y su encaje en una carpeta digital u otra en función de su contenido o del cliente a que se refiera. Pero también constituye un apoyo para la rentabilidad del despacho o del profesional analizando los flujos de trabajo de cada integrante del despacho para determinar en qué supuestos se pueden automatizar ciertas tareas (elaboración de informes, hojas de cálculo, realización de presentaciones o propuestas para clientes, etc.). En estas labores más burocráticas del despacho es interesante la aplicación Clio.

Supone un considerable ahorro de tiempo la posibilidad de que los abogados puedan transcribir a un texto cualquier conversación o grabación telefónica que se haya podido obtener, por ejemplo, en una reunión con un cliente, con la parte contraria, con un compañero abogado, etc. Esta opción la permite la aplicación denominada Nutria[35] de la empresa Otter.

De interés es igualmente la aplicación Crimson Hexagon que analiza redes sociales y medios digitales con intención de determinar tendencias y así que los abogados puedan establecer estrategias de marketing adaptadas a dichas necesidades del mercado.

---

33 Puede probarse dicho sistema de IA en https://www.luminance.com/ (fecha de consulta 18/01/2024).

34 Puede probarse dicho sistema de IA en https://ebrevia.com/ (fecha de consulta 18/01/2024).

35 Puede probarse dicha aplicación o sistema basado en IA a través del enlace https://otter.ai/ (fecha de consulta 18/01/2024).

Cuando los abogados trabajan en otros países o precisan realizar documentos en otros idiomas Translate FX permite dicha traducción de los textos de forma automática y fidedigna, sin perjuicio de que siempre resulte preciso – como con todos los resultados de IA – una revisión del resultado facilitado.

Por último, en grandes despachos fundamentalmente es preciso que exista una política de compliance con objeto de garantizar que el mismo cumple con todos los requisitos legales existentes (protección de datos, canal de denuncias, igualdad, etc.) y para ello una herramienta de IA como compliance.ai facilita dicha tarea.

Sin embargo, otras muchas actuaciones de los abogados, por el momento, consideramos no son susceptibles de solución con la IA, como enfocar la estrategia de un asunto propuesto por un cliente, redactar un interrogatorio a un testigo o al contrario, presentar escritos a través de Lexnet, redactar correos a otros compañeros, procuradores o clientes, etc. sin que se pueda descartar que la evolución de dichos sistemas permita en un futuro más o menos próximo realizar también tales actuaciones. Tampoco somos partidarios de delegar en los sistemas de IA la labor comercial – no la referida a la realización de marketing del despacho o del profesional o al manejo de las redes sociales, que sí son cuestiones que podrían delegarse en sistemas de IA – sino en el sentido la captación o fidelización de los clientes, pues resulta preciso que una vez los clientes acuden al despacho la atención personal y directa sea prestada por un profesional de carne y hueso, pues solo de este modo será posible generar la confianza y seguridad necesaria en el cliente[36].

---

[36] Con esto no queremos decir que en un futuro no muy lejano sea factible un robot abogado que, como parte del despacho, sea capaz de atender a los clientes tras un proceso de aprendizaje que le permita empatizar con los clientes. De momento debemos conformarnos con verlos en las obras audiovisuales como "yo, robot" – 2014 -, "bicentennial man" – 1999 – o la de "A.I. inteligencia artificial" – 2001-, en las

Albergo ciertas dudas razonables sobre la concreta asistencia a los clientes a través de chatbots, robots o sistemas de IA. Muchos clientes, como cualquier ciudadano, aún son un tanto reacios a entablar conversaciones con un sistema de IA – ya telefónica, telemática o presencialmente – pues consideran que no tienen la empatía necesaria para darle oportuna respuesta a las inquietudes y dudas que pueden tener o por entender que están preconfigurados para responder solo ante ciertas cuestiones y no pueden responder ante otros interrogantes que se les pueda plantear. Lógicamente este inconveniente se puede ir solventando con el entrenamiento de la IA y con cada cliente mejorará la calidad de las respuestas que le proporcione, la cuestión es quién quiere ser el que los entrene o qué tolerancia tenemos a las respuestas inadecuadas de la IA (muchas veces por facilitar el cliente preguntas equívocas).

Por su parte, dentro del sector legal, los jueces, totalmente sobrecargados de trabajo y con una demora considerable en la resolución de expedientes, están comenzando a utilizar la IA para analizar las pruebas presentadas, para dictar resoluciones de trámite o auxiliar en la redacción de sentencias y autos, para el análisis de las sentencias contradictorias (el TS), para la vigilancia predictiva de delincuentes (cumplimiento de órdenes de alejamiento), el reconocimiento fácil de personas desaparecidas o ausentes, etc.

4. ABUSOS DE LA IA

En este ámbito también es preciso señalar que no siempre las personas hacen un uso responsable y licito de los sistemas de la IA y, por ello, junto con los usos y ventajas de la IA hay que mencionar los abusos que se cometen con estos sistemas de IA, algunos de forma poco ética y otros traspasando la frontera de la legalidad.

---

que se trata de dotar a los robots protagonistas de ciertas características similares a sentimientos humanos.

En este sentido es posible citar las deepfakes (videos con imágenes falsas de personas realizando actos que nunca han realizado. Se hacen con redes neuronales generativas –GAN- que supone que el sistema aprende a crear imágenes de personas reales o ficticias tras procesar una base de datos de imágenes de ejemplo, caso de Barack Obama o del senador Ted Cruz cantando como Tina Turner, esto permite poner en boca de estos personajes palabras que nunca han dicho o hacer actos que nunca han hecho). Tampoco han faltado videos de Trump siendo detenido por la policía o de Putin con idéntico resultado. Tal es el auge de este tipo de videos que ya hay compañías que están entrenando a la IA para detectar estas deep fakes entrenándola con los miles de videos manipulados que existen en la red (el juego del ratón y el gato).

También las noticias falsas (fake news) que tratan de influir en la opinión de la sociedad en general y la manipulación de imágenes o videos de personas o profesionales conocidos con ánimo de generar un lucro o perjudicar a dicha persona (bullying digital), como es el caso de las menores que aparecían desnudas en videos para adultos o que habían publicitado entre otros estudiantes; el caso del falso atentado frente al pentágono que se hizo viral a través de X hace unas semanas; el supuesto de Tom Cruise que se utilizó su imagen para vender criptomonedas; etc.

Tanto las fake news como las Deep fakes son un auténtico peligro pues es realmente fácil manipular con ellas a un gran número de personas en un mundo en el que prácticamente ningún usuario contrasta la información que recibe por los diferentes medios, somos usuarios pasivos que recibimos y aceptamos como válida toda información que nos proporcionan los medios de comunicación y, lamentablemente, esa información no siempre es cierta o verídica y, lo peor, es que puede motivar una acción por nuestra parte confiando en esa información sesgada o manipulada (p.ej. en las elecciones a la presidencia, consumo, etc.).

Otros abusos conocidos de la IA han sido las estafas en los negocios con la suplantación de la imagen y voz de la persona (caso de Brad Pitt, caso del hijo en apuros que supuestamente llama a su madre o un familiar para solicitar que le hagan un bizum o ingreso para poder volver a casa o recargar el móvil o cualquier otra necesidad – suplantación de la voz -, etc.), un caso muy conocido fue que la IA imitó la voz del CEO de una compañía de UK de energía que pedía por teléfono al director ejecutivo que hiciera una transferencia de 200.000 euros a un proveedor húngaro para unas mercancías que nunca fueron entregadas.

Por el momento no se han detectado abusos de este tipo por parte de abogados o despachos de abogados, pero no se puede descartar que sucedan en el futuro con ánimo de captar clientes, manipular pruebas de un importante procedimiento judicial, etc. Esperemos que las normas deontológicas y la honestidad que debe imperar en su actuación evite dichos desvaríos profesionales.

No obstante, uno de los riesgos existentes cuando se utilizan sistemas basados en IA es la fiabilidad de los resultados que proporciona dicho sistema, con el nada desdeñable agravante de la dificultad para su detección pues no siempre resultará evidente el error cometido por la IA. Basta poner el ejemplo de una búsqueda realizada por un abogado para argumentar una postura jurídica en una demanda judicial y que precisa de diversos pronunciamientos judiciales que se hayan pronunciado en el sentido que le interesa defender en su escrito. Dicho profesional lanza la búsqueda a través del sistema de IA y en pocos minutos la aplicación le devuelve un listado de resoluciones judiciales y un extracto de los argumentos empleados en cada una de ellas. Si alguno de tales resultados no fuera cierto, bien porque exista un error en el tribunal concreto del que procede, bien porque realmente ningún tribunal haya dicho algo similar (que sería más grave), la única vía de que dispone el profesional para verificar la certeza de los resultados es la búsqueda manual de todas y cada una de las resoluciones propuestas y comprobar que en las mismas se han vertido tales argumentos, lo cual supone invertir un considerable tiempo que es precisamente lo que se quería evitar con el uso de la IA. Y ya existen algunos supuestos prácticos de uso abusivo por parte de los abogados. Así, los abogados que citan resoluciones de tribunales para sostener sus argumentos legales que son falsos (en el código federal mejicano, art. 231 es reputado delito), en España ocurrió respecto de sentencias del Tribunal Constitucional (hasta 19 sentencias) recogidas en un recurso de amparo por un abogado catalán y que ha propuesto al colegio de abogados de Barcelona una sanción por la falta de respeto al tribunal.

El abogado alegaba que la base de datos se le había desconfigurado y el TC lo rechaza porque no aporta la base de datos utilizada y porque sea como fuera el abogado (como cualquiera que use IA) es responsable de revisar exhaustivamente todo el contenido de cualquier escrito que presente a un tribunal. No obstante, por ser la primera ocasión y que el engaño no surtió efectos en la práctica pues el Tribunal no se dejó engañar por dicha retahíla de precedentes judiciales, se propuso para el autor un mero apercibimiento (escasa sanción a nuestro modo de ver pues resulta clara la intención del letrado de engañar al sistema, no puede ser que constituya delito en otros ordenamientos y en España sea una mera advertencia).

De igual modo, pero con diferente sanción, un juez americano (Kevin Castel) impuso una multa de 5.000 dólares a dos abogados (Peter Loduca y Steven Schwartz) por haber utilizado chatgpt para elaborar una demanda contra la compañía Avianca en la que también se incluyeron precedentes legales inexistentes.

En definitiva, no solo la sociedad y los poderes públicos han visto las virtudes y beneficios del uso de la IA, sino que también los delincuentes descubren diferentes y creativas formas de cometer ilícitos aprovechando esta nueva tecnología y, sin duda, en el futuro, los riesgos derivados de ilícitos cometidos con la IA serán mayores.

Otro abuso de la IA por parte de los abogados reside en el uso excesivo de dicha tecnología, invertir importantes cuantías en desarrollar programas propios de IA para sus despachos cuando no son precisos o cuando puede abaratarse considerablemente el coste acudiendo a apps de terceros desarrolladores. Igual de absurdo es disponer del software sin tener el hardware adecuado para que dichos programas puedan funcionar adecuadamente

¿de qué sirve tener un Ferrari si solo puede circular por caminos de tierra?

Otro abuso de la IA es la de amortizar puestos de trabajo del despacho considerando que todo el trabajo que anteriormente lo hacían personas ahora lo puede desarrollar la IA, olvidando que resulta preciso personal que entrene a dicha IA, que introduzca los prompts adecuados, que revise los resultados que ofrece, que analice necesidades futuras, etc.

De igual importancia resultarán los trabajadores especializados en desarrollo de IA, seguridad de sistemas, analistas, etc. pues un riesgo elevado al digitalizar el despacho es el de la seguridad de los datos, los virus, hackers, etc.

Otra de las principales preocupaciones para las instituciones europeas y nacionales es la de un uso de la IA respetando la ética, en una de sus aristas encontraríamos que es esencial que la IA constituya un sistema justo y accesible, que respete los derechos. El problema es que, hasta el momento, la falta de transparencia puede generar dudas a los usuarios de la IA sobre cuál es el fundamento de toma de decisiones esenciales o importantes (de los que pueda depender la libertad o prisión de un cliente, ej., o la contratación de los nuevos trabajadores del despacho basándose la IA en los datos curriculares y de las redes sociales de los candidatos).

Es por ello que cuando la IA falla el despacho o el abogado debe estar en disposición de poder responder de los daños o perjuicios causados a sus clientes y, en consecuencia, no solo deberá contar con un seguro de responsabilidad – exigencia que ya prevé el código deontológico – sino también tener presente dicho extremo cuando se efectúe cualquier contratación de una aplicación de IA de un tercero para incluir alguna cláusula de derivación de responsabilidad.

Por otra parte, estamos en un momento en que los principales desarrollos de IA se basan en IA generativas, pero no tardarán en desarrollarse servicios en los que las IA sean más autónomas y, es entonces, cuando aquellas tecnologías de IA que presenten un riesgo elevado – las que sean capaces de aprender solas – tendrán que establecer mecanismos desde el diseño para permitir la supervisión y el control humano en cualquier momento (evitando una posible "*rebelión*" de las máquinas), máxime cuando se observe que están comenzando procesos que pueden infringir derechos fundamentales, e incluso alguna función que permita desconectar o deshabilitar temporalmente la capacidad de aprendizaje de dichos sistemas de IA. De momento no existe aún el letrado de IA y no se permite su acceso a los tribunales, como ya se ha resuelto en ciertos tribunales, pero no es descartable que ocurra en el futuro y, en tales supuestos, habrá de tenerse presente una serie de cuestiones esenciales.

Resulta esencial tener en cuenta que para que se pueda materializar el progreso de la IA resulta indispensable invertir en infraestructuras, formación de capacidades digitales y mejoras en la conectividad (el 5G o 6G real y seguro), de lo contrario es como el que tiene un coche deportivo pero no hay carreteras para que pueda circular con la velocidad máxima que alcanza o, incluso, no hay carreteras sino meros caminos de tierra, con lo que no podría ni circular. Si se quiere que el uso de los sistemas de IA sean una realidad y se utilicen de forma equitativa en todo el mundo habría que evitar la brecha digital tanto en conocimientos como en medios, y eso no parece viable a corto plazo.

Por último, respecto de los retos que restan por cumplir en los próximos meses y años en esta materia de los sistemas basados en IA, podríamos señalar los siguientes:

i) la necesidad de afinar en los resultados que proporcionan dichos sistemas,

ii) en articular algún sistema de supervisión de la IA ágil y confiable,

iii) dotar de mayor seguridad cualquiera de estos sistemas para evitar ataques que puedan afectar bien a la privacidad de los datos personales que se manejan, bien a la corrección de os resultados que se muestran,

iv) revisar que no se produzcan infracciones en los derechos de los ciudadanos con su manejo,

v) incrementar los cursos y recursos en abierto para la adquisición de competencias digitales por profesionales y ciudadanos en general,

vi) velar porque los datos que se usan por la IA, y el propio diseño o programación de la IA, no tengan ningún tipo de sesgo o discriminación que pueda alterar la fiabilidad de los resultados.

Evidentemente, de la mano a dichos usos futuros, también es factible imaginar nuevas formas de delincuencia e infracción de las normas, máxime si se generaliza que todas las actuaciones de las personas deben realizarse a través de internet, pues las múltiples fotografías que compartimos en redes sociales o en internet, el advenimiento de tecnologías de reconocimiento facial y la gran cantidad de datos nuestros de carácter personal que cedemos alegremente en cualquier situación hace que se puedan utilizar por los delincuentes para cometer sus delitos con nuestra identidad digital. Considero que aún queda mucho trabajo por hacer en este sentido y que tanto el Reglamento UE como las futuras normas deben ser mucho más estrictas con estas cuestiones si queremos que el mundo de la IA sea igual de seguro, al menos, que el físico.

5. CONCLUSIONES.

Analizado el marco regulatorio actual de la IA, los usos más habituales de los sistemas que la implementan por los abogados, así como los principales riesgos y retos aún por cumplir, podemos exponer las siguientes conclusiones, algunas de las cuales pueden servir a modo de reflexión a futuro:

1) Los usos actuales de la IA – sobre todo generativa - facilitan las tareas repetitivas o automáticas, partiendo de datos controlados y con ello, los riesgos también resultan ciertamente

más limitados y pueden ser objeto de fácil supervisión, pero la evolución de la IA es hacia un universo en el que los sistemas de la IA sean autónomos, incrementándose los riesgos y, también, la necesidad de supervisión.

2) La regulación de la UE es reactiva y limitada solo a tratar de controlar los usos que mayores riesgos pueden generar los sistemas basados en la IA, obviando que en ocasiones resulta preciso que la normativa sea proactiva y prevea también futuros problemas, máxime en situaciones de tecnologías que evolucionan tanto en tan poco tiempo. En los próximos meses veremos como proliferan normativas sectoriales que den respuesta a materias obviadas en el Reglamento UE.

3) Los riesgos detectados respecto a la posible vulneración de derechos fundamentales o de protección de datos, se podrían minimizar si se controlan los datos que se pueden utilizar por los sistemas basados en IA y si el diseño de tales sistemas es respetuoso con tales derechos.

4) Los abogados ya están utilizando la IA generativa, que les supone una ahorro de tiempo considerable, pero no darán el salto a otro tipo de IA pues existen muchos matices en el ejercicio de la profesión que dependen de la relación personal con el cliente y no van a delegar dicha tarea en los abogados "digitales" o basados en IA.

5) La supuesta pérdida de puestos de trabajo, también en los grandes despachos, no es tal puesto que será preciso que se incorporen personas capaces de introducir los prompts adecuados, de enseñar a tales sistemas, de efectuar el mantenimiento y la supervisión de los mismos, etc. De modo que lo que realmente se va a generar es una reordenación de la población activa.

6) España lidera el proyecto de marco normativo en un entorno tecnológico como el de la IA, si bien quizás la existencia de normas heterogéneas en cada Comunidad autónoma pueda generar mayores problemas de coordinación en la

implantación práctica de unos sistemas que no conocen de fronteras.

6. REFERENCIAS.

Arteaga Martín, F. (2019) "*Contexto estratégico de la inteligencia artificial". En: La Inteligencia Artificial aplicada a la Defensa.* (Documentos de Seguridad y Defensa, 79), pp. 99-126. Disponible en: https://publicaciones.defensa.gob.es/la-inteligencia-artificial-aplicada-a-la-defensa-n-79-libros-pdf.html. Consultado 12 de febrero de 2025.

Carta de Derechos Digitales del Ministerio de Economía. https://portal.mineco.gob.es/RecursosArticulo/mineco/ministerio/participacion_publica/audiencia/ficheros/SEDIACartaDerechosDigitales.pdf(Consultado 4/10/01/2025. Hora: 22:00)

Código de conducta del uso de la IA del G7: https://digital-strategy.ec.europa.eu/en/library/hiroshima-process-international-code-conduct-advanced-ai-systems. (Consultado 18/01/2025. Hora: 22:00)

Comisión Europea - Libro Blanco sobre la Inteligencia Artificial. COM (2020) 65 final. Puede hallarse dicho libro blanco en el siguiente enlace: https://eur-lex.europa.eu/legal-content/ES/TXT/PDF/?uri=CELEX:52020DC0065 (fecha de consulta 15/01/2024).

Comisión Europea. Grupo de Expertos "*a definition of AI: main capabilities and disciplines*". file:///Users/hectorayllon/Downloads/ai_hleg_ai_definition_final_DF06F793-EA01-3573-16D2ACD625E2BDB0_56341.pdf (Consultado 17/01/2025. Hora: 12:00)

Comunicación de la Comisión al Parlamento Europeo, al Consejo Europeo, al Consejo, al Comité Económico y Social Europeo y al Comité de las Regiones Inteligencia artificial para Europa (COM 2018, 237, de 25 de abril) https://eur-lex.europa.eu/legal-content/ES/TXT/PDF/?uri=CELEX:52018DC0237&from=EN (Consultado 4/01/2025. Hora: 22:00)

Comunicación de la Comisión al Parlamento Europeo, al Consejo Europeo, al Consejo, al Comité Económico y Social Europeo y al Comité de las Regiones (COM 2018, 795, de 7 de diciembre de 2018, Plan coordinado sobre la inteligencia artificial https://eur-lex.europa.eu/legal-content/ES/TXT/HTML/?uri=CELEX:52018DC0795 (fecha de consulta 16/01/2025).

Conclusiones relativas al Plan Coordinado sobre la inteligencia artificial. 11 de febrero de 2019. 6177/19. Puede consultarse el texto íntegro en https://data.consilium.europa.eu/doc/document/ST-6177-2019-INIT/es/pdf (Consultado 4/01/2025. Hora: 22:00)

Conclusiones de la presidencia del Consejo Europeo. La carta de los derechos fundamentales en el contexto de la IA y el cambio digital. 11481/20, 2020. Puede consultarse el texto íntegro en https://data.consilium.europa.eu/doc/document/ST-11481-2020-INIT/es/pdf (Consultado 4/01/2025. Hora: 22:00)

Conferencia del proyecto de investigación sobre Inteligencia Artificial. Dartmouth. 18 de junio de 1956. (Consultado 24/01/2025. Hora: 20:00)

Declaration de Montreal IA responsable. 2018. Université de Montréal. https://www.montrealdeclaration-responsibleai.com/reports-of-montreal-declaration (Consultado 15/01/2025. Hora: 11:00).

Estrategia Digital de la Unión Europea https://digital-strategy.ec.europa.eu/es/activities/digital-programme (Consultado 11/01/2025. Hora: 10:30)

EUR-Lex - Documento de la Comisión Europea (Formato PDF). https://eur-lex.europa.eu/resource.html?uri=cellar:e0649735-a372-11eb-9585-01aa75ed71a1.0008.02/DOC_1&format=PDF (Consultado 11/01/2025. Hora: 10:30)

GPTs are GPTs: an early look at the labour market impact potential of LLMs. 22 agosto 2023. Open AI y University of Pennsilvania. https://arxiv.org/pdf/2303.10130 Consultado 1 febrero 2025.

Plan ENIA. https://www.lamoncloa.gob.es/presidente/actividades/Documents/2020/ENIA2B.pdf (Consultado: 14/01/2025, Hora: 19:00).

Principios de la OCDE sobre IA. https://legalinstruments.oecd.org/en/instruments/OECD-LEGAL-0449 (Consultado: 15/01/2025. Hora: 20:00)

Reglamento 2024/1689 (UE) del PARLAMENTO EUROPEO Y DEL CONSEJO de 13 de junio, por el que se establecen normas armonizadas en materia de inteligencia artificial y por el que se modifican los reglamentos (CE) 300/2008, 167/2013 (UE), 168/2013, 2018/858, 2018/1139 y 2019/2144 y las Directivas 2014/90, 2016/797 y 2020/1828. DOCE L 12 de julio de 2024. (Consultado: 14/01/2024. Hora: 20:00)

Recomendación de la UNESCO sobre Ética de la inteligencia artificial, adoptada por la Conferencia General el 23 de noviembre de 2021. https://unesdoc.unesco.org/ark:/48223/pf0000381137_spa (Consultado: 4/01/2025. Hora: 20:00)

Resolución del Parlamento Europeo, de 20 de octubre de 2020, sobre los derechos de propiedad intelectual para el desarrollo de las tecnologías relativas a la inteligencia artificial (2020/2015(INI)). DOUE C-404-129, de 6 de octubre de 2021. (Consultado: 4/01/2025. Hora: 20:00)

Resolución del Parlamento Europeo, de 20 de octubre de 2020, con recomendaciones destinadas a la Comisión sobre un marco de los aspectos éticos de la inteligencia artificial, la robótica y las tecnologías conexas (2020/2012(INL)). DOUE 404-63, de 6 de octubre de 2021. (Consultado: 14/01/2025. Hora: 21:00)

Resolución del Parlamento Europeo, de 20 de octubre de 2020, con recomendaciones destinadas a la Comisión sobre un régimen de responsabilidad civil en materia de inteligencia artificial (2020/2014(INL)). DOUE C-404-107, de 6 de octubre de 2021. (Consultado: 14/01/2025. Hora: 22:00)

Ruiz Sacristán, F., 9 septiembre 2024. Una nueva herramienta de IA revoluciona el diagnóstico y tratamiento del cáncer. .https://gacetamedica.com/investigacion/una-nueva-herramienta-de-inteligencia- artificial-revoluciona-el-diagnostico-y-tratamiento-del-cancer/. (Consultado 19 sept 2024).

CAPÍTULO III

Protección Jurídica de Activos Digitales en Empresas: Estrategias Legales y de Ciberseguridad[1]

VERÓNICA JULIANA CAICEDO BUITRAGO

Colombia.

Sumario: ABSTRACT. 1. INTRODUCCIÓN 2. ¿QUÉ ES UN ACTIVO DIGITAL? 3. PROPIEDAD VS DERECHO DE USO DE LOS ACTIVOS DIGITALES 4. PASOS PARA PROTEGER LOS ACTIVOS DIGITALES: 4.1 Inventario. 4.2 Análisis de riesgos. 4.3 Impacto de los riesgos 5. ESTRATEGIAS PARA MITIGAR LOS RIESGOS 6. CASOS DE USO 6.1 Soluciones Comunes 6.1.2 Soluciones Técnicas 6.1.3. Educación y formación en ciberseguridad para los empleados 7. CONCLUSIONES

Resumen:

En el contexto de una economía cada vez más digitalizada, los activos digitales se posicionan como elementos estratégicos que demandan una protección jurídica y técnica integral. Este artículo analiza su naturaleza desde una perspectiva multidisciplinar, abordando tanto su definición económica y contable como su calificación jurídica a partir de los marcos normativos propuestos por organismos internacionales como el IASB, la OCDE, el European Law Institute, la UK Law Commission y UNIDROIT. Se emplea una metodología cualitativa de análisis documental, centrada en fuentes legislativas, doctrina especializada y estudios de casos empresariales, para identificar los desafíos que enfrentan las organiza-

---

[1] Doctora en Derecho y Abogada en ejercicio. Directora del Máster en Gestión Administrativa de la Universidad Alfonso X el Sabio (Madrid). Investigadora especializada en Derecho y Tecnología que ofrece estrategias integrales para la transformación digital. Actualmente con líneas de investigación abiertas en Derecho y Tecnología, Ciberseguridad, Protección de Datos, Derecho Deportivo y, Legaltech.

ciones en la gestión y protección de estos activos. A partir de ello, se proponen estrategias prácticas que incluyen la creación de inventarios digitales, el análisis de riesgos, la implementación de tecnologías avanzadas como el cifrado AES-256, la autenticación multifactor y la criptografía asimétrica, así como programas de formación en ciberseguridad dirigidos al capital humano. El trabajo concluye destacando la necesidad de construir una cultura corporativa de seguridad que integre soluciones legales, tecnológicas y educativas, permitiendo a las empresas adaptarse de forma resiliente y segura al entorno digital actual.

1. INTRODUCCIÓN

En un mundo cada vez más digital, los activos digitales se han convertido en una pieza clave de nuestra economía. Estos activos, como las criptomonedas, los NFTs, bases de datos y contenido multimedia, han transformado no solo cómo se manejan los patrimonios, sino también cómo las empresas e individuos interactúan con la tecnología para crear y preservar valor. Sin embargo, esta revolución tecnológica también trae desafíos importantes, como la falta de regulación clara, la necesidad de definir su manejo y la creciente amenaza de riesgos tecnológicos. Este artículo explora estos problemas, buscando no solo explicar los conceptos fundamentales, sino también ofrecer estrategias prácticas para la gestión y protección de los activos digitales.

Para enfrentar estos retos, han surgido organismos internacionales y entidades especializadas que han desarrollado marcos y directrices con el fin de aclarar la complejidad de los activos digitales. Este texto recoge las perspectivas de instituciones influyentes como el *International Accounting Standards Board* (en adelante, IASB)[2], la Organización para la Cooperación y el Desarrollo

2 Es el organismo encargado de desarrollar y emitir las Normas Internacionales de Información Financiera (NIIF), que buscan uniformar y mejorar la calidad de la información financiera a nivel global, facilitando la comparabilidad y transparencia en los estados financieros de las empresas.

Económico (en adelante, OCDE) [3], el *European Law Institute* (en adelante, ELI)[4] la UK *Law Commission* y UNIDROIT[5]. En él, se abordan aspectos clave como qué define a un activo digital, los derechos de propiedad y uso asociados, las estrategias para protegerlos, y casos prácticos que demuestran cómo las empresas están manejando estos activos de manera eficaz.

En el plano regulatorio europeo, resulta imprescindible situar la protección de activos digitales en el cruce entre ciberseguridad y resiliencia operativa. Así, tenemos la Directiva (UE) 2022/2555 (en adelante, la Directiva NIS2) que amplía desde 2024–2025 las obligaciones de gestión de riesgos, seguridad por diseño y notificación temprana de incidentes para sectores esenciales e importantes; y el Reglamento (UE) 2022/2554 (en adelante, el Reglamento DORA), plenamente aplicable desde 2025 al sector financiero y a sus terceros proveedores TIC críticos, exige gobierno de riesgos TIC, pruebas de resiliencia (incluidas TLPT), gestión del riesgo de terceros y reportes armonizados. A esta convergencia se suman las Recomendaciones Organización para la Cooperación y desarrollo económicos (en adelante OCDE) 2025 sobre ciberresilien-

Es una institución internacional que reúne a países comprometidos con la democracia y la economía de mercado.

3 La OCDE formula políticas, estudios y recomendaciones en diversas áreas, incluidas la economía digital, la innovación y la regulación, contribuyendo a establecer marcos normativos y mejores prácticas a nivel mundial.

4 Este instituto se dedica a la investigación y el desarrollo de propuestas de reformas legales y principios jurídicos en Europa. Entre sus aportes se encuentran los principios y directrices relacionados con la regulación de los activos digitales, buscando armonizar y modernizar el marco jurídico en el ámbito europeo.

5 Es una organización intergubernamental que trabaja para armonizar y unificar el derecho privado a nivel internacional. UNIDROIT desarrolla principios y normas jurídicas que facilitan el comercio y las transacciones transfronterizas, incluyendo marcos para la regulación de activos digitales y otros bienes intangibles.

cia empresarial, que promueven marcos integrados de gestión del riesgo digital y cooperación público-privada.

Este análisis se divide en cinco apartados. Cada uno aborda un aspecto esencial de los activos digitales: su definición, las implicaciones legales de su propiedad y uso, las medidas de protección, ejemplos prácticos y conclusiones. Con esta estructura, el documento no solo proporciona una visión completa de los activos digitales, sino que también sirve como una herramienta práctica para entender y enfrentarse a los desafíos que plantea su manejo en la actualidad.

En el primer apartado veremos que los activos digitales son elementos esenciales de la economía moderna, pero ¿qué son exactamente? Este apartado se dedica a aclararlo. Se analizan definiciones propuestas por entidades clave. Por ejemplo, el IASB considera un activo como un recurso controlado por una entidad que genera beneficios futuros. La OCDE, en cambio, enfatiza los criptoactivos como una forma de activo digital basada en *blockchain*. El ELI los define como registros electrónicos con capacidad de ser controlados y transferidos. Este enfoque ayuda a diferenciar los activos digitales de otros bienes, destacando su importancia en el ámbito económico actual.

En el segundo apartado veremos la diferencia entre poseer un activo digital y tener derecho a usarlo es crucial. Se explicará cómo, a diferencia de los bienes físicos, los activos digitales no necesitan posesión física para existir. Por ejemplo, la UK *Law Commission* propone una tercera categoría legal que reconozca los activos digitales como algo distinto de las cosas en posesión o acción. Esto garantiza que los derechos de propiedad sean claros y exclusivos. Además, los derechos de uso se otorgan mediante contratos o licencias, lo que permite a las empresas disfrutar de un activo sin ser sus propietarios. Esta distinción asegura una gestión legal y operativa adecuada.

En el tercer apartado explicaremos que, con el auge de los ciberataques, errores humanos y desastres tecnológicos, proteger los activos digitales se ha convertido en una prioridad estratégica.

En este apartado se ofrecen estrategias prácticas, como realizar inventarios detallados de activos, identificar riesgos potenciales y establecer sistemas de seguridad robustos, como encriptación o autenticación multifactorial. Además, se subraya la importancia de implementar planes de contingencia y monitorear continuamente los sistemas. Estas prácticas son esenciales para garantizar que los activos digitales no solo estén seguros, sino también disponibles y funcionales.

Finalmente, y para conectar la teoría con la práctica, el artículo presenta ejemplos de empresas que han gestionado con éxito sus activos digitales. Estudiaremos casos de distintas industrias y empresas como Amazon, Pfizer o HASBC.

2. ¿QUÉ ES UN ACTIVO DIGITAL?

Un activo puede ser entendido como el patrimonio de una empresa. Esto es lo que se conoce en la teoría de la Administración como los activos. Para poder definir activo digital partiremos de la definición de activo. El Marco Conceptual de las Normas Internacionales de Información Financiera (en adelante, NIIF) emitido por el IASB lo define como "un recurso controlado por la entidad como resultado de eventos pasados, y del cual se espera que fluyan beneficios económicos futuros." [6]

Además, según el Plan General Contable de España que está basado en las NIIF, también incluye una definición coherente con la de las Normas Internacionales. Un activo se considera un "bien, derecho o recurso controlado económicamente por una empresa, del que se espera obtener beneficios económicos futuros"[7].

---

6 IFRS Foundation. (2018). *El Marco Conceptual para la Información Financiera.* Consejo de Normas Internacionales de Contabilidad (IASB). https://www.ifrs.org/ Visitada 22/12/2024 a las 12:30

7 Instituto de Contabilidad y Auditoría de Cuentas (ICAC). (2007). *Plan General de Contabilidad.* Ministerio de Economía y Hacienda, España. Recuperado de https://www.icac.meh.es Visitada 22/12/2024 12:33

Asimismo, hemos de advertir que los activos son recursos controlados, es decir, que deben estar bajo el control de la empresa. Es por ello que la entidad tiene la capacidad de obtener beneficios económicos del recurso y restringir el acceso de terceros a estos beneficios. Además, son resultado de eventos pasados, la adquisición de los activos debe ser el resultado de una transacción previa o un evento histórico y, debe generar beneficios futuros o reducir costos.[8]

Los activos pueden ser tangibles que son bienes físicos como, por ejemplo, propiedades, maquinaria y equipo; activos intangibles que son recursos no físicos, por ejemplo, derechos de autor, patentes, marcas registradas y, los activos digitales a los que nos estamos refiriendo y, activos financieros que son las inversiones en valores, acciones o instrumentos financieros en general.

Aun así, cabe preguntarse algo más, ¿qué ocurre con los activos no tangibles? Esos que tenemos digitalmente. La respuesta es compleja, porque ni la naturaleza jurídica, ni la definición de activo digital son unificadas. Tenemos varias acepciones.

"los activos digitales son todo aquello que se crea, se guarda y se difunde digitalmente, y genera valor a una compañía". Esto es lo que define Adobe u Oracle.[9] También y con el ánimo de dar más amplitud al concepto los definen como "el conjunto de capacidades, funcionalidades o elementos en general que están en servicios en línea y que están dispuesta para que los usuarios realicen algunas tareas, como la compra, la solución de problemas, el aprendizaje entre otras."[10] Por ejemplo, tenemos "portales

---

8 Gatti Vigo, M. M. (2022). Criptoactivos:¿ estamos frente a un nuevo activo intangible de propia producción?. In *XVIII Simposio Regional de Investigación Contable (La Plata, 17 y 18 de noviembre de 2022).* https://sedici.unlp.edu.ar/handle/10915/149898

9 https://www.xperiencedesign.co/blog/qu%C3%A9-son-los-activos-digitales-dos-perspectivas-para-un-concepto Visitada 22/12/2024 12:00

10 Ibidem

transaccionales, portales de empleados o proveedores, portales públicos, portales de ayuda, los *e-commerce*, las apps."[11]

Los activos digitales también se pueden entender como "bienes o activos digitales que utilizan tecnología criptográfica avanzada y la tecnología de registro distribuido para ser custodiados y transferidos en sistemas digitales."[12]

Para la OCEDE, los criptoactivos son "activos digitales que utilizan tecnología *blockchain* de contabilidad distribuida (en adelante, DLT), protegida criptográficamente".[13]

A efectos tributarios en Estados Unidos los activos digitales se les consideran propiedad, esto es, no son una moneda de curso legal. Un activo digital es "cualquier representación digital de valor registrada en un libro de contabilidad distribuido criptográficamente seguro"[14] bien con *blockchain* o tecnología similar.

Para el ELI un activo digital es "cualquier registro o representación de valor que cumpla con los siguientes criterios: Se almacena, exhibe y administra exclusivamente de forma electrónica, en una plataforma o base de datos o a través de estas, incluso si se trata de un registro o representación de un activo real, independientemente de la posesión inmediata del activo digital a través de una cuenta con un intermediario. Puede ser objeto de control, así como del ejercicio de actos de administración referidos o al uso o disfrute con independencia del régimen de tenencia. Puede ser

---

11 Ibidem

12 https://www.superfinanciera.gov.co/publicaciones/10115324/que-son-los-activos-digitales-o-criptoactivos/ Visitada 22/12/2024 12:00

13 OECD (2024), OECD Digital Economy Outlook 2024 (Volume 2): Strengthening Connectivity, Innovation and Trust, OECD Publishing, Paris, https://doi.org/10.1787/3adf705b-en.

14 https://www.govinfo.gov/app/details/PLAW-117publ58/ Visitada 22/12/2024 12:00

objeto de transmisión, incluyendo actos inter vivos y mortis causa, que requieren de activos de carácter patrimonial."[15]

La UK *Law Commission* de Inglaterra y Gales publicó el informe *Digital Assets: Final report* en junio de 2023. En él indica que los activos digitales deben tener carácter o contenido patrimonial. Además, indica que es un término muy amplio en el cual caben muchas cosas.[16]

Los principios de UNIDROIT sobre los Activos Digitales y Derecho Privado adoptados en mayo y publicados en octubre de 2023, definen el activo digital como "un registro electrónico que puede ser objeto de control."[17]

Incluso merece la pena hacer alusión a una de las cuestiones más controvertidas, que como hemos expresado anteriormente, es el este tema es la naturaleza de los activos digitales. A la fecha aún seguimos debatiendo qué se entiende por activo digital, ya que cuando se empezó a hablar de los activos digitales, parecía que nos estábamos refiriendo única y exclusivamente a las criptomonedas. Esto hizo que la rama del Derecho estudiada fuera el Derecho tributario. Era apenas lógico que en lo primero que se pensará era en el pago de impuestos por tenencia de moneda en curso que no tenía como fuente un banco. No obstante, cuando nos referimos a los activos digitales, nos estamos refiriendo a muchas otras cosas, vamos más allá de las criptomonedas. Aunque

---

15 European Law Institute (ELI). (2022). Principles on the Use of Digital Assets as Security. https://www.europeanlawinstitute.eu/fileadmin/user_upload/p_eli/Publications/ELI_Principles_on_the_Use_of_Digital_Assets_as_Security.pdf

16 Law Commission. (2023). *Digital Assets: Final Report* (pp. 1–304). https://s3-eu-west-2.amazonaws.com/lawcom-prod-storage-11jsxou24uy7q/uploads/2023/06/Final-digital-assets-report-FOR-WEBSITE-2.pdf

17 UNIDROIT. (2023). *Principles on Digital Assets and Private Law.* Roma: International Institute for the Unification of Private Law. Recuperado de https://www.unidroit.org/work-in-progress/digital-assets-and-private-law/

las mismas están incluidas dentro de lo que se denomina activo digital[18].

En la práctica regulatoria, la Directiva NIS2 no redefine "activo digital", pero condiciona su protección a todo activo que soporte servicios esenciales o importantes debe quedar cubierto por medidas de seguridad, continuidad y notificación. Por su parte, el Reglamento DORA identifica los "servicios de TIC" críticos y los incorpora al perímetro de resiliencia de las entidades financieras y sus proveedores, de modo que bases de datos, claves criptográficas, repositorios de código, modelos de IA y registros distribuidos pasan a tratarse como activos de valor estratégico sujetos a gobierno y pruebas periódicas.

Entonces, un activo digital lo podemos definir como cualquier contenido en formato digital, se hayan creado o no con conexión y estén almacenados. Por tanto, podemos decir que, un activo digital es cualquier cosa que tenga un valor y este almacenada digitalmente.

En conclusión, lo que protejo es todo lo que se entiende como activo digital dentro de una empresa. Por ejemplo, datos, archivos, software, imágenes, vídeos, redes sociales en internet, sitios web, criptodivisas y token no fungible (NFT por sus siglas en inglés), aplicaciones, logotipos y gráficos de imagen de la marca. Recordamos es todo aquello que tiene valor y está almacenado digitalmente.

---

18 Fred, T. y Oluwaseun, I., The Legal Status of Digital Assets and Cryptocurrencies: Adaptive Regulatory Models, enero 2025. https://www.researchgate.net/publication/387970790_The_Legal_Status_of_Digital_Assets_and_Cryptocurrencies_Adaptive_Regulatory_Models Visitada 14:/02/2025 9:00

3. PROPIEDAD VS DERECHO DE USO DE LOS ACTIVOS DIGITALES

Al definir los activos digitales para poder identificarlos, debemos pensar en que, posiblemente no todos los activos digitales que tiene una empresa son de su propiedad. También cabe, aquí pensar en el Derecho de uso. Como hemos visto anteriormente, el concepto de activo digital ha evolucionado significativamente con el avance de la tecnología. Es por ello que, se requiere una adaptación a la normativa para adecuar el Derecho de propiedad y el Derecho de uso.

Hay tres instituciones que se han pronunciado sobre el tema, una de ellas es, el ELI, otra la *UK Law Commission* y, UNIDROIT. Aunque los Derechos reales siguen teniendo la misma regulación, estas entidades han desarrollado marcos y principios para clarificar y estandarizar el manejo legal de estos activos en distintos ordenamientos jurídicos.

El ELI[19] ha tomado un papel innovador al definir qué se considera un activo digital bajo su óptica legal. Los Principios del ELI establecen que un activo digital debe ser gestionado y administrado electrónicamente, y puede incluir representaciones de activos tangibles. Este enfoque resalta la disociación entre la posesión física y la propiedad digital, permitiendo el uso de activos digitales como garantía de seguridad sin la necesidad de una posesión física.

Los principios del ELI subrayan que, aunque los activos digitales no requieren posesión física, sí necesitan ser controlados de manera exclusiva por su propietario para ser considerados propiedad. Este control incluye derechos de uso y transferencia, indicando una propiedad personal plena sobre el activo digital.

---

19 **European Law Institute (ELI). (2022).** *Principles on the Use of Digital Assets as Security*. Consulta en: https://www.europeanlawinstitute.eu/ Visitada 14/02/2025 7:00

El Derecho de propiedad bajo estos principios se entiende como la capacidad de controlar y transferir el activo, lo que implica un derecho de uso exclusivo por parte del propietario. Esto se distingue claramente de las licencias de uso, que permitirían a terceros acceder o utilizar el activo digital bajo términos específicos sin conferir propiedad total.

De otro lado, la UK *Law Commission* de Inglaterra y Gales propone reconocer los activos digitales como una "tercera" categoría de bienes, diferenciada de las posesiones físicas y los derechos como acciones y obligaciones. Esto es significativo porque sugiere que los activos digitales deberían ser tratados como propiedad personal, lo que refuerza la autonomía del titular sobre el activo al permitir al titular ejercer derechos completos de propiedad, incluyendo el uso exclusivo y la transferencia. También, facilita su inclusión en las transacciones legales y financieras. Este enfoque refleja una adaptación del concepto de propiedad para incluir la exclusividad y control que caracterizan a los activos digitales.

El enfoque de la Comisión no solo expande el concepto de propiedad, sino que también recalca la importancia del derecho de uso exclusivo, que se manifiesta en la capacidad de excluir a otros de su uso. Las licencias, en este contexto, serían acuerdos que limitan específicamente estos derechos, permitiendo a los licenciatarios utilizar los activos digitales de manera condicionada.

En septiembre de 2024, el Gobierno del Reino Unido presentó en el Parlamento el proyecto de Ley denominado *"Property (Digital Assets etc) Bill"20,* basado en las recomendaciones de la UK *Law Commission.* Esta propuesta legislativa busca establecer formalmente la tercera categoría que hemos mencionado anteriormente, de propiedad personal, diseñada específicamente para abarcar activos digitales como los cripto-tokens y otros bienes intangibles de naturaleza similar.

---

20 https://bills.parliament.uk/bills/3766 Visitada 10/02/2025 9:00

El proyecto reconoce que, un objeto puede ser considerado sujeto de derechos de propiedad personal incluso si no encaja en las categorías tradicionales de "cosas en posesión" o "cosas en acción". Este enfoque sigue la evolución reciente de la jurisprudencia, pero también busca eliminar cualquier incertidumbre que pueda surgir debido a la falta de una declaración definitiva de los tribunales superiores.

Además, el Gobierno ha anunciado la formación de un grupo de expertos encargado de brindar orientación técnica y legal sobre los activos digitales. El Ministerio de Justicia ha asignado esta tarea al *UK Jurisdiction Taskforce* (UKJT)[21], un equipo de especialistas presidido por el *Master of the Rolls22*, conocido por emitir directrices no vinculantes para abordar áreas de incertidumbre jurídica.

Estas iniciativas reflejan el compromiso de *la Law Commission* y del Gobierno del Reino Unido por modernizar el marco normativo, adaptándolo a las necesidades y desafíos que plantea la creciente importancia de los activos digitales. Esto busca ofrecer mayor claridad legal y protección tanto para los propietarios como

---

21 Es un grupo de trabajo especializado dentro del sistema legal del Reino Unido que se centra en proporcionar claridad legal en áreas emergentes de la tecnología y la innovación, particularmente en relación con los activos digitales, contratos inteligentes y tecnologías distribuidas como *blockchain*. https://www.judiciary.uk/the-chancellor-of-the-high-court-sir-geoffrey-vos-launches-legal-statement-on-the-status-of-cryptoassets-and-smart-contracts/ Visitada 21/12/2024 13:30

22 Es uno de los cargos judiciales más antiguos y prestigiosos de Inglaterra y Gales. Actualmente, el título tiene varias funciones relacionadas con la administración de justicia, particularmente en el ámbito de los tribunales de apelación y la supervisión de registros judiciales. El *Master of the Rolls* es un vínculo crucial entre los aspectos judiciales y administrativos del sistema legal en Inglaterra y Gales. Su posición le permite influir significativamente en el desarrollo de la jurisprudencia civil y en la adaptación de la ley a nuevas áreas como la tecnología y los activos digitales. https://www.judiciary.uk/about-the-judiciary/who-are-the-judiciary/judges/profile-mor/? Visitada 21/12/2024 13:00

para los usuarios en un entorno tecnológico en constante cambio. Y, UNIDROIT proporciona un marco más amplio, pensado para facilitar el comercio internacional de activos digitales. Su definición incluye cualquier archivo almacenado electrónicamente, lo que amplía considerablemente la gama de bienes que podrían considerarse activos digitales. Sin embargo, la organización distingue entre activos patrimoniales y no patrimoniales, lo que tiene implicaciones directas en los derechos de propiedad y uso.

Los activos patrimoniales según UNIDROIT[23] permiten una transmisión completa de derechos, incluyendo la capacidad de legar estos activos a través de testamentos, mientras que los activos no patrimoniales estarían sujetos a restricciones más estrictas en cuanto a su transmisión y uso. En contraste, los bienes no patrimoniales, como datos personales almacenados, no son transferibles de la misma manera y requieren consideraciones legales específicas respecto a su uso y licencia.

La convergencia de estas perspectivas destaca una tendencia hacia una regulación más robusta y diferenciada de los activos digitales, reconociendo tanto sus particularidades como sus necesidades específicas en términos de propiedad y uso. A medida que estos activos se integran más en la economía global, la claridad en sus derechos de propiedad y las estructuras de licencia será fundamental para su desarrollo y la seguridad jurídica de los titulares y usuarios.

En cuanto al Derecho de uso de los activos digitales, hemos de decir que, es una faceta crítica de su propiedad. Los propietarios pueden ejercer control total sobre cómo se utilizan sus activos digitales, dentro de los límites de las leyes aplicables. Las licencias de uso permiten a los propietarios conceder derechos específicos a terceros sin transferir la propiedad completa, lo que es común

---

23 UNIDROIT. (2023). *Principles on Digital Assets and Private Law.* International Institute for the Unification of Private Law. Recuperado de https://www.unidroit.org/work-in-progress/digital-assets-and-private-law/ Visitada 02/02/2025 10:00

en software, medios digitales y otros contenidos digitales. Estas licencias deben ser claras en cuanto a qué derechos se conceden y qué restricciones se aplican[24].

A medida que los activos digitales continúan integrándose en el panorama económico y legal a nivel global, la claridad en la propiedad, el derecho de uso y las licencias se vuelve cada vez más crucial. Los marcos proporcionados por el ELI, la UK *Law Commission* y UNIDROIT son fundamentales para entender y navegar la propiedad de los bienes digitales.

Esta distinción entre titularidad y derecho de uso adquiere consecuencias operativas bajo la Directiva NIS2 y el Reglamento DORA, aunque la empresa no sea propietaria del activo digital, por ejemplo, del software SaaS o claves custodiadas por terceros, sigue siendo responsable de su protección y de garantizar controles, auditorías y cláusulas contractuales que habiliten supervisión, continuidad y notificación de incidentes.

Estas instituciones no solo facilitan la integración de los activos digitales en el mercado global, sino que también aseguran que los derechos de propiedad y uso estén adecuadamente protegidos y regulados.

4. PASOS PARA PROTEGER LOS ACTIVOS DIGITALES:

Los pasos para protegernos son varios, el primero, la configuración y realización de un inventario, el segundo, analizar los riesgos; el tercero, conocer el impacto de los riesgos.

---

24 Menell, P. S., Lemley, M. A., Merges, R. P., & Balganesh, S. (2020). *Intellectual Property in the New Technological Age: 2020 – Perspectives, Trade Secrets and Patents.* Berkeley, CA: Clause 8 Publishing. https://law.stanford.edu/publications/intellectual-property-in-the-new-technological-age-2020-perspectives-trade-secrets-and-patents-vol-i-perspectives-trade-secrets-and-patents/ Visitada 02/02/2025 10:00

4.1 Inventario

Para configurarlo debo clasificar los activos digitales. Puedo realizar varios tipos de clasificaciones basándome en tipos de activos, categorías, ubicación del activo, propietario o responsable, criticidad o valor, ciclo de vida del activo, cumplimiento normativo, método de control, herramienta de gestión, frecuencia de uso o combinación de enfoques. Vamos a describir brevemente como se haría.

Tipos de activos, que pueden ser, documentos y datos que incluyen información personal, registros financieros entre otros; los softwares y las licencias, las criptomonedas y los NFTs, el contenido multimedia, esto es, imágenes, vídeos o audio; las cuentas en plataformas digitales como redes sociales en internet o servicios en la nube.

Clasificación por categorías. Pueden ser datos que incluyen bases de datos, documentos, y correos electrónicos; software: licencias, aplicaciones y sistemas operativos; contenido multimedia: imágenes, vídeos y audios; criptomonedas y NFTs, cuentas en plataformas digitales como redes sociales en internet o CRMs.

Ubicación de los activos se pueden clasificar en locales, es decir, que se encuentran en servidores físicos o discos duros. Activos en nube que se encuentran en una nube externa, por ejemplo, Google drive, Azure o Amazon Web Services (AWS). Activos híbridos que son aquellos que interactúan entre local y nube.

Propietario o responsable: se le asigna a cada departamento o individuo uno o varios activos, pueden ser, propietario interno, es decir, que pertenece a la empresa y tiene un responsable dentro de ella, por ejemplo, ventas o, propietario externo, esto es, proveedores o socios.

Criticidad y valor: clasifica los activos de acuerdo con su importancia estratégica. Así tenemos activos críticos que son los activos indispensables para las operaciones; activos importantes que son aquellos que afectan la productividad y, activos de menor prioridad que se conocen como secundarios o redundantes.

Ciclo de vida del activo, los divide de acuerdo con su etapa. Activos adquiridos, es decir, recientemente obtenidos, activo en uso activo y, obsoleto, es decir, fuera de uso, pendiente de eliminación.

Basado en cumplimiento normativo, según las regulaciones aplicables, cumplen por ejemplo con el reglamento europeo de protección de datos o, requieren ajustes para el cumplimiento.

Método de control, se basa en la administración o protección, tenemos activos de acceso restringido, que tienen claves privadas o autenticación multifactor y, activos abiertos a múltiples usuarios.

Herramientas de gestión: se configura el inventario utilizando las tecnologías específicas hojas de cálculo, software de gestión o sistemas *Enterprise Resourse Planning* (ERP)[25].

Cuando los tengo clasificados, de acuerdo con las características y necesidades de la empresa, se debe establecer un sistema de registro, por ejemplo, se pueden utilizar plataformas de gestión de activos como sistemas ERP, software específico para la gestión de activos u hojas de cálculo con estructura personalizada. Los campos clave que se deben registrar son el nombre del activo, la descripción, la fecha de adquisición o creación, el valor económico (si lo tiene), el responsable o propietario, el estado del activo (recordemos que puede ser activo, en uso u obsoleto) y, los posibles riesgos asociados de los que hablaremos más adelante.

De acuerdo con la Directiva NIS2 y el Reglamento DORA, el inventario de activos digitales debe configurarse como una herramienta de cumplimiento normativo. Esto implica que cada activo se vincule con las obligaciones jurídicas y técnicas que le correspondan, de modo que se garantice la trazabilidad, la trans-

---

25 Solución de software integral que ayuda a las empresas a gestionar y automatizar sus procesos de negocio en una única plataforma. Con este tipo de sistemas se puede generar una visión global y centralizada de las operaciones, lo que permite, mejorar la eficiencia, la productividad y la toma de decisiones.

parencia y la rendición de cuentas exigidas por ambas normas. En primer lugar, es necesario clasificar los activos según su nivel de criticidad y su relación con un servicio esencial o importante, pues esta clasificación determina la prioridad de las medidas de seguridad y la obligación de notificación de incidentes prevista en los artículos 21 y 23 de la Directiva NIS2. En segundo lugar, deben identificarse los terceros proveedores de servicios tecnológicos que los hospedan o gestionan, en cumplimiento de los artículos 28 a 31 del Reglamento DORA, que regulan la gestión de riesgos derivados de las relaciones con proveedores TIC. En tercer lugar, ha de garantizarse la trazabilidad de los datos personales o de los sistemas que puedan dar lugar a una notificación, tanto conforme al RGPD como a las obligaciones de reporte de incidentes establecidas en la Directiva NIS2 y el Reglamento DORA. Finalmente, el inventario debe documentar las evidencias de control aplicadas a cada activo, incluyendo el cifrado de la información, la autenticación multifactor, la segregación de redes, las copias de respaldo y los registros de auditoría, lo que permite demostrar la existencia de medidas de seguridad efectivas ante eventuales revisiones o auditorías. También se hace necesario implementar una política de actualización y mantenimiento de este inventario. La actualización debe tener una frecuencia, esto es, una revisión regular, por ejemplo, mensual, trimestral o anual. Asimismo, se pueden implementar herramientas de automatización que identifiquen y actualicen los activos y; un control de cambios que establezca los procesos para realizar nuevas adquisiciones, actualizaciones o bajas de activos.

En conclusión, sea cual sea el tipo de inventario se debe hacer uno para conocer cuáles son los activos digitales de la empresa. Ahora bien, cada empresa de acuerdo con sus características elegirá la forma de hacerlo. De cara a la protección frente a los ciberdelincuentes lo importante es tener claridad sobre los activos digitales que tiene una empresa.

Un ejemplo de estructura básica para inventario sería:

Identificación	Nombre	Descripción	Ubicación	Propietario	Estado	Valor	Riesgo
01	Base de datos de clientes	Datos de clientes	Servidor	IT	Activo	Alto	Acceso no autorizado
02	Redes sociales	Cuenta de Instagram	En línea	Marketing	Activo	Alto	Hackeo de cuentas
03	Archivo multimedia histórico	Fotografías y vídeos	Servidor local	Archivo	Activo	Alto	Deterioro o pérdida
05	CRM	Base de datos	Nube	Ventas	Activo	Muy alto	Pérdida de confidencialidad

Fuente: Elaboración propia

4.2 Análisis de riesgos

Una vez tengo identificados los activos digitales sobre los que se tiene la propiedad o la sobre los que se tiene la responsabilidad. Entonces, se debe realizar un análisis de riesgos. ¿Esto qué quiere decir? Se deben analizar los posibles riesgos que puedo llegar a tener. La pregunta a hacer es ¿qué hace que mis activos estén en riesgo?

Para analizar esta cuestión debemos determinar qué es lo que deseamos analizar, la empresa completa, un proyecto específico, un activo determinado o un proceso. Y, posteriormente, identificar los responsables y las partes interesadas.

Identificar el riesgo consiste en conocer el entorno realizando un mapeo de los activos clave de la organización y tomando la clasificación que se ha realizado en el inventario y, enumerar aquellos que se quieren proteger, pueden ser todos o algunos como, personas, infraestructura, datos o reputación, entre otros. Es importante también documentar las funciones críticas que dependen de esos activos.

Cuando tenemos identificados los activos clave debemos analizar las amenazas a las que nos enfrentamos, esto es, debemos enumerar los posibles eventos que puedan afectar nuestros activos, entre ellos, ciberataques, errores humanos, desastres naturales, fallos técnicos. Es importante no abandonar ningún tipo de idea sobre una posible amenaza, por extraña que parezca, ya que nos puede ayudar en un futuro. Nuestras potenciales amenazas, puede ser bien amenazas externas o, amenazas internas. Las amenazas externas son aquellas que provienen de fuera de nuestro entorno, aquí podemos resaltar como gran amenaza todo tipo de ciberataque, por poner ejemplos, un malware o un phishing. Otra amenaza menos tecnológica, pero amenaza externa puede ser una catástrofe natural, un desastre natural como una inundación o un terremoto. También y, aunque no pareciera amenaza la propia regulación legal o los cambios normativos se pueden convertir en amenaza si no los cumplimos.

Como amenazas internas tenemos los errores humanos, como fallos operativos o el mal manejo de la información, el sabotaje interno provocado por la insatisfacción de empleados o, los procesos desactualizados o inadecuados.

Al tener las amenazas identificadas, debemos analizar las vulnerabilidades, que son esas debilidades que pueden llegar a ser explotadas por las amenazas, por ejemplo, sistemas sin actualizaciones de seguridad, contraseñas débiles o compartidas, falta de formación del personal en ciberseguridad o dependencia de un único proveedor. Ahora bien, cómo podemos hacer para identificar estas vulnerabilidades. Tenemos varios métodos, la entrevista y taller que reúne a expertos de distintas áreas para compartir sus perspectivas sobre riesgos específicos; las listas de verificación que son listas predefinidas de riesgos comunes según la industria que nos encontremos analizando; el análisis de procesos que examina paso a paso cómo operan los procesos clave de la organización; datos históricos, con este método se analizan los incidentes previos en la organización o sector.

Podemos mezclar los métodos o decantarnos por uno. De una u otra forma, es necesario, documentar los riesgos identificados, para poder tener claridad sobre la situación.

Por ejemplo, podríamos hacer una tabla de la siguiente manera:

Identificación	Riesgo	Activo afectado	Amenaza	Vulnerabilidad
01	Ciberataque	Base de datos de clientes	Malware	Contraseñas débiles
02	Pérdida de datos	Servidor local	Fallo eléctrico	Falta de copia de seguridad

Fuente: Elaboración propia

Bajo la Directiva NIS2, la gestión de riesgos debe cubrir, como mínimo, políticas de análisis de riesgo, continuidad, seguridad de la cadena de suministro y capacitación; el Reglamento DORA requiere, además, un marco de gestión del riesgo TIC con registro de incidentes, indicadores, *testing* regular, incluidas pruebas de resiliencia basadas en amenazas cuando aplique y gestión del riesgo de terceros con cláusulas contractuales mínimas, esto es, acceso, auditoría, subcontratación, localización de datos y terminación.

4.3 Impacto de los riesgos

Finalmente, debemos conocer cuál sería el impacto si el riesgo se hiciera real. Debemos determinar su probabilidad, impacto y prioridad. En cuanto a la estimación de la probabilidad, es necesario evaluar qué tan probable es que ocurra cada riesgo. La probabilidad puede ser baja, esto es, poco probable, por ejemplo, menos de una vez en cinco años; media, esto es, ocurre entre una y tres veces en cinco años y; alta, esto es, ocurre frecuentemente, más de tres veces en cinco años. Esta estimación es a modo de ejemplo, los criterios y tiempos los podemos definir con la empresa[26].

Al tener la probabilidad analizó el impacto, es decir, definimos las consecuencias en caso que el riesgo ocurra. El impacto puede

---

26 Mandal, S., & Mukhopadhyay, D. (2021). Cyber risk analysis and quantification: A systematic review. *Journal of Information Security and Applications, 60*, 102792. https://doi.org/10.1016/j.jisa.2021.102792 Visitada 02/02/2025 19:00

ser bajo, es decir, las pérdidas son mínimas o no ha habido una interrupción significativa; media, una interrupción moderada o con costos manejables y; alta, es decir, un daño grave con costos altos y con un impacto reputacional significativo.

Los riesgos también deben ser clasificados, se deben priorizar según su nivel. Los podemos clasificar de la siguiente manera, crítico que necesita acción inmediata; alto, es decir, acción necesaria en corto plazo; moderado, esto es, acción recomendada en mediano plazo y, bajo es sólo monitoreo

Puedo utilizar una matriz de riesgos igual o parecida a las que ofrecemos a continuación:

Impacto	Baja probabilidad	Media probabilidad	Alta probabilidad
Alta	Moderado	Alto	Crítico
Media	Bajo	Moderado	Alto
Baja	Bajo	Bajo	Moderado

Fuente: Elaboración propia

Asimismo, la NIS impone una notificación de incidentes en secuencia temporal. Primero, *"early warning"* en 24 horas desde la toma de conocimiento, segundo, un informe intermedio en 72 horas y, tercero, un reporte final en 1 mes. Por su parte, el Reglamento DORA armoniza el reporte incidente-TIC en el sector financiero y promueve intercambio de información. Conviene preconfigurar umbrales de severidad, plantillas, responsables y canales con CERT/CSIRT y autoridades competentes.

5. ESTRATEGIAS PARA MITIGAR LOS RIESGOS

Las estrategias para mitigar los riesgos son múltiples y habrá que adecuarlas a las distintas empresas, pero deben contener cuestiones básicas que consistan en evitar el riesgo, reducir el riesgo, transferir el riesgo, aceptar el riesgo, realizar un plan de contingencia, monitoreo continuo, la innovación y la tecnología y la formación. En este contexto, la legislación de reciente de la UE, esto es, la Directiva NIS2 y el Reglamento DORA establecen obligaciones concretas en materia de resiliencia operativa y gestión de riesgos digitales. La Directiva NIS2 impone a las empresas la adopción de políticas de seguridad y continuidad, la gestión de riesgos en la cadena de suministro, la formación del personal y la notificación escalonada de incidentes (arts. 21 a 24). Por su parte, el Reglamento DORA exige un marco interno de gestión del riesgo tecnológico, la realización periódica de pruebas de resiliencia basadas en amenazas, la supervisión contractual de terceros proveedores TIC y el mantenimiento de registros y métricas de rendimiento (arts. 9 y 28 a 31). De esta manera, las estrategias de mitigación no solo deben concebirse como medidas técnicas u organizativas, sino como instrumentos que permitan cumplir con las obligaciones de gobierno, control y rendición de cuentas previstas en dichas normas.

Para evitar los riesgos se pueden cambiar los procesos o eliminar la actividad que está generando el riesgo, se puede usar almacenamiento en la nube en lugar discos duros locales para evitar fallos físicos. Reducimos el riesgo implementando controles o medidas de protección como instalar software antivirus, encriptando los datos, firewalls o sistemas de detección de intrusos, realizando auditorías internas regulares o implementando políticas y procedimientos claros para la gestión de los activos, se puede instalar sistemas de seguridad físicos como cámaras y cerraduras y, se pueden realizar refuerzos estructurales en edificios[27].

Transferimos el riesgo delegando la responsabilidad a terceros, esto se hace contratando seguros para proteger activos financieros, físicos o digitales, externalizar procesos críticos a proveedores especializados o realizar acuerdos contractuales redactando con-

---

[27] Bai, Y., & Liang, Z. (2021). *Cyber Risk Mitigation: A Comprehensive Review and Future Directions.* Computers & Security, 105, 102218. https://doi.org/10.1016/j.cose.2021.102218 Visitada 11/02/2025 9:00

tratos que incluyan cláusulas de responsabilidad para los proveedores.

En determinados casos es mejor aceptar y reconocer el riesgo, es decir, no tomar acciones adicionales para evitar o reducir el riesgo, en los siguientes casos, en caso que el costo sea mucho más alto que las pérdidas que el riesgo podría ocasionar si se materializa; el riesgo sea de baja probabilidad de impacto y, cuando existan recursos financieros o estratégicos para asumir las posibles pérdidas.

El riesgo puede ser compartido, se puede distribuir entre varias partes interesadas, puede ser mediante asociaciones o acuerdos colaborativos. Se pueden formalizar alianzas con otras empresas para compartir riesgos y recursos o crear consorcios para abordar riesgos comunes, por ejemplo, el cumplimiento de regulaciones.

Junto con las medidas de mitigación consideramos importante preparar un plan de contingencia que permita que la organización responda cuando el riesgo se materialice. Se pueden crear protocolos para manejar emergencias como desastres naturales, ciberataques o interrupciones en el servicio.

Otra de las opciones es segregar el riesgo, es decir, reducir la exposición al riesgo. Esto se hace dividiendo activos o procesos para que no estén todos concentrados en un único punto de fallo. Se pueden distribuir datos críticos en distintas ubicaciones geográficas o separar funciones clave entre múltiples equipos o sistemas.

El monitoreo continuo puede ayudar no sólo a mitigar, también a identificar y evaluar riesgos en tiempo real permitiendo una acción inmediata, se pueden utilizar sistemas de monitoreo en red para detectar intentos de acceso no autorizado o implementar herramientas de análisis predictivo para identificar patrones de riesgo.

En materia de innovación y tecnología se pueden aplicar soluciones tecnológicas innovadoras que permitan a las organizaciones anticiparse problemas, optimizar proceso, minimizar los riesgos y mejorar la seguridad. Algunas de las soluciones son la aplicación de inteligencia artificial para identificar patrones, predecir riesgos y automatizar respuestas, se pueden detectar anomalías en la red par aprevenir ciberataques e identificar intentos de phishing o malware en tiempo real, predecir fallos en maquinaria con análisis predictivo u optimizar rutas de transporte para minimizar riesgos logísticos. Asimismo, la utilización de una tecnología de registro distribuido que proporcione transparencia, seguridad y rastreabilidad. Esto se consigue con aplicaciones que generen trazabilidad que garantice la autenticidad y el origen de los productos, se protejan las transacciones financieras contra manipulaciones, existan registros digitales que aseguren la inmutabilidad de contratos, escrituras y otros documentos.

Otra de las herramientas es el análisis predictivo de grandes volúmenes de datos que ayuda a anticipar riesgos basándose en tendencias históricas y actuales. Por ejemplo, se pueden gestionar los riesgos financieros analizando datos económicos globales, la prevención de desastres monitoreando los cambios climáticos o gestionar el comportamiento del cliente que permite detectar comportamientos sospechosos en sistemas financieros.

La realidad aumentada y la realidad virtual pueden simular escenarios de riesgo para preparar a las organizaciones. Se puede capacitar en seguridad a los empleados presentándoles situaciones de emergencia ficticias como incendios o derrames químicos. También se pueden probar nuevos procesos en un entorno virtual antes de implementarlos.

El internet de las cosas se puede utilizar, a través de dispositivos conectados que permiten monitorear riesgos en tiempo real. Utilizando sensores en equipos se puede hacer un monitoreo remoto que permita detectar sobrecalentamiento, vibraciones anormales o fallos inminentes.

Para minimizar los riesgos, por ejemplo, implementar inteligencia artificial para detectar anomalías en operaciones, usar *blockchain* para aumentar la seguridad de las transacciones.

6. CASOS DE USO

La experiencia práctica es una fuente inestimable de aprendizaje en el ámbito de la ciberseguridad. Observar cómo empresas de gran envergadura, como Amazon, HSBC o TESLA, han implementado y adaptado sus medidas de seguridad nos permite comprender no solo la eficacia de las soluciones técnicas, sino también la importancia de una estrategia integral que abarca desde la tecnología hasta la formación del personal. Estos casos prácticos evidencian la necesidad de ir más allá de la teoría, mostrando en la práctica cómo la innovación y la adaptación constante pueden marcar la diferencia en la protección de activos digitales.

Vamos a estudiar varios casos en los que las empresas han tenido que tomar medidas ante las amenazas y los ataques a sus activos digitales. En el caso de Amazon la cuestión se centró en el almacenamiento, ya que el modelo de negocio incluye guardar una gran cantidad de datos de clientes. Por esta razón, esta compañía es un foco constante para los ciber atacantes.

Las amenazas más frecuentes son DDos, el *phishing* y el *ransomware.* Para poner remedio, la solución creada es Amazon *Web Service* (AWS) *shield,* que es un servicio que permite proteger en tiempo real las aplicaciones de AWS, a través de un modelo de defensa automática.

Además, se creó la *Web Application Firewall* para proteger las aplicaciones de explotación ilegal y filtrar el tráfico malicioso. Unido a esto, la compañía ha creado un programa de concienciación en ciberseguridad para sus empleados. En dicho programa se les ofrece formación y sensibilización sobre buenas prácticas de seguridad.

En febrero de 2020, AWS enfrentó y mitigó un ataque DDoS que alcanzó los 2.3 terabits por segundo, considerado uno de los más grandes registrados en la historia hasta ese momento. Este incidente demostró la capacidad de *AWS Shield Advanced* para absorber y neutralizar grandes volúmenes de tráfico malicioso dirigido a sus servicios[28].

Investigaciones han señalado que algunos atacantes han utilizado servicios legítimos de AWS, como los S3 *Buckets,* para alojar páginas de *phishing.* Estos sitios maliciosos intentan engañar a los usuarios y robar credenciales o información sensible. AWS colabora activamente para eliminar dichos contenidos y advierte a los clientes sobre estos riesgos[29].

En 2024, AWS tomó medidas contra el grupo de amenazas ruso APT29, incautando dominios que estaban siendo utilizados para campañas de phishing dirigidas a entidades gubernamentales y corporativas. Esta acción formó parte de una estrategia para interrumpir actividades maliciosas y proteger a sus clientes[30].

Para mitigar los problemas AWS cuenta con herramientas como AWS *Shield* y WAF que ayudan a proteger a sus clientes de amenazas como ataques DDoS, *phishing* y *ransomware.* Esta solución no solo ha permitido mitigar un ataque DDoS de magnitud histórica, sino que ha fortalecido la confianza de los clientes en la capacidad de respuesta de la compañía, demostrando que la inversión en tecnologías avanzadas se traduce en resiliencia operativa. Además, capacitan constantemente a sus empleados y realizan simulacros para estar preparados ante posibles riesgos. Con estas medidas y su experiencia en la gestión de ataques reales, demuestran su compromiso con la seguridad en la nube.

En 2024 y 2025, AWS amplió su marco de resiliencia mediante la adopción de controles alineados con el Reglamento DORA y la Directiva NIS2, implementando su programa *"Resilience Hub"*

---

28 https://www.theverge.com/2020/6/18/21295337/amazon-aws-biggest-ddos-attack-ever-2-3-tbps-shield-github-netscout-arbor Visitada 22/12/2024 15:00

29 https://blog.checkpoint.com/email-security/ Visitada 22/12/2024 16:00

30 https://www.securityweek.com/aws-seizes-domains-used-by-russias-apt29 Visitada 22/12/2024 17:00

para automatizar pruebas de continuidad, gestión de incidentes y notificación temprana ante ataques críticos. Asimismo, ha reforzado su transparencia publicando informes de conformidad con la *Cloud Security Alliance* (CSA) y la *European Cybersecurity Certification Scheme* (EUCS), anticipándose a los requisitos europeos de certificación en ciberseguridad.

En el caso de Sony, se vivió un gran ataque de 2014 a Sony Pictures. Dicho ataque evidenció las debilidades en la infraestructura de seguridad y, las pocas prácticas de manejo de información de la empresa. Lo que hizo Sony fue mejorar la infraestructura de seguridad mediante la implementación de tecnologías avanzadas en detección de intrusiones y mejoras en los protocolos de cifrado.

También se implementó un plan de formación en ciberseguridad para empleados que intensificaba la formación en ciberseguridad con especial atención en la detección de phishing y otras técnicas de ingeniería social.

Además, Sony ha mejorado la cooperación con las autoridades de seguridad cibernética y otras empresas con el ánimo de compartir las experiencias y la inteligencia sobre amenazas.

Dentro de las herramientas encontramos *Malware Information Sharing Platform* (MISP), que es una herramienta que permite recopilar, almacenar y compartir indicadores de compromiso y datos sobre amenazas entre organizaciones. Esta herramienta facilita la colaboración y la actualización en tiempo real de información sobre ataques y vulnerabilidades. En este sentido, Sony participa en redes de respuesta a emergencias informáticas como CERT (por sus siglas en inglés *Computer Emergency Response Team*) o CSIRT (por sus siglas en inglés *Computer Security Incident Response Team*) en las que intercambia datos críticos y se coordinan respuestas ante incidentes.

En 2025, Sony anunció la implementación de un sistema de inteligencia de amenazas basado en aprendizaje automático, con el fin de correlacionar datos de incidentes globales y fortalecer la detección de ataques dirigidos a su red PlayStation Network. Esta medida se enmarca dentro de la tendencia hacia la automatización de la respuesta a incidentes impulsada por los principios del Reglamento DORA y la Directiva NIS2.

También ha utilizado sistemas de gestión de análisis de eventos de seguridad (SIEM) y *Threat Intelligence Platforms* (TIP) esto es, plataformas de inteligencia de amenazas. Los primeros, recopilan y analizan datos de múltiples fuentes dentro de la infraestructura de seguridad, permitiendo identificar patrones anómalos y correlacionar eventos. Mientras que, las segundas, ayudan a integrar datos de diversas fuentes, tanto de fuentes abiertas como comerciales, facilitando la creación de informes de incidentes y alertas que se comparten con otras entidades.

Otro de los casos es el banco HSBC que recibe sofisticados ataques dirigidos principalmente a robar información financiera de los clientes y, le es difícil cumplir con las rigurosas regulaciones internacionales como el Reglamento Europeo de Protección de Datos europeo y el HIPPA, entre otros, ya que al ser una entidad global debe cumplir con la regulación en todos los lugares en los que tiene presencia.

Las soluciones aplicadas fueron la encriptación de datos y la autenticación multifactor para proteger las cuentas de usuario y la información financiera. Sumado a esto, se aplicó una herramienta de monitoreo continuo de transacciones en tiempo real para detectar y poder responder a las actividades sospechosas. La implementación de encriptación y autenticación multifactor no solo ha protegido datos financieros sensibles, sino que ha consolidado una cultura de seguridad que se refleja en la agilidad de su respuesta ante incidentes, evidenciando así un impacto real en la estabilidad y reputación de la institución.

Desde 2024, HSBC ha integrado su estrategia de cumplimiento con el marco de resiliencia digital del Reglamento DORA, creando un comité de gobernanza tecnológica dependiente directamente del Consejo de Administración. Este comité supervisa indicadores clave de rendimiento (KPI) en materia de ciberseguridad, garantizando la trazabilidad y la notificación de incidentes en los plazos establecidos por la Directiva NIS2 y el RGPD, con ello se están fortaleciendo las políticas y procedimientos para asegurar el cumplimiento de la normativa internacional.

También tenemos el caso de TESLA, compañía automotriz que lidera la tecnología en vehículos eléctricos y autónomos. Habitualmente, se enfrenta a riesgos significativos de piratería industrial y espionaje cibernético. Estos riesgos pueden comprometer la innovación y la propiedad intelectual. Para solventarlo, se han aplicado varias soluciones, la primera, la protección rigurosa de la propiedad intelectual, a través de controles de acceso y tecnologías de seguimiento que le permitan proteger los documentos referentes a diseño y software. La segundo, se implementaron unas simulaciones de ataques para regular las pruebas de penetración y evaluar la resistencia del sistema de seguridad. La tercera y, última, fue colaborar con expertos y consultores en ciberseguridad para estar al día con las últimas tecnologías y prácticas de defensa.

En 2025, Tesla ha extendido su enfoque de seguridad hacia el vehículo conectado, incorporando auditorías de ciberseguridad en toda su cadena de suministro y adoptando la norma ISO/SAE 21434 sobre ciberseguridad vehicular. Esto refuerza la gobernanza técnica y jurídica del dato en un entorno de movilidad inteligente, coherente con las exigencias europeas de resiliencia digital.

En el caso de Pfizer, la amenaza se sitúa en la gestión de datos sensibles de ensayos clínicos porque esto implica un alto riesgo de filtraciones que pueden impactar la seguridad de los pacientes, la integridad de la investigación y, el tema financiero.

La farmacéutica implementó soluciones avanzadas de seguridad de datos que incluyen cifrado y gestión de acceso basada en roles. Adoptó la realización de auditorías internas y externas regulares para asegurar el cumplimiento de toda la normativa de privacidad y seguridad de datos.

Asimismo, se desarrolló un plan integral de respuesta a incidentes para minimizar el impacto de cualquier brecha de seguridad. Durante 2024 y 2025, Pfizer ha participado en proyectos piloto de la Comisión Europea sobre ciberseguridad en investigación biomédica, enfocados en el cumplimiento de la Directiva NIS2 y en la protección de datos sensibles bajo el RGPD. Además, ha reforzado la interoperabilidad y cifrado de sus sistemas de ensayos clínicos utilizando arquitecturas *blockchain* verificables, mejorando la trazabilidad de la información médica y la integridad de los resultados científicos.

Pues bien, como podemos observar las principales amenazas para las empresas son, el posible "robo" de datos y, no sólo se trata de que los datos los lleven o los secuestren, también es una amenaza que accedan bien para conocer datos, aunque no los manipulen, modificarlos o suprimirlos. Otra de las amenazas frecuentes son el *ransomware* y el *phishing* y, la última el cumplimiento de la regulación.

En conclusión, el análisis de estos casos prácticos confirma que la ciberseguridad corporativa ha dejado de ser un componente meramente técnico para convertirse en un pilar esencial de la gobernanza empresarial. Las experiencias de Amazon, Sony, HSBC, Tesla y Pfizer demuestran que la combinación de innovación tecnológica, cultura organizacional y cumplimiento normativo, particularmente conforme a la Directiva NIS2, el Reglamento DORA y el RGPD constituye la clave para la resiliencia digital. Este enfoque integrado permite a las organizaciones anticiparse a los riesgos, garantizar la continuidad operativa y consolidar la confianza en un ecosistema económico cada vez más interconectado.

6.1 Soluciones Comunes

El remedio que han puesto las empresas para solventar estas dificultades se puede clasificar en tres, lo primero las soluciones técnicas, lo segundo, la formación y, lo tercero el cumplimiento normativo. En cuanto a las soluciones técnicas lo que se ha planteado es la encriptación de los datos y la autenticación multifactor.

6.1.1 Soluciones Técnicas

La implementación de sistemas de autenticación multifactor (MFA) y el empleo de la criptografía asimétrica combinada con certificados digitales. Estas estrategias se han consolidado como pilares fundamentales para garantizar que tanto los datos en reposo como la información en tránsito se mantengan protegidos ante intentos de acceso no autorizado, modificaciones indebidas o robos de información. La integración de estos métodos no solo fortalece la integridad de los sistemas, sino que además refuerza la verificación de identidades, constituyendo una barrera de seguridad robusta en un entorno digital en constante evolución.

El cifrado avanzado se erige como la primera línea de defensa para proteger la información sensible. En este sentido, el Advanced Encryption Standard (AES) con una clave de 256 bits, conocido como AES-256[31], es uno de los algoritmos de cifrado simétrico más robustos y ampliamente reconocidos a nivel internacional. Su funcionamiento se basa en el uso de una única clave tanto para encriptar como para descifrar los datos, lo que lo hace extremadamente efectivo para proteger la información en reposo. La fortaleza de AES-256 reside en el elevado tamaño de la clave, lo que dificulta significativamente la realización de ataques de fuerza bruta. En el ámbito empresarial, esta técnica se utiliza para cifrar bases de datos, archivos críticos y sistemas de almacenamiento, garantizando que, en caso de que se produzca un acceso no autorizado, la información se presente de manera ininteligible sin contar con la clave adecuada.

Complementariamente, para proteger la información durante su transmisión se utiliza el protocolo *Transport Layer Security*

---

31 El uso de AES-256 no solo protege los datos en reposo, sino que también fortalece la resiliencia de la organización. Al dificultar ataques de fuerza bruta, esta tecnología garantiza la integridad de la información crítica, reduciendo la probabilidad de brechas de seguridad y, en consecuencia, mejorando la continuidad operativa.

(en adelante, TLS)[32]. TLS es esencial para establecer conexiones seguras entre el cliente y el servidor, ya que implementa un mecanismo de negociación en el que ambas partes acuerdan los parámetros de cifrado y autenticación. Este proceso impide la interceptación o modificación de los datos en tránsito, protegiendo la confidencialidad e integridad de la información intercambiada en entornos web, servicios de correo electrónico y otras aplicaciones que requieren comunicaciones seguras. Al emplear TLS, se minimizan los riesgos asociados a ataques de intermediarios (en *inglés man-in-the-middle*) y se asegura que la información transmitida permanezca protegida ante posibles amenazas externas.

Sin embargo, la protección de los datos no se limita únicamente al cifrado, sino que también es crucial fortalecer el proceso de verificación de identidades mediante la implementación de la autenticación multifactor (en adelante, MFA)[33]. La MFA es una estrategia de seguridad que exige a los usuarios demostrar su identidad a través de la combinación de al menos dos factores distintos. Tradicionalmente, estos factores se agrupan en tres categorías: la primera, algo que el usuario sabe, por ejemplo, una contraseña, un PIN o respuestas a preguntas de seguridad. La segunda, algo que el usuario tiene, como un token de seguridad, un dispositivo móvil que genere códigos de acceso o una tarjeta inteligente y, la tercera, algo que el usuario es. Se incluyen datos biométricos, como la huella digital, el reconocimiento facial o la verificación del iris. Al combinar estos elementos, la MFA redu-

---

32 Implementar TLS para asegurar la transmisión de datos garantiza que la información intercambiada entre clientes y servidores se mantenga confidencial y sin alteraciones. Esto se traduce en una mayor fiabilidad de las comunicaciones digitales, minimizando el riesgo de ataques intermedios y fortaleciendo la confianza en las transacciones en línea

33 La adopción de la autenticación multifactor incrementa significativamente la seguridad de acceso a sistemas críticos. Al requerir múltiples factores de verificación, se reduce drásticamente la probabilidad de accesos no autorizados, lo que mejora la protección de la información y refuerza la resiliencia de la infraestructura tecnológica

ce drásticamente el riesgo de que un atacante pueda acceder a sistemas críticos, ya que incluso si se compromete la contraseña, la probabilidad de que el atacante disponga simultáneamente del dispositivo físico o de los datos biométricos necesarios es extremadamente baja. Esta medida de seguridad resulta especialmente efectiva en entornos donde la protección de información sensible es vital, y constituye un estándar en la industria para el acceso a plataformas de banca en línea, sistemas empresariales y servicios en la nube.

En paralelo con las estrategias anteriores, la criptografía asimétrica se presenta como otra herramienta esencial en la protección de activos digitales. A diferencia de los algoritmos simétricos, en los que se utiliza una sola clave para cifrar y descifrar la información, la criptografía asimétrica emplea un par de claves: una clave pública y una clave privada. La clave pública se distribuye abiertamente y se utiliza para encriptar la información o para verificar firmas digitales, mientras que la clave privada permanece en posesión exclusiva del titular y se utiliza para descifrar la información o para generar firmas digitales. Este mecanismo permite, además, la implementación de firmas digitales que garantizan tanto la autenticidad como la integridad de los datos, lo que resulta fundamental para las transacciones electrónicas y la validación de identidades en entornos de alta seguridad.

Entre los algoritmos más reconocidos en el ámbito de la criptografía asimétrica se encuentran el *Rivest-Shamir-Adleman* (en adelante, RSA)[34] y el *Elliptic Curve Cryptography* (en adelan-

---

[34] El uso de RSA para la encriptación y la verificación de firmas digitales aporta una capa de seguridad robusta, fundamentada en la complejidad de la factorización de números grandes. Esta tecnología no solo protege la integridad de los datos, sino que también facilita el establecimiento de conexiones seguras, contribuyendo a la estabilidad operativa de la organización

te ECC)[35]. El RSA se basa en la dificultad de factorizar números grandes y se ha establecido como un estándar para la encriptación de datos y la verificación de firmas digitales. Su uso es esencial en la configuración de conexiones seguras mediante TLS, y se ha consolidado como una herramienta confiable para proteger la información en numerosas aplicaciones. Por otro lado, el ECC ofrece una seguridad equivalente a la de RSA, pero con claves de menor tamaño, lo que permite un mejor rendimiento y un menor consumo de recursos. Esta característica hace que ECC sea particularmente adecuado para dispositivos con capacidades computacionales limitadas, como los dispositivos móviles, y para aplicaciones modernas como las criptomonedas y las transacciones seguras en tiempo real.

El uso de certificados digitales complementa el sistema de seguridad al vincular la identidad de una entidad con su clave pública. Estos certificados, emitidos por autoridades de certificación (CA) confiables, sirven para establecer la autenticidad de las claves y para validar que la información proviene efectivamente de la fuente indicada. En el proceso de establecimiento de una conexión segura mediante TLS, los certificados digitales permiten que el cliente verifique la identidad del servidor, lo que evita ataques de intermediarios y asegura la integridad de las transacciones electrónicas. De esta manera, se refuerza la confianza en la comunicación digital y se garantiza que los datos sensibles sean manejados con altos estándares de seguridad.

La integración de las técnicas como cifrado avanzado, autenticación multifactor, criptografía asimétrica y el uso de certificados digitales configura un sistema integral de protección para los activos digitales. Este sistema no solo asegura que los datos almace-

---

[35] La criptografía de curvas elípticas (ECC) ofrece un alto nivel de seguridad con claves de menor tamaño, lo que se traduce en un mejor rendimiento y eficiencia, especialmente en dispositivos con recursos limitados. Este método no solo asegura la protección de la información, sino que también optimiza el uso de recursos, mejorando la capacidad de respuesta ante amenazas y fortaleciendo la resiliencia operativa.

nados o "en reposo" y transmitidos "en tránsito" se mantengan protegidos, sino que también refuerza la verificación de identidades y reduce significativamente la posibilidad de accesos no autorizados. Cada una de estas estrategias se complementa para formar una barrera de seguridad robusta, indispensable en un entorno digital en constante evolución. Así, se crea un ecosistema de protección que se adapta a las amenazas emergentes y garantiza la resiliencia de los sistemas, alineándose con las mejores prácticas internacionales y las directrices establecidas por organismos como el IASB, OCDE, el ELI y UNIDROIT.

En este sentido, la utilización de AES-256 para el cifrado de datos en reposo y TLS para asegurar la transmisión de información representa una combinación eficaz para salvaguardar la confidencialidad e integridad de los activos digitales. Al mismo tiempo, la implementación de la autenticación multifactor permite que la verificación de la identidad se realice mediante la combinación de múltiples factores, dificultando así cualquier intento de acceso indebido.

Por otra parte, la criptografía asimétrica, mediante algoritmos como RSA y ECC, ofrece un mecanismo seguro para la gestión y el intercambio de claves, lo que se traduce en la capacidad de establecer conexiones seguras y de implementar firmas digitales que confieren autenticidad a las comunicaciones. Los certificados digitales, emitidos por autoridades certificadoras reconocidas, actúan como garantías de que las claves utilizadas en estos procesos pertenecen realmente a las entidades que se pretenden autenticar, lo que refuerza la confianza en el entorno digital.

La relevancia de estas técnicas radica en que, en un entorno en el que las amenazas cibernéticas se vuelven cada vez más sofisticadas, es imperativo contar con un sistema de protección que sea capaz de adaptarse y responder a nuevos desafíos. La combinación de estas soluciones tecnológicas permite crear un marco de seguridad robusto, en el que la pérdida de información o el acceso no autorizado se minimizan a través de múltiples capas de defensa. Este enfoque integral no solo protege los activos digitales, sino que también contribuye a la continuidad operativa y a la resiliencia de las organizaciones, aspectos fundamentales en el contexto de la economía digital actual.

Este sistema se erige como una respuesta integral a las amenazas que afectan a los activos digitales, permitiendo a las organizaciones proteger su información de manera eficiente y confiable. La adopción de estas medidas no solo fortalece la infraestructura de seguridad, sino que también se alinea con las recomendaciones de las principales instituciones internacionales, que abogan por la integración de soluciones tecnológicas avanzadas para enfrentar un entorno cibernético en constante cambio.

Este enfoque holístico es fundamental para garantizar que los activos digitales, que representan no solo información y datos críticos, sino también elementos de valor estratégico en la economía digital, se encuentren protegidos frente a riesgos cada vez mayores. La combinación de técnicas de cifrado, autenticación multifactor, criptografía asimétrica y certificados digitales se presenta, por tanto, como una práctica indispensable que asegura la confidencialidad, integridad y autenticidad de la información, al mismo tiempo que establece un modelo de seguridad resiliente y adaptable, capaz de anticipar y mitigar amenazas emergentes en un mundo digital en constante transformación.

6.1.2. Educación y formación en ciberseguridad para los empleados

En la era digital, la seguridad de la información no depende únicamente de la implementación de tecnologías avanzadas, sino también de la capacidad de las organizaciones para educar y concienciar a su personal acerca de las amenazas cibernéticas. Los empleados, que a menudo constituyen la primera línea de defensa, juegan un papel crucial, ya que sus acciones, intencionadas o involuntarias, pueden marcar la diferencia entre la prevención exitosa de un ciberataque y la materialización de un incidente que ponga en riesgo activos críticos. Por ello, las empresas han adquirido un firme compromiso con la formación continua de sus empleados, implementando programas de concienciación que incluyen no solo capacitaciones puntuales, sino también simulacros, talleres interactivos y módulos *de e-learning* actualizados, con el objetivo de que cada trabajador conozca las amenazas y sepa cómo reaccionar en caso de enfrentarse a ellas. Este enfoque integral no se limita al ámbito laboral, ya que muchas de las prácticas y conocimientos adquiridos pueden y deben replicarse en los entornos familiares, fortaleciendo así la cultura general de ciberseguridad. En definitiva, la formación y educación continua en ciberseguridad se ha convertido en una estrategia indispensable para proteger los activos digitales, basada en tres pilares fundamentales: programas de concienciación continua, la creación de una sólida cultura de seguridad y la incorporación de evaluaciones periódicas con mecanismos de retroalimentación, lo que permite a las organizaciones mantenerse a la vanguardia en la defensa contra las amenazas cibernéticas.

6.1.2.1 Programas de Concienciación Continua

Los programas de formación no se deben limitar a capacitaciones puntuales, sino que se deben convertir en un proceso continuo y dinámico. Estos programas deben adaptarse a la evolución constante de las amenazas cibernéticas y, por ello, incluir diversas estrategias y métodos de enseñanza.

Para ello se pueden realizar varias acciones. La primera, simulacros de *phishing*. Una de las amenazas más comunes en el entorno digital es el *phishing*, que utiliza correos electrónicos y mensajes engañosos para obtener acceso a información confidencial. Para contrarrestar este riesgo, se han implementado simulacros que recrean escenarios reales de ataque. Estos simulacros permiten a los empleados identificar y reportar correos sospechosos, al mismo tiempo que miden la efectividad del entrenamiento. La práctica regular de estos ejercicios no solo refuerza el conocimiento teórico, sino que también mejora la capacidad de respuesta ante un ataque real, reduciendo significativamente el riesgo de que se produzca un compromiso de la seguridad.

Es fundamental reconocer que la formación en ciberseguridad debe ser un proceso dinámico y en constante evolución. La evaluación periódica y la retroalimentación continua son esenciales para ajustar y mejorar los programas de concienciación, permitiendo que la organización se adapte a las nuevas amenazas emergentes. Solo mediante una revisión constante y la incorporación de las lecciones aprendidas se puede garantizar una mejora sostenida en el nivel de concienciación y, en última instancia, una mayor resiliencia ante los desafíos cibernéticos.

La segunda, organizar talleres interactivos y módulos de *E-Learning*. La interacción directa y el aprendizaje práctico son fundamentales en la capacitación en ciberseguridad. Por ello, se promueven talleres interactivos donde expertos en seguridad comparten casos reales, técnicas de detección de amenazas y protocolos de respuesta. Estos talleres permiten a los empleados participar activamente, hacer preguntas y analizar en grupo escenarios complejos, lo que enriquece su comprensión de las amenazas.

Asimismo, los módulos de e-learning ofrecen la ventaja de actualizar el contenido de manera constante, permitiendo a la organización incorporar las últimas tendencias y novedades en ciberamenazas. Estos cursos en línea pueden ser personalizados para distintos niveles de conocimiento y roles dentro de la empresa, garantizando que cada empleado reciba una formación adecuada a sus responsabilidades. La flexibilidad y accesibilidad de estas herramientas hacen posible que la formación se integre en la rutina laboral sin interrumpir las operaciones diarias.

La tercera, integración de casos prácticos y estudios de caso. Otro aspecto importante es la incorporación de estudios de caso basados en incidentes reales, lo que permite analizar las causas, los efectos y las respuestas a ciberataques anteriores. El análisis de casos concretos facilita la comprensión de la magnitud de las amenazas y la importancia de aplicar las medidas correctivas. Este enfoque no solo enseña a detectar y prevenir ataques, sino que también prepara a los empleados para actuar de manera coordinada y eficaz en situaciones de emergencia.

La cuarta, actualización y revisión constante del contenido formativo. La naturaleza de las ciberamenazas es dinámica y evoluciona a gran velocidad, lo que obliga a que los programas de formación se actualicen de forma periódica. Es imprescindible contar con un comité o equipo especializado en ciberseguridad que revise y actualice los contenidos formativos, asegurándose que se incluyan las últimas vulnerabilidades, técnicas de ataque y métodos de defensa. Esta actualización constante garantiza que el personal esté siempre preparado para enfrentar nuevos desafíos, evitando que se utilicen prácticas obsoletas o ineficaces.

6.1.2.2 Cultura de Seguridad

Más allá de la formación puntual y de los programas de concienciación, es crucial fomentar una cultura corporativa de seguridad que impregne a toda la organización. Una cultura de seguridad bien establecida significa que cada empleado comprende la relevancia de proteger los activos digitales y se siente personalmente comprometido con las políticas y procedimientos de seguridad.

Para ello, es necesario, fomentar el compromiso y la responsabilidad individual, porque Una cultura de seguridad exitosa parte del reconocimiento de que cada empleado, independientemente de su nivel jerárquico o función, tiene la responsabilidad de proteger la información de la empresa. Esto se logra mediante campañas de comunicación interna que resalten casos de éxito, lecciones aprendidas y la importancia de la ciberseguridad en el contexto actual. El liderazgo debe predicar con el ejemplo, mostrando un compromiso claro con las políticas de seguridad y participando activamente en las iniciativas formativas. Cuando los líderes se involucran, es más probable que los empleados sigan sus pasos y adopten una actitud proactiva ante las amenazas.

Ahora bien, para que una cultura de seguridad se consolide, es necesario que existan políticas y procedimientos bien definidos y comunicados de manera efectiva a todos los niveles de la organización. Estos documentos deben ser accesibles y comprensibles, y deben incluir protocolos específicos para el manejo de datos, la respuesta a incidentes y el uso adecuado de herramientas de seguridad. La claridad en estos lineamientos facilita que los empleados comprendan qué se espera de ellos y cómo actuar en distintas situaciones, reduciendo el margen de error y minimizando la exposición a riesgos.

Además, se debe implementar un sistema de incentivos y reconocimientos puede motivar a los empleados a adoptar y promover prácticas seguras. Reconocer públicamente a aquellos que demuestren un alto compromiso con la ciberseguridad no solo refuerza el comportamiento deseado, sino que también fomenta una competencia positiva dentro de la organización. Los incentivos pueden variar desde reconocimientos formales en reuniones de equipo hasta beneficios adicionales, lo que contribuye a que la seguridad se convierta en un valor compartido.

También, es fundamental la comunicación interna constante y transparente para consolidar una cultura de seguridad. Las organizaciones deben promover foros, newsletters y sesiones informativas donde se discutan temas relacionados con ciberseguridad, se compartan actualizaciones sobre amenazas y se resuelvan dudas. Este flujo constante de información ayuda a mantener a todos los empleados al tanto de los cambios y refuerza la importancia de la seguridad en el día a día. La transparencia en la comunicación también crea un ambiente de confianza, en el que los empleados se sienten cómodos reportando incidentes o comportamientos sospechosos sin temor a represalias.

Por último, la cultura de seguridad no debe ser vista como una actividad aislada, sino como parte integral de todos los procesos de negocio. Esto implica que desde la fase de diseño de proyectos hasta la implementación y el mantenimiento, se deben considerar los aspectos de seguridad como parte fundamental del proceso. La integración de controles de seguridad desde el inicio de cada proyecto permite detectar y mitigar riesgos de forma temprana, lo que reduce significativamente la probabilidad de incidentes y mejora la resiliencia global de la organización.

6.1.2.3 Evaluación y retroalimentación

En el entorno actual, el factor humano se erige como la primera línea de defensa ante las amenazas cibernéticas. Una fuerza laboral bien informada y comprometida es, sin duda, el elemento clave que puede marcar la diferencia entre la prevención exitosa de incidentes y la vulnerabilidad ante ataques. Invertir en la formación continua de los empleados no solo fortalece la infraestructura de seguridad, sino que también fomenta un ambiente en el que cada miembro de la organización se siente responsable y capacitado para identificar, reportar y responder a potenciales amenazas.

Para garantizar la efectividad de los programas de formación y consolidar una cultura de seguridad, es indispensable incorporar mecanismos de evaluación y retroalimentación. Estos mecanismos permiten medir el nivel de concienciación de los empleados, identificar áreas de mejora y ajustar la formación en función de los resultados obtenidos.

Uno de los mecanismos son las evaluaciones periódicas que pueden tomar diversas formas, desde cuestionarios y exámenes en línea hasta simulacros de ciberataques y evaluaciones de desempeño. Estos instrumentos permiten recopilar datos cuantitativos y cualitativos sobre el nivel de conocimiento y la capacidad de respuesta de los empleados ante posibles amenazas. La frecuencia de estas evaluaciones debe ser adecuada al ritmo de evolución de las amenazas cibernéticas, pudiendo ser mensuales, trimestrales o semestrales, según las necesidades de la organización.

Una vez realizadas las evaluaciones, es esencial proporcionar retroalimentación tanto a nivel individual como colectivo. La retroalimentación constructiva permite que los empleados comprendan sus fortalezas y áreas de mejora, y fomenta un ambiente de aprendizaje continuo.

Además, esta información debe ser utilizada para ajustar y actualizar los contenidos de los programas de formación, asegurándose de que se aborden las nuevas amenazas y se refuercen las mejores prácticas. La implementación de un sistema de gestión de la formación, que integre estas evaluaciones y permita hacer un seguimiento detallado del progreso de cada empleado, es una herramienta clave en este proceso.

De otro lado, también se pueden establecer indicadores de rendimiento o lo que se conoce como KPIs[36] para cuantificar el nivel de concienciación y el impacto de las acciones formativas. Entre estos KPIs se pueden incluir la tasa de clics en simulacros de phishing, que nos indica el porcentaje de empleados que hacen clic en correos electrónicos simulados de phishing; tiempo de respuesta ante incidentes: que permite medir el tiempo que tarda el equipo en reaccionar y mitigar un ataque simulado. Puntuación en evaluaciones de conocimiento que refleja el nivel de conocimiento adquirido a través de cuestionarios y exámenes y, número de incidentes reportados ya que, un aumento en el número de incidentes reportados de manera proactiva puede indicar un mayor nivel de concienciación.

Estos indicadores permiten a la dirección evaluar la efectividad de los programas de formación y tomar decisiones informadas para futuras mejoras.

En cuanto a la retroalimentación no debe limitarse a los resultados de las evaluaciones; también es fundamental fomentar una cultura de retroalimentación abierta, en la que los empleados puedan compartir sus experiencias, sugerencias y dificultades sin temor a represalias. Establecer canales de comunicación, como foros internos, reuniones de equipo y encuestas de satisfacción, ayuda a crear un entorno donde la seguridad se discuta de mane-

---

36 Un KPI, o Indicador Clave de Rendimiento, es una medida cuantificable que nos permite evaluar de manera precisa el avance y éxito de una organización o proceso en relación con sus objetivos estratégicos. En otras palabras, es una herramienta que traduce en números la eficacia con la que se alcanzan las metas propuestas, facilitando la toma de decisiones y la identificación de áreas de mejora para asegurar un desempeño óptimo.

ra abierta y colaborativa. Esta práctica no solo contribuye a mejorar la formación, sino que también refuerza el compromiso de todos los miembros de la organización con la ciberseguridad.

7. CONCLUSIONES

Primera. Un activo digital es cualquier contenido en formato digital que genera valor, abarcando desde datos y archivos hasta criptomonedas, NFTs, software y otros elementos digitales.

Segunda. No todos los activos digitales son propiedad plena de la empresa; en algunos casos solo se adquiere el derecho de uso mediante contratos o licencias. Los marcos internacionales propuestos por el ELI, la UK *Law Commission* y la UNIDROIT buscan adaptar el concepto de propiedad a la naturaleza intangible y no física de estos activos.

Tercera. Se proponen medidas prácticas como la realización de inventarios detallados, análisis de riesgos, identificación de amenazas y vulnerabilidades, y la valoración del impacto de los riesgos. Se recomienda el uso de herramientas de gestión de activos y políticas de actualización continua.

Cuarta. Hay varias estrategias que incluyen evitar, reducir, transferir o aceptar riesgos para mitigar los riesgos. Son importantes los planes de contingencia, segregación de riesgos, monitoreo continuo y el uso de tecnologías avanzadas como IA, *blockchain* y, el análisis predictivo, entre otras para anticipar y mitigar amenazas.

BIBLIOGRAFÍA

- Bai, Y., & Liang, Z. (2021). *Cyber Risk Mitigation: A Comprehensive Review and Future Directions.* Computers & Security, 105, 102218. https://doi.org/10.1016/j.cose.2021.102218 Visitada 11/02/2025 9:00

-European Law Institute (ELI). (2022). Principles on the Use of Digital Assets as Security. https://www.europeanlawinstitute.eu/fileadmin/user_

upload/p eli/Publications/ELI Principles on the Use of Digital Assets as Security.pdf

-Gatti Vigo, M. M. (2022). Criptoactivos:¿ estamos frente a un nuevo activo intangible de propia producción?. In *XVIII Simposio Regional de Investigación Contable (La Plata, 17 y 18 de noviembre de 2022).* https://sedici.unlp.edu.ar/handle/10915/149898

-IFRS Foundation. (2018). *El Marco Conceptual para la Información Financiera.* Consejo de Normas Internacionales de Contabilidad (IASB). https://www.ifrs.org/ Visitada 22/12/2024 a las 12:30

-Instituto de Contabilidad y Auditoría de Cuentas (ICAC). (2007). *Plan General de Contabilidad.* Ministerio de Economía y Hacienda, España. Recuperado de https://www.icac.meh.es Visitada 22/12/2024 12:33

-Law Commission. (2023). *Digital Assets: Final Report* (pp. 1–304). https://s3-eu-west-2.amazonaws.com/lawcom-prod-storage-11jsxou24uy7q/uploads/2023/06/Final-digital-assets-report-FOR-WEBSITE-2.pdf

- Mandal, S., & Mukhopadhyay, D. (2021). Cyber risk analysis and quantification: A systematic review. *Journal of Information Security and Applications, 60,* 102792. https://doi.org/10.1016/j.jisa.2021.102792 Visitada 02/02/2025 19:00

- Menell, P. S., Lemley, M. A., Merges, R. P., & Balganesh, S. (2020). *Intellectual Property in the New Technological Age: 2020 – Perspectives, Trade Secrets and Patents.* Berkeley, CA: Clause 8 Publishing. https://law.stanford.edu/publications/intellectual-property-in-the-new-technological-age-2020-perspectives-trade-secrets-and-patents-vol-i-perspectives-trade-secrets-and-patents/ Visitada 02/02/2025 10:00

-OECD (2024), OECD Digital Economy Outlook 2024 (Volume 2): Strengthening Connectivity, Innovation and Trust, OECD Publishing, Paris, https://doi.org/10.1787/3adf705b-en.

-UNIDROIT. (2023). *Principles on Digital Assets and Private Law.* Roma: International Institute for the Unification of Private Law. Recuperado de https://www.unidroit.org/work-in-progress/digital-assets-and-private-law/

Legislación Unión Europea

UNIÓN EUROPEA. Directiva (UE) 2022/2555 del Parlamento Europeo y del Consejo, de 14 de diciembre de 2022, relativa a las medidas para un elevado nivel común de ciberseguridad en toda la Unión (Directiva NIS2). Diario Oficial de la Unión Europea, L 333, 27.12.2022.

UNIÓN EUROPEA. Reglamento (UE) 2022/2554 del Parlamento Europeo y del Consejo, de 14 de diciembre de 2022, relativo a la resiliencia operativa digital del sector financiero (Reglamento DORA). Diario Oficial de la Unión Europea, L 333, 27.12.2022.

UNIÓN EUROPEA. Reglamento (UE) 2016/679 del Parlamento Europeo y del Consejo, de 27 de abril de 2016, relativo a la protección de las personas físicas en lo que respecta al tratamiento de datos personales (Reglamento General de Protección de Datos - RGPD).

Estándares técnicos:

ISO/SAE. (2021). ISO/SAE 21434: Road Vehicles – Cybersecurity Engineering. Geneva: International Organization for Standardization.

CLOUD SECURITY ALLIANCE (CSA). (2024). EU Cloud Security Certification Scheme (EUCS) – Implementation Guide. **Seattle: CSA Research.**

Webgrafía:

-https://www.xperiencedesign.co/blog/qu%C3%A9-son-los-activos-digitales-dos-perspectivas-para-un-concepto Visitada 22/12/2024 12:00

-https://www.superfinanciera.gov.co/publicaciones/10115324/que-son-los-activos-digitales-o-criptoactivos/ Visitada 22/12/2024 12:00

-https://www.govinfo.gov/app/details/PLAW-117publ58/ Visitada 22/12/2024 12:00

-https://www.judiciary.uk/the-chancellor-of-the-high-court-sir-geoffrey-vos-launches-legal-statement-on-the-status-of-cryptoassets-and-smart-contracts/ Visitada 21/12/2024 13:30

-https://www.judiciary.uk/about-the-judiciary/who-are-the-judiciary/judges/profile-mor/? Visitada 21/12/2024 13:00

CAPÍTULO IV
La Digitalización del Derecho: Adaptándose al Futuro Legal

DR. D. JUAN EMMANUEL DELVA BENAVIDES
Profesor e Investigador, Universidad de Guadalajara (México).

Sumario: I. INTRODUCCION II. LA DIGITALIZACION DEL DERECHO III. ADAPTANDOSE AL FUTURO LEGAL I. Comercio Electrónico II. Protección de datos relacionados con el uso de TI III. Responsabilidad Legal derivada del uso de las TICs IV. Delitos Digitales V. Retos Virales y Videojuegos VI. Esports VII. Innovación y Derecho Ambiental VIII. Fintech IX. Criptomonedas y Blockchain X. Contratos Inteligentes XI. Inteligencia Artificial y Derecho XII. Regulación de las Redes Sociales, Metaverso, Aspectos Legales de la transformación digital en el sector jurídico XIII. Derechos Digitales XIV. Arbitraje y resolución de disputas en linea XV. Ciberseguridad IV. CONCLUSIONES

ABSTRACT

La era digital ha transformado radicalmente el panorama legal contemporáneo, generando desafíos sin precedentes para los profesionales del derecho. Este artículo examina la intersección entre la tecnología y el derecho, analizando cómo la digitalización está redefiniendo la práctica jurídica en diversas áreas. Desde el comercio electrónico y la protección de datos hasta los delitos digitales, los esports y la inteligencia artificial, se exploran los retos emergentes y las oportunidades que presenta esta transformación. La investigación destaca la necesidad de una adaptación continua por parte de los profesionales del derecho, quienes deben mantenerse actualizados en un entorno legal en constante evolución. Se analiza también el papel crucial de tecnologías como blockchain, criptomonedas y metaverso en la configuración del futuro legal, así como las implicaciones éticas y prácticas de estos avances. El estudio concluye que la digitalización no es meramente una tendencia, sino una necesidad imperativa que requiere un enfoque proactivo e innovador para garantizar que el derecho evolucione a la par de los cambios tecnológicos, asegurando así la protección de los derechos fundamentales en un mundo cada vez más interconectado.

I. INTRODUCCIÓN

Actualmente el 64.6% de la población mundial, que representa más de 5.18 mil millones de personas, tiene acceso a internet. Este fenómeno de conectividad global refleja una revolución digital sin precedentes, redefiniendo industrias y desencadenando cambios significativos en varios campos, incluyendo el derecho. En un mundo donde se realizan más de 9 mil millones de búsquedas por día y existen aproximadamente 1.98 mil millones de sitios web, con un crecimiento constante, la abrumadora generación y gestión de datos se convierte en un desafío significativo para el campo legal en esta Era de la información.

La profesión legal, conocida por su riguroso apego a la tradición y precedentes, enfrenta una transformación fundamental. Las estadísticas no proporcionan un porcentaje específico de bufetes de abogados que planean aumentar su inversión en tecnología, pero la tendencia hacia la digitalización es evidente en el transcurso de los años. Por ejemplo, la adopción de soluciones tecnológicas en el campo legal está creciendo, impulsada por la demanda de servicios legales en línea y el uso de tecnologías emergentes como la inteligencia artificial y el blockchain. Las plataformas digitales han ganado popularidad, con una amplia gama de usuarios buscando asesoramiento legal en línea.

Este documento, basado en datos actuales, destaca la intersección del derecho y la tecnología, subrayando cómo la digitalización está remodelando el panorama legal. La integración de tecnologías avanzadas y la adaptación a los desafíos éticos y de privacidad son aspectos clave en la evolución del derecho en la era digital.

Un caso notable en la intersección del derecho y la tecnología es el potencial uso de la inteligencia artificial generativa en la redacción de documentos legales. Recientemente, ha emergido la posibilidad de que, en 2024, un escrito legal íntegramente generado por inteligencia artificial generativa sea presentado ante la Corte Suprema de Estados Unidos sin que su origen tecnológico sea reconocido inmediatamente. Esto contrasta con un incidente ocurrido el año anterior, donde abogados fueron sancionados no meramente por emplear inteligencia artificial generativa en la redacción de documentos legales, sino específicamente por la inclusión de precedentes legales ficticios creados por la IA . Este error subraya la importancia de una revisión profesional meticulosa. Este desarrollo plantea cuestiones significativas sobre la integración de la inteligencia artificial generativa en prácticas legales, destacando desafíos éticos y procedimentales. Es crucial discutir el equilibrio entre la innovación tecnológica y la integridad profesional en el campo del derecho.

La digitalización no es solo una tendencia, sino una necesidad imperativa en el derecho contemporáneo, impulsada por la expansión del acceso a internet y la creciente complejidad de la gestión de datos en un mundo cada vez más conectado.

Nos encontramos en un punto de inflexión, donde la adaptación y la innovación no son solo ventajas competitivas, sino requisitos esenciales para la supervivencia y relevancia en el campo legal. Esta investigación ofrece una perspectiva integral sobre cómo el derecho puede y debe evolucionar en respuesta a esta era digital, asegurando que se mantenga al paso de los cambios tecnológicos y satisfaga las necesidades de una sociedad cada vez más conectada digitalmente.

II. LA DIGITALIZACION DEL DERECHO

La digitalización ha permeado todas las esferas del derecho, desde el comercio electrónico hasta la regulación de las criptomonedas. Este fenómeno implica la necesidad de una constante actualización legislativa y de una interpretación dinámica de las leyes existentes, para abordar los retos emergentes.

La era digital está cambiando radicalmente la forma en que entendemos y enseñamos el derecho en todo el mundo. Esto trae consigo emocionantes avances, pero también grandes desafíos.

Con el avance de tecnologías como blockchain, metaverso, inteligencia artificial y legaltech, estamos viendo transformaciones profundas en cómo se ejerce el derecho y en la estructura misma del sector jurídico . Esto significa que los abogados y otros profesionales del derecho deben estar constantemente actualizándose y adaptándose, no solo en cómo manejan sus negocios, sino también en cómo operan y se educan en este campo.

En el contexto de la transformación digital dentro de los departamentos legales, es fundamental reconocer que este proceso va más allá de la mera adopción de herramientas tecnológicas. El concepto de transformación digital debe entenderse como un cambio integral en la forma en que se prestan los servicios legales y cómo se lleva a cabo el trabajo . No se trata solo de digitalizar los procesos existentes; se trata de imaginar y reinventar los flujos de trabajo para mejorar la eficiencia y la efectividad en las operaciones legales.

Existen tendencias clave en tecnología legal que están redefiniendo el sector jurídico. Entre estas tendencias se encuentra la transformación digital, que implica la adopción de tecnologías como la nube y la automatización para mejorar la eficiencia y accesibilidad. La inteligencia artificial se destaca como una herramienta valiosa para la gestión de datos y la optimización de tareas cotidianas. Asimismo, la ciberseguridad es crucial debido al aumento de la información sensible en línea. La automatización de flujos de trabajo ayuda a los bufetes a ser más productivos, mientras que un enfoque centrado en el cliente se hace esencial para satisfacer las demandas de servicios legales remotos y personalizados. Las interfaces digitales facilitan la interacción con los tribunales y otras agencias gubernamentales, y la disponibilidad de abogados para responder rápidamente a las inquietudes de los clientes se vuelve cada vez más importante. Estas tendencias subrayan la necesidad de que los bufetes de abogados adopten tecnologías legales para mantenerse competitivos y eficientes .

Las tecnologías digitales pueden afectar todos los tipos de derechos humanos y tienen un impacto significativo en cómo las personas acceden y comparten información, así como en su participación en la sociedad. Sin embargo, también se usan para suprimir y limitar derechos, como en casos de vigilancia y censura. La necesidad de proteger los derechos humanos en el espacio digital es cada vez más evidente, requiriendo mayor supervisión, transparencia y rendición de cuentas .

El informe de Clio sobre la transformación digital en despachos de abogados, revela una importante realidad en la industria legal. A pesar de que los principales despachos de abogados del mundo han mejorado en madurez digital, aún no cumplen con las expectativas de los clientes ni con el creciente entorno digital. Un hallazgo clave del informe es que, aunque el 80% de las personas prefieren organizaciones con experiencias de contenido personalizadas, solo el 3% de los despachos de abogados muestra señales de personalización en sus sitios web . Esto subraya una desconexión entre cómo los clientes potenciales evalúan y acceden a los servicios de los bufetes de abogados en línea y las estrategias actuales de atracción de clientes por parte de estos bufetes.

La digitalización en el derecho es una mezcla de oportunidades y desafíos. Desde la promoción de derechos digitales en Europa y América Latina hasta la adaptación de prácticas legales alrededor del mundo, está claro que la tecnología está remodelando de manera fundamental el campo jurídico. Los profesionales del derecho deben mantenerse al día y adaptarse constantemente para garantizar que los avances tecnológicos se utilicen de manera que protejan y fomenten los derechos humanos y la justicia.

III. ADAPTÁNDOSE AL FUTURO LEGAL

I. Comercio Electrónico

El entorno legal contemporáneo enfrenta una dinámica compleja, marcada por la disparidad en los ritmos de avance entre el derecho y la tecnología. Este desfase crea un panorama legal en constante transformación, que presenta retos significativos para abogados, empresas y gobiernos. Aspectos como el floreciente comercio electrónico, la migración de empleos profesionales a entornos digitales, la regulación de negocios emergentes en redes sociales, la administración de licencias en plataformas virtuales y la resolución de conflictos en línea son ejemplos palpables de cómo esta evolución está reconfigurando el ámbito legal.

En la era actual, el comercio electrónico emerge como un fenómeno transformador, redefiniendo las modalidades de las transacciones comerciales y desdibujando las fronteras geográficas tradicionales. Esta revolución digital impone desafíos legales significativos y requiere una comprensión exhaustiva de sus implicaciones. Fundamentalmente, los contratos electrónicos, que constituyen la base de las transacciones en línea, deben ser meticulosamente redactados, garantizando claridad y precisión en aspectos clave como la descripción de productos, términos de pago y resolución de disputas. Además, el surgimiento de innovaciones como los contratos inteligentes presentan desafíos legales aún no resueltos en diversas jurisdicciones .

La protección de datos personales y la privacidad ocupan un lugar central en el comercio electrónico, obligando a las empresas a detallar en sus contratos cómo se gestionarán los datos de los clientes, alineándose con legislaciones como el Reglamento General de Protección de Datos en la Unión Europea.

En el ámbito de las redes sociales, han surgido modelos de negocio innovadores como las "Dark Kitchens" o cocinas fantasmas, que operan a menudo fuera del alcance de la regulación tradicional. Esto conlleva desafíos en la fiscalización, dado que las leyes existentes pueden resultar inadecuadas para la naturaleza digital de estos negocios .

La gestión de licencias en un entorno virtual supone un reto para los gobiernos, que luchan por adaptar sus procesos burocráticos a la realidad digital. La transición hacia sistemas digitales eficientes es esencial para evitar retrasos y asegurar la protección de consumidores y profesionales.

Por ejemplo, en México La Ley Federal de Protección al Consumidor (LFPC) se aplica al comercio electrónico, incluyendo derechos como la información clara y precisa, el derecho a retractarse de contratos a distancia y la prohibición de prácticas engañosas en publicidad en línea. Además, las regulaciones de comercio electrónico en México exigen a los sitios web proporcionar información detallada sobre la identidad del vendedor, descripciones de productos o servicios, precios, métodos de pago, términos de entrega y políticas de devolución. Los consumidores también tienen derecho a un período de reflexión para devolver productos comprados en línea .

El comercio electrónico es un campo dinámico y en constante evolución, lo que requiere una vigilancia continua de los marcos legales y una actualización periódica de los contratos y prácticas empresariales para asegurar el cumplimiento y proteger tanto a la empresa como a los consumidores. La claridad en los contratos, la protección de datos y la adhesión a las leyes específicas son fundamentales para fomentar la confianza y el éxito en el ámbito del comercio electrónico. Las empresas deben estar preparadas para adaptarse a los cambios legales y tecnológicos para mantenerse competitivas y responsables en el mercado digital.

Los abogados deben adaptarse a este entorno, especializándose en aspectos legales y tecnológicos. Es crucial establecer y revisar políticas, así como, términos de uso claros para salvaguardar los intereses de las partes. La educación continua y la adaptación a las nuevas formas de comercio y comunicación digital son imprescindibles.

II. Protección de Datos y Uso de Tecnologías de la Información

En la era digital actual, la protección de datos ha emergido como un campo crítico, especialmente en el contexto del uso de Tecnologías de la Información (TI).

La protección de datos se presenta como un desafío multifacético y esencial, particularmente en la adaptación a un panorama legal en constante evolución. Es necesario abordar la necesidad de diferenciar entre varios actores en el ciberespacio: los hackers, que se dividen en éticos ('white hat'), quienes buscan reforzar la seguridad digital, y los de intenciones maliciosas ('black hat'), cuyas acciones incluyen la infiltración no autorizada en sistemas protegidos; los ciberdelincuentes, que emplean la tecnología para cometer crímenes como el robo de datos sensibles ; y los ciberactivistas o 'hacktivistas', que usan sus habilidades en hacking como medio de protesta política .

De igual manera es importante enfatizar en la importancia de los dispositivos del Internet de las Cosas (IoT), destacando su rol crítico en la recopilación, procesamiento y transmisión de datos, y las implicaciones que esto tiene para la seguridad y privacidad. Explorar conceptos fundamentales como la integridad, confidencialidad y disponibilidad de la información, vitales para la protección de datos . Además de examinar el papel del ciberseguro de datos como un elemento de protección financiera contra los riesgos asociados a la violación de datos y los ataques cibernéticos .

La propiedad de los datos es un tema complejo y en debate. El consentimiento informado es crucial en la gestión de datos personales, asegurando que los usuarios comprendan cómo se utilizarán sus datos.

Los abogados juegan un papel vital en la protección de datos, identificando información crítica propia y de los clientes, protegiéndose contra ransomware y adoptando buenas prácticas de seguridad. La auditoría y el cumplimiento de estándares de seguridad son esenciales. Además, deben estar actualizados con las regulaciones locales e internacionales sobre protección de datos .

Para los abogados, implica una transformación hacia la gestión proactiva de riesgos y la adopción de mejores prácticas, al tiempo que se mantiene al día con las regulaciones cambiantes. Este enfoque integral asegura no solo la protección legal y la seguridad de los datos, sino también la preservación de la confianza y la integridad en el ámbito digital.

III. RESPONSABILIDAD LEGAL EN TECNOLOGÍAS DE LA INFORMACIÓN Y LA COMUNICACIÓN

En la actual era digital, el progresivo auge de las Tecnologías de la Información y la Comunicación (TICs) ha desencadenado una serie de retos jurídicos significativos, particularmente en lo que respecta a la responsabilidad legal derivada de su mal uso. La responsabilidad legal es asociada a diversas manifestaciones de abuso digital, tales como el ciberacoso, el sexting, la sextorsión, el sexcasting, el grooming, el acecho digital (stalking) y el doxing. Se resalta la urgencia de estandarizar procesos y definir con precisión los delitos en este contexto, diferenciando claramente el ciberacoso de otros ciberdelitos, y subrayando la importancia de salvaguardar los derechos fundamentales.

La sextorsión, facilitada por el uso de RATs (Remote Access Trojans), ilustra la vulnerabilidad de los usuarios ante la explotación sexual en línea . En el caso del ciberacoso y el doxing, que implica la revelación no consentida de información personal, se presenta un desafío legal singular. El doxing, que implica la divulgación de información personal sin consentimiento, a menudo se utiliza como una táctica de acoso. Este acto puede ser un delito menor en algunos estados, pero puede escalar a un delito mayor si resulta en lesiones corporales .

En países como Estados Unidos el cyberbullying se aborda generalmente bajo estatutos legales tradicionales, como el acoso, en ausencia de leyes específicas. Es crucial que las autoridades aborden estas situaciones con seriedad, especialmente cuando están motivadas por prejuicios de raza, género u orientación sexual. El sexting, particularmente entre menores, puede caer bajo leyes de pornografía infantil. Las leyes varían, con sanciones que van desde programas educativos hasta cargos criminales en casos graves.

Por otro lado, el cyberstalking y el acoso en línea son frecuentemente perpetrados por individuos conocidos por la víctima, a menudo ex parejas íntimas. Aunque no siempre se define como un delito específico, generalmente se clasifica como un crimen bajo las leyes de acoso o stalking .

La ausencia de definiciones unificadas y comprensiones estandarizadas restringe la capacidad del sistema judicial para responder efectivamente a estos abusos. Es imperativo fomentar una mayor conciencia y educación sobre el consentimiento y las repercusiones de compartir información en línea.

De igual manera en otra materia del derecho como es la laboral, debe subrayarse la necesidad de proteger los derechos fundamentales en el contexto digital, buscando un equilibrio entre la seguridad en línea, la libertad de expresión y la privacidad. Los debates emergentes sobre la privacidad y los derechos de los trabajadores en el contexto del aumento del teletrabajo exigen la creación de políticas claras que resguarden tanto la seguridad de la información como los derechos de los empleados.

Los abogados juegan un rol esencial en la implementación de políticas preventivas y en la educación sobre estos temas, promoviendo una cultura de respeto y seguridad en línea.

La estandarización de procesos y la clara definición de los delitos son esenciales para proteger efectivamente los derechos y asegurar la responsabilidad legal. La educación, la concienciación y la colaboración entre diversas entidades son claves para progresar hacia un entorno digital más seguro y justo.

IV. DELITOS DIGITALES

En la actualidad, la era digital ha traído consigo un incremento y diversificación de los delitos cibernéticos, que plantea desafíos singulares para el sistema legal y la sociedad en general.

La efectividad en la investigación y procesamiento de estos delitos depende de un enfoque especializado, ilustrado por iniciativas como la formación de equipos dedicados a ciberdelitos y la implementación de avanzadas técnicas forenses digitales. Un ejemplo destacado es la Red de Coordinadores de Activos Digitales establecida por el Departamento de Justicia de EE.UU . La colaboración internacional juega un rol crucial, especialmente porque muchos delitos digitales sobrepasan fronteras nacionales .

En términos de prevención, la educación y sensibilización del público son fundamentales. Se enfatiza la importancia de adoptar prácticas de seguridad cibernética eficientes, como la actualización regular de software y la gestión de contraseñas robustas. Instituciones como el FBI han lanzado programas para educar al público sobre los riesgos asociados y las estrategias de protección .

Un aspecto crítico en esta lucha es la protección de menores en el entorno digital, lo que incluye la promulgación de leyes específicas y campañas de concienciación dirigidas tanto a padres como a jóvenes. Esta protección busca prevenir la explotación y el abuso en línea de los menores.

En el ámbito internacional, la lucha contra el cibercrimen exige un esfuerzo coordinado y global, que implica compartir inteligencia sobre amenazas y cooperar en investigaciones transnacionales. Un ejemplo significativo de esta cooperación es la operación conjunta entre Estados Unidos y los Países Bajos contra los mercados ilícitos en línea AlphaBay y Hansa.

La estrategia adoptada incluyó operaciones encubiertas significativas. Un ejemplo notable fue el cierre de AlphaBay por parte de las autoridades estadounidenses, que provocó que sus usuarios se trasladaran a Hansa, sin saber que este último mercado estaba siendo controlado por la policía holandesa en ese momento. Esta táctica resultó en la recolección de información importante sobre los usuarios y sus actividades delictivas, facilitando el desmantelamiento de ambos mercados y la detención de varios implicados. El impacto de esta operación fue doble: no solo logró desarticular dos de los mercados ilegales más grandes de la dark web, sino que también demostró la efectividad y el poder de la colaboración internacional en la lucha contra el cibercrimen. Este caso ilustra claramente cómo la cooperación entre países puede ser una herramienta poderosa para combatir el crimen en el complejo entorno digital .

Sin embargo, a pesar de estos esfuerzos, persiste una carencia en la regulación uniforme y global para los delitos digitales. La rápida evolución tecnológica y la naturaleza internacional del cibercrimen representan retos únicos para establecer un marco legal efectivo. Por tanto, abogados y profesionales del derecho deben mantenerse actualizados en cuanto a las plataformas y medios digitales utilizados para perpetrar estos delitos, y colaborar estrechamente con expertos en ciberseguridad para abordar estas problemáticas desde una perspectiva multidisciplinaria.

El futuro legal en la era digital exige una adaptación y respuesta proactiva y constante a los desafíos emergentes que presentan los delitos digitales.

V. RETOS VIRALES Y VIDEOJUEGOS

El mundo digital contemporáneo, marcado por la proliferación de retos virales y la popularidad de los videojuegos, plantea desafíos legales y psiquiátricos significativos.

La proliferación de retos virales en plataformas como TikTok ha creado un escenario legalmente complejo y predominantemente ambiguo . Estos desafíos, a pesar de su apariencia inofensiva, frecuentemente bordean o cruzan el umbral hacia actividades ilegales o de alto riesgo. Un caso ilustrativo es el del estado de Utah en Estados Unidos, donde se han implementado legislaciones específicas dirigidas a regular el uso de redes sociales por menores, con el objetivo de salvaguardar su acceso y privacidad . No obstante, existe una notable carencia de leyes que confronten de manera directa los retos virales, resultando en una palpable laguna legal respecto a la responsabilidad y protección en estos contextos.

Paralelamente, la Organización Mundial de la Salud ha reconocido oficialmente la adicción a los videojuegos como un trastorno mental en su Clasificación Internacional de Enfermedades (CIE-11) . Este trastorno se manifiesta a través de un control deficiente sobre los hábitos de juego, priorizando esta actividad sobre otras esferas vitales, y conduciendo a consecuencias negativas en la vida de los individuos . Dicha inclusión representa la culminación de años de investigación y un consenso emergente sobre los efectos perjudiciales de ciertos patrones de juego.

En este contexto, se vuelve imprescindible que los profesionales del derecho estén equipados para brindar asesoramiento legal ante las complejidades derivadas del uso de redes sociales y videojuegos. Esto abarca la orientación sobre la protección de datos personales y la responsabilidad legal asociada con la participación en retos virales, así como el uso compulsivo de videojuegos. Además, la representación legal se torna crucial para aquellos individuos que enfrentan acusaciones criminales relacionadas con actividades en estas plataformas.

Por tanto, la adaptación a los retos legales emergentes en el ámbito de los retos virales y los videojuegos demanda una regulación más contundente y una mayor conciencia sobre sus repercusiones psiquiátricas y jurídicas. La clasificación de la adicción a los videojuegos como trastorno mental por parte de la OMS constituye un avance significativo en el reconocimiento de los efectos de la tecnología en la salud mental. En esta dinámica, los abogados desempeñan un rol esencial en la navegación por este nuevo panorama legal, ofreciendo asesoramiento y protección en un mundo cada vez más influenciado por lo digital. La colaboración interdisciplinaria entre expertos en salud mental, legisladores y juristas es vital para enfrentar estos desafíos de manera efectiva.

VI. ESPORTS

Los esports, un fenómeno global en constante crecimiento, enfrentan desafíos legales únicos, especialmente en lo que respecta a las apuestas ilegales, amaños de partidas, protección de menores, arbitraje y derechos laborales.

El crecimiento explosivo de los esports ha traído consigo un aumento en las apuestas ilegales y los amaños de partidas. La legalización del juego en algunos países, como muestra la introducción de la legislación canadiense Bill C-13 y Bill C-218, ofrece alternativas seguras a las apuestas ilegales, pero también elimina salvaguardas contra el amaño de partidas, lo que requiere una autorregulación más estricta en la industria de los esports . Casos notorios como el del jugador surcoreano de StarCraft II, Lee Seung-Hyun, conocido como "Life", quien fue arrestado y condenado por amaño de partidas, ilustran la gravedad de este problema.

Life, es un jugador profesional surcoreano de StarCraft II, extremadamente talentoso y conocido en la escena de los esports. Sin embargo, se vio envuelto en una controversia importante al ser acusado de perder intencionalmente dos partidas a cambio de dinero proveniente de apuestas ilegales. La gravedad de sus acciones se reflejó en las consecuencias legales que enfrentó. El gobierno de Corea del Sur lo arrestó, procesó y finalmente condenó por amaño de partidas. A pesar de su juventud, aproximadamente 20 años en ese momento, fue sentenciado a 18 meses de prisión (con una suspensión de tres años), una multa considerable, y recibió una prohibición de por vida para participar en esports en Corea del Sur .

Este caso es significativo por varias razones. En primer lugar, ilustra el nivel de influencia que las apuestas ilegales pueden tener en los esports, un sector que ha experimentado un crecimiento exponencial en términos de popularidad y participación financiera. Además, el caso de Life pone de relieve los desafíos que enfrenta la industria de los esports para regular y prevenir el amaño de partidas, especialmente en un contexto global donde las leyes y regulaciones pueden variar significativamente de un país a otro.

Finalmente, este caso subraya la necesidad de una mayor regulación y medidas de control en el ámbito de los esports para proteger la integridad de las competiciones y prevenir la corrupción asociada con las apuestas ilegales.

La protección de menores se ha convertido en un aspecto crítico dentro de los esports, dada la gran atracción que ejercen estos juegos en la población joven. Es imperativo que la industria implemente medidas estrictas para prevenir la exposición de los jóvenes a contenidos inapropiados y garantizar que las plataformas de juego sean seguras y responsables.

El arbitraje en los esports enfrenta desafíos particulares, derivados de la naturaleza internacional de esta industria y la ausencia de una entidad gobernante central .

A medida que los jugadores de esports son cada vez más reconocidos como profesionales, surge la necesidad de asegurar que sus derechos laborales sean respetados, incluyendo condiciones de trabajo seguras, remuneración justa y protección de la privacidad y derechos de imagen.

Las lesiones asociadas a los esports son predominantemente físicas y psicológicas, como la tensión ocular o el agotamiento mental. Por lo tanto, es esencial que la industria adopte prácticas laborales saludables para minimizar estos riesgos .

Los esports se encuentran en un punto crucial en términos de regulación legal y ética. A medida que esta industria continúa su desarrollo, es vital la implementación de medidas legales y éticas para asegurar su integridad y la protección de todos los participantes. La colaboración entre reguladores, organizaciones de esports y los jugadores será fundamental para enfrentar con éxito los desafíos legales que plantea el futuro de los esports.

VII. INNOVACIÓN Y DERECHO AMBIENTAL

Enfrentamos una crisis ambiental global sin precedentes, donde la degradación del medio ambiente representa una amenaza crítica para la supervivencia humana. Este escenario crítico se refleja en el ámbito legal, especialmente evidente en los desafíos que enfrenta la Corte Suprema de los Estados Unidos en 2024. En este año, la Corte tiene ante sí decisiones fundamentales que podrían redefinir los principios de la legislación ambiental. Estos casos ponen de manifiesto la tensión entre los derechos de propiedad privada y la necesidad de políticas gubernamentales efectivas respecto el uso del suelo, con el objetivo de proteger el medio ambiente. Esta situación resalta la urgente necesidad de innovar en el derecho ambiental para responder eficazmente a la crisis ambiental actual.

Paralelamente, la tecnología asume un rol vital en la salvaguarda del medio ambiente. Las innovaciones en el sector legal, especialmente la creciente implementación de la inteligencia artificial generativa en los servicios legales, están marcando una transformación en la interacción entre profesionales del derecho y sus clientes, impactando de manera significativa en los casos ambientales.

Es crucial promover un conocimiento profundo y una aplicación efectiva de las regulaciones ambientales. El informe de la Asociación Internacional de Abogados (IBA) sobre la adaptación al cambio climático resalta la urgencia de fortalecer los marcos de gobernanza y legales vigentes, enfocándose en sectores críticos como la seguridad alimentaria y la transferencia de tecnología .

Las empresas deben incorporar estrategias de cumplimiento normativo en sus operaciones para alinearse con las leyes ambientales vigentes. Esta integración implica la adopción de tecnologías avanzadas de inteligencia artificial y la implementación de protocolos de IA éticamente responsables, garantizando que los avances tecnológicos estén en consonancia con las normativas de la industria legal.

La adaptación al cambio climático requiere un enfoque que combine aspectos económicos y legales, donde la ley adquiere un rol fundamental en el diseño y formulación de estrategias de adaptación.

Los abogados, por su parte, necesitan poseer conocimientos especializados en legislación ambiental y mantenerse constantemente actualizados para asegurar que la regulación fomente tanto la innovación sostenible como una protección ambiental efectiva. Las tecnologías emergentes, como la inteligencia artificial, son clave en este proceso de actualización, contribuyendo significativamente a la eficiencia en la práctica legal.

La adaptación a los futuros desafíos legales y la innovación en el ámbito del derecho ambiental son fundamentales para enfrentar eficazmente la degradación ambiental. La innovación tecnológica, especialmente en el sector legal, juega un papel crucial en este esfuerzo.

La implementación de prácticas de cumplimiento en las empresas y la actualización constante de los conocimientos legales son esenciales para garantizar una regulación que promueva la innovación sostenible y una protección ambiental efectiva. Es imperativo que estos esfuerzos se realicen con un enfoque que priorice el beneficio medioambiental sobre los intereses económicos.

VIII. FINTECH

La esfera financiera está experimentando una revolución inducida por los avances tecnológicos, lo que a su vez requiere una adaptación legal en el ámbito Fintech. Todo esto se centra en la normativa y legislación vigente que afecta a servicios financieros digitales tales como pagos electrónicos, préstamos entre particulares (P2P), financiamiento colectivo (crowdfunding), criptomonedas y préstamos digitales.

En el contexto de Estados Unidos como ejemplo, el marco normativo que rige a las entidades de Fintech es complejo y abarca múltiples entes reguladores, tanto a nivel estatal como federal. Se resalta la crucialidad de adherir la garantía de depósitos y la regulación de activos digitales a normativas enfocadas en la protección del consumidor. La Securities and Exchange Commission (SEC) desempeña un papel vital en la supervisión de los activos digitales y las criptomonedas, para determinar la naturaleza de un activo digital como valor .

El ámbito Fintech no solo se enfrenta a retos normativos, sino que también halla oportunidades de crecimiento gracias a la innovación tecnológica. Hay un interés en aumento hacia los pagos sin obstáculos, especialmente en transacciones internacionales, fomentando la evolución continua de las cadenas de pago y la creciente atención regulatoria sobre las grandes tecnológicas en el sector de pagos. Asimismo, la gestión de riesgos vinculados a la inteligencia artificial y las amenazas cibernéticas se está convirtiendo en una prioridad para las instituciones financieras .

Los abogados especializados en Fintech deben estar actualizados en una amplia gama de temas, desde la estructuración de contratos y transacciones en plataformas digitales, hasta la protección de información financiera y la resolución de conflictos. Dado el rápido cambio del entorno legal, es imperativo que estos profesionales estén actualizados respecto a las tendencias y regulaciones más recientes para brindar asesorías eficaces y oportunas.

El panorama legal Fintech está en constante evolución, impulsado por la innovación tecnológica y los cambios en las prácticas de mercado. Los profesionales del derecho deben adaptarse a estas dinámicas, garantizando que las empresas Fintech operen dentro de los marcos regulatorios al tiempo que exploran nuevas vías de crecimiento. La colaboración entre reguladores, innovadores y asesores legales será esencial para promover un ecosistema Fintech que sea seguro, eficiente y de confianza.

IX. CRIPTOMONEDAS Y BLOCKCHAIN

En la dinámica esfera de las finanzas digitales, las criptomonedas y la tecnología blockchain emergen como catalizadores de cambio disruptivo. Estas tecnologías están revolucionando las transacciones financieras y, a su vez, instigando una redefinición de los marcos legales y regulatorios a nivel internacional.

En el núcleo de las criptomonedas se encuentra la tecnología blockchain, que propicia transacciones seguras y descentralizadas. Lansiti y Lakhani (2017) subrayan el carácter incipiente de la blockchain, enfatizando que su aplicación práctica aún se encuentra en una etapa formativa. Entre sus aplicaciones más destacadas figuran los contratos inteligentes, que facilitan transacciones automatizadas y juegan un papel crucial en el desarrollo de aplicaciones blockchain. Asimismo, esta tecnología ha demostrado su versatilidad en una amplia gama de sectores, desde los servicios financieros y la gestión organizacional hasta el ámbito de la salud.

En 2023, más de 20 países han implementado marcos regulatorios exhaustivos para las criptomonedas . A nivel mundial, 119 países han legalizado las criptomonedas, mientras que en 22 países son ilegales y 25 tienen una postura neutral . El Salvador es notable por ser el único país que ha adoptado la criptomoneda como moneda de curso legal. Sin embargo, la regulación de las criptomonedas y la blockchain sigue siendo un terreno en constante cambio, con diferentes enfoques y niveles de adopción entre los países.

Un estudio relevante muestra cómo la tecnología blockchain se utiliza eficazmente para garantizar la integridad y trazabilidad de las evidencias digitales en contextos forenses. Este enfoque se basa en un sistema de Forensic Readiness, donde la blockchain actúa como una herramienta preventiva, asegurando que los datos digitales se mantengan inalterables y rastreables desde su origen. Esto mejora significativamente la confiabilidad y seguridad en el manejo de evidencias digitales, crucial para procedimientos legales y judiciales

Los desafíos legales vinculados a las criptomonedas y la blockchain son múltiples y complejos. Un aspecto crítico es la legalidad de las Organizaciones Autónomas Descentralizadas (DAOs), las cuales operan mayormente en un limbo regulatorio, excepto en ciertos estados de EE. UU. La ausencia de un marco legal definido para las DAOs suscita interrogantes sobre la responsabilidad de sus integrantes y la necesidad de estructuras legales que respalden su funcionamiento y reconocimiento jurídico . Adicionalmente, la protección al consumidor, la prevención del lavado de dinero, el financiamiento del terrorismo, las implicaciones fiscales y la resolución de conflictos representan aspectos críticos en el manejo de criptomonedas y blockchain.

La adaptación al entorno legal futuro de las criptomonedas y la blockchain demanda una comprensión profunda y actualizada de estas tecnologías. Con un panorama legal y regulatorio en constante transformación, es imperativo para los profesionales del derecho mantenerse al tanto y adaptarse a los cambios. Las criptomonedas y la blockchain están trazando nuevos horizontes en el ámbito legal, abriendo caminos hacia la innovación y el desarrollo. Sin embargo, estos avances conllevan desafíos significativos que requieren un análisis meticuloso y una regulación cuidadosa para optimizar su potencial y minimizar los riesgos inherentes.

X. CONTRATOS INTELIGENTES

En el actual contexto de avance tecnológico, la tecnología Blockchain y los contratos inteligentes emergen como catalizadores de una transformación profunda en la industria legal. Esta evolución impone a los profesionales del derecho la necesidad de adquirir un entendimiento exhaustivo de dichas tecnologías para navegar eficazmente en este renovado escenario jurídico.

Los contratos inteligentes, que operan sobre la plataforma de Blockchain, son esencialmente códigos que materializan acuerdos entre las partes, caracterizándose por su transparencia y resistencia a la manipulación una vez registrados. No obstante, esta innovación no está exenta de desafíos, destacándose la posibilidad de errores en la programación que suscitan interrogantes sobre la responsabilidad legal y el impacto empresarial. Además, la legalidad inherente a los contratos inteligentes aún se encuentra en un terreno de debate. Se discute intensamente si acuerdos codificados integralmente pueden tener fuerza legal vinculante en diversas jurisdicciones, o si será imprescindible modificar las legislaciones nacionales e internacionales para acomodar esta nueva realidad tecnológica.

En este panorama, los contratos inteligentes no solo representan un cambio significativo en la práctica legal, sino que también exigen que los abogados trasciendan el conocimiento de plantillas y cláusulas estándar, adentrándose en una comprensión profunda de la tecnología Blockchain. La fusión del saber técnico con el jurídico se vuelve fundamental para enfrentar los desafíos y capitalizar las amplias posibilidades que estos contratos ofrecen.

XI. INTELIGENCIA ARTIFICIAL Y DERECHO

El avance de la Inteligencia Artificial (IA) genera importantes desafíos y oportunidades en el ámbito legal. La IA explora aspectos críticos relacionados con la ética, la responsabilidad legal, la discriminación algorítmica, la protección de datos, la privacidad y la propiedad intelectual en el contexto de la IA. Resulta imperativo para los profesionales del derecho no solo comprender la tecnología que fundamenta la IA, sino también sus implicaciones éticas y legales para una práctica jurídica efectiva y actualizada.

Abordar la ética en la IA significa asegurar que su aplicación sea equitativa, transparente y beneficie al conjunto de la sociedad. En términos de responsabilidad legal, emerge la interrogante sobre quién debe asumir la culpa cuando un sistema de IA es causante de perjuicios, presentando un escenario complejo debido a la autonomía de estas tecnologías. Esta autonomía desencadena dilemas éticos y legales significativos, en especial en lo que respecta a la autonomía, el consentimiento y la privacidad de los usuarios.

Los modelos generativos de IA, como ChatGPT y las herramientas de generación de imágenes, plantean interrogantes legales específicos sobre la utilización de datos y la regulación del contenido generado. Casos judiciales recientes, como los de GitHub Copilot y diversos generadores de imágenes, han puesto el foco en el uso indebido de datos y posibles infracciones de derechos de autor . La Oficina de Derechos de Autor de Estados Unidos ha establecido que las obras asistidas por IA pueden estar sujetas a derechos de autor, pero no aquellas creadas íntegramente por sistemas de IA .

El desafío de determinar la responsabilidad en incidentes causados por IA es notablemente complejo. Se debate si los desarrolladores, los usuarios o incluso la IA misma deberían ser considerados responsables. Las legislaciones vigentes no están completamente preparadas para abordar estas circunstancias, lo que exige una necesaria revisión y adaptación de las normativas legales.

La discriminación algorítmica se manifiesta cuando los sistemas de IA reproducen sesgos preexistentes, conduciendo a decisiones potencialmente injustas o discriminatorias. Asegurar la equidad en los sistemas de IA requiere de una programación meticulosa y una supervisión rigurosa para identificar y mitigar sesgos.

En términos de protección de datos y privacidad, los sistemas generativos de IA, que procesan voluminosos conjuntos de datos, incluyendo información personal, deben adherirse a regulaciones como el GDPR en Europa y leyes locales como la CCPA en California .

Respecto a la propiedad intelectual, la IA presenta desafíos en cuanto a derechos de autor, patentes y marcas. La atribución de autoría en obras generadas por IA es una cuestión legalmente compleja, en especial al determinar si una obra es original o derivada.

A nivel mundial, la implementación de la Inteligencia Artificial (IA) ha marcado una transformación significativa en el manejo y análisis de extensos volúmenes de datos legales. Esta evolución tecnológica proporciona a los abogados herramientas avanzadas para la identificación eficaz de precedentes jurídicos relevantes, contribuyendo a la agilización de los procesos judiciales. Además, la IA se ha convertido en un aliado estratégico para los jueces, asistiéndoles en la elaboración de predicciones más precisas en aspectos como la duración de las sentencias y la probabilidad de reincidencia. En este contexto, la UNESCO desempeña un papel crucial al ofrecer capacitación en línea dirigida a operadores judiciales. Este programa se enfoca en profundizar la comprensión del impacto de la IA en los derechos humanos y en fomentar un intercambio enriquecedor de conocimientos y experiencias entre los profesionales del derecho, potenciando así un uso ético y eficiente de la IA en el sistema judicial.

La IA está redefiniendo el panorama legal, y es esencial que los abogados adquieran un entendimiento profundo de la tecnología subyacente y sus principios operativos. Esto les permitirá evaluar de manera acertada los riesgos y formular soluciones adaptadas para sus clientes. Con la evolución constante de la tecnología de IA, la ley debe evolucionar paralelamente, enfrentando nuevos desafíos y aprovechando oportunidades emergentes. Para esto, la colaboración entre tecnólogos, juristas y legisladores es fundamental en el desarrollo de un marco legal que apoye un desarrollo ético y responsable de la IA.

XII. REGULACIÓN DE REDES SOCIALES Y METAVERSO

Los metaversos y la evolución constante de las redes sociales han generado nuevos desafíos legales y éticos que requieren una consideración detenida. Estas tecnologías presentan un panorama complejo donde la moderación de contenidos, la libertad de expresión, y la responsabilidad de las plataformas digitales se entrelazan de maneras sin precedentes.

En el contexto actual, las redes sociales y el metaverso representan un paradigma emergente en la interacción humana, que trasciende las barreras del espacio físico. Estas plataformas, especialmente el metaverso, ofrecen una dimensión de interacción más personal e íntima, permitiendo el monitoreo de reacciones emocionales y expresiones físicas. Tal capacidad de vigilancia intensiva plantea serias preocupaciones sobre la privacidad y el comportamiento del usuario, especialmente cuando se utiliza para fines comerciales y publicitarios, llevando la personalización al extremo .

En este escenario, la moderación de contenido en tiempo real y la protección de datos emergen como aspectos críticos en el marco regulador. La Unión Europea, con el GDPR y el Digital Services Act, y el Reino Unido, a través del Online Safety Bill, han establecido regulaciones que buscan proteger a los usuarios de contenidos dañinos y asegurar la transparencia en el uso de datos personales. Estas medidas ponen al individuo en el centro de la regulación digital, marcando un precedente para la gobernanza global del metaverso .

Además, la inserción de productos virtuales y las experiencias publicitarias inmersivas dentro del metaverso plantean desafíos a las normativas publicitarias existentes, requiriendo un enfoque renovado que asegure la transparencia y prevenga la manipulación subliminal de los consumidores.

Para abordar estas cuestiones de manera efectiva, es crucial una colaboración entre entidades gubernamentales y el sector privado, con el fin de desarrollar un marco regulador que equilibre la innovación con la protección de la privacidad y la seguridad de los usuarios. En este contexto, la ética en el manejo de datos adquiere una gran relevancia, especialmente en el análisis de riesgos y en la formulación de estrategias para contrarrestar comportamientos perjudiciales y proteger a los menores.

Los desafíos legales en torno a la propiedad intelectual y la gestión post mortem de los datos de usuario en entornos digitales requieren una reflexión profunda sobre derechos de autor y herencia digital.

La regulación de las redes sociales y el metaverso es una temática compleja y multifacética que involucra privacidad, libertad de expresión y ética de datos. Las plataformas deben adoptar un enfoque proactivo en la implementación de medidas de protección y prácticas que promuevan resultados beneficiosos para los usuarios y la sociedad. En la transición hacia un futuro digitalmente integrado, es crucial que los marcos legales se adapten para salvaguardar los derechos individuales y promover un entorno digital seguro y abierto.

XIII. DERECHOS DIGITALES

En un mundo cada vez más influenciado por la tecnología, la adaptación al futuro legal de los derechos digitales se convierte en un tema crucial. Los avances tecnológicos, como la inteligencia artificial, los sistemas biométricos, la geolocalización y la videovigilancia, han generado desafíos significativos en términos de derechos humanos y tecnoética.

En la actualidad, las tecnologías digitales están redefiniendo el modo en que las personas acceden y distribuyen información, impactando significativamente el ejercicio de derechos fundamentales, tales como la privacidad y otros derechos humanos. Desde la perspectiva de la Oficina del Alto Comisionado de las Naciones Unidas para los Derechos Humanos, se destaca la imperiosa necesidad de implementar un mayor control y transparencia en el ámbito digital para garantizar que los derechos humanos sean efectivamente respetados, tanto en el entorno en línea como en el offline .

En este contexto, se observa cómo la tecnología puede ser utilizada con fines tanto legítimos como ilegítimos, incidiendo directamente en derechos esenciales. Por ejemplo, el uso de sistemas de inteligencia artificial para la evaluación y clasificación de individuos conlleva la creación de perfiles y "puntuaciones" que pueden influir en el acceso a servicios básicos, como la asistencia sanitaria y seguros. Estas prácticas emergentes presentan retos inéditos en materia de derechos humanos, como la discriminación y la vulneración de la privacidad .

Por otra parte, el campo de la tecnoética, emergente en su naturaleza, propone regular la aplicación de nuevas tecnologías bajo una óptica ética y moral. Esta disciplina promueve el desarrollo de una ética crítica y reflexiva en el ciberespacio, abogando por la responsabilidad y la solidaridad en un contexto de interconexión global .

En lo referente a los derechos digitales, estos salvaguardan aspectos cruciales como la libertad de expresión y la privacidad en Internet. Estos derechos, de carácter universal, demandan la adaptación y formulación de normativas específicas para proteger a los ciudadanos en el entorno digital .

Un ejemplo destacado en este ámbito es la Carta Iberoamericana de Derechos Digitales, adoptada por el Gobierno de España, que proporciona un marco de referencia esencial para asegurar los derechos digitales. Esta Carta resalta la importancia de proteger a los ciudadanos en la era digital y promueve un entorno jurídico que se adapte a los desafíos tecnológicos contemporáneos .

Finalmente, cabe destacar el rol crucial de los abogados en la protección y promoción de los derechos digitales. A través de su labor, pueden contribuir al desarrollo de leyes y políticas que aseguren un uso ético y responsable de la tecnología en el espacio digital.

La salvaguarda de los derechos digitales en la era tecnológica exige un enfoque multidisciplinario que integre tecnoética, legislación pertinente y la participación activa de profesionales del derecho. La Carta Iberoamericana de Derechos Digitales constituye un modelo ejemplar de cómo los gobiernos pueden enfrentar estos desafíos. Es crucial que continuemos adaptándonos y respondiendo de manera efectiva a los vertiginosos cambios tecnológicos para asegurar que los derechos digitales sean protegidos y promovidos globalmente.

XIV. ARBITRAJE Y RESOLUCIÓN DE DISPUTAS EN LÍNEA

En el contexto contemporáneo de la era digital, estamos presenciando una transformación radical en los métodos de arbitraje y resolución de disputas en línea (ODR). Estos cambios están marcados por un impulso hacia la eficiencia y la accesibilidad, en respuesta a la necesidad imperante de abordajes más ágiles y democráticos en la resolución de conflictos legales.

Esta evolución es palpable en el surgimiento de plataformas como RapidRuling.com, que rompen con la tradición de procesos legales prolongados y costosos, proponiendo en cambio soluciones que son tanto simplificadas como económicas. A nivel internacional, países como China y los Emiratos Árabes Unidos están a la vanguardia, integrando la tecnología de manera profunda en sus sistemas judiciales mediante el uso de tribunales y contratos inteligentes .

Sin embargo, esta transición hacia el ODR no está exenta de desafíos, especialmente en lo que respecta a la ciberseguridad, vital para garantizar entornos digitales seguros para la comunicación, el almacenamiento de evidencias y la realización de audiencias virtuales . Paralelamente, los avances en inteligencia artificial están revolucionando el proceso de resolución de conflictos, desde la automatización de tareas rutinarias hasta el análisis predictivo y la mediación virtual . Este avance tecnológico implica un cambio significativo en la práctica legal y plantea interrogantes sobre el debido proceso en audiencias virtuales, exigiendo una reflexión crítica sobre la posibilidad de abuso en su implementación .

El impacto de la Inteligencia Artificial en el ámbito del arbitraje y la mediación está redibujando el panorama de resolución de conflictos, haciendo imperativo que los profesionales del derecho se mantengan actualizados con estas tendencias emergentes. En resumen, la adaptación al futuro legal en el entorno de ODR requiere una selección cuidadosa de plataformas y tecnologías, junto con la implementación de procedimientos que sean al mismo tiempo eficientes y transparentes. Estos elementos son fundamentales para navegar con éxito en este dinámico contexto digital.

XV. CIBERSEGURIDAD

En el ámbito contemporáneo de la ciberseguridad, caracterizado por su rápida evolución y complejidad creciente, se identifican retos y peligros tanto a nivel individual como corporativo. La aplicación de la Inteligencia Artificial en este campo representa un cambio paradigmático, permitiendo el análisis exhaustivo de grandes volúmenes de datos para la identificación de amenazas que frecuentemente son imperceptibles al ojo humano. No obstante, esta tecnología conlleva riesgos inherentes, como la potencial explotación de estos sistemas por parte de agentes malintencionados.

La modalidad de trabajo remoto, cada vez más común, emerge como un riesgo significativo, donde las vulnerabilidades en la configuración y la falta de actualización de parches de seguridad incrementan la susceptibilidad a violaciones de la seguridad informática. Paralelamente, el crecimiento exponencial de dispositivos conectados bajo el Internet de las Cosas (IoT) introduce riesgos de seguridad considerables, debido a su frecuente falta de medidas de protección robustas. Además, las Pequeñas y Medianas Empresas (PYME) a menudo se convierten en objetivos y vías de acceso para los ciberdelincuentes que buscan infiltrarse en organizaciones más grandes.

Es imperativo que los profesionales del derecho estén alerta frente a diversas formas de amenazas cibernéticas, que incluyen actores estatales, grupos de ciberdelincuentes, hackers individuales, el ciberespionaje, el compromiso del correo electrónico empresarial, y el relleno de credenciales . Estos elementos subrayan la necesidad de una evaluación y gestión proactiva de riesgos, así como la implementación de estrategias de prevención como la formación en concienciación sobre ciberseguridad, la actualización constante de sistemas y la realización de simulacros de incidentes.

En 2018, la cadena hotelera Marriott experimentó una significativa violación de seguridad que impactó a unos 500 millones de clientes. Durante más de cuatro años, datos personales y financieros de los clientes estuvieron expuestos, lo que ilustra la magnitud de las consecuencias que pueden tener las infracciones de seguridad en grandes corporaciones. Este incidente resalta la crítica importancia de robustas medidas de seguridad y privacidad en la protección de la información del cliente .

En este contexto, el papel del abogado se torna crucial, no solo en mantenerse informado sobre las últimas tendencias y amenazas en ciberseguridad, sino también en asegurar que las estrategias de protección cibernética se integren eficazmente dentro de los contratos y acuerdos comerciales, respetando a su vez el cumplimiento de las normativas legales y éticas vigentes. La adaptación continua, el conocimiento especializado y la preparación meticulosa son, por ende, esenciales para navegar eficientemente en el dinámico y desafiante terreno de la ciberseguridad.

IV. CONCLUSIONES

La digitalización del derecho es un fenómeno que refleja la estrecha y creciente interacción entre la tecnología y el derecho, redefiniendo fundamentalmente la práctica y comprensión del derecho. Este proceso no solo implica la adaptación de los marcos legales a las nuevas tecnologías, sino también una transformación integral de cómo se prestan los servicios legales y se lleva a cabo el trabajo en el sector jurídico.

A medida que avanzamos en esta era digital, se observan cambios significativos en diversas áreas del derecho, incluyendo el comercio electrónico, la protección de datos, la responsabilidad legal asociada con las Tecnologías de la Información y la Comunicación (TICs), los delitos digitales, y la regulación de nuevas plataformas como los esports y el metaverso. Cada uno de estos campos presenta desafíos únicos que requieren una respuesta legal ágil y actualizada.

Es esencial que los profesionales del derecho se mantengan constantemente actualizados y adapten sus prácticas para enfrentar estos desafíos. Esto implica no solo la adopción de herramientas tecnológicas avanzadas, sino también un cambio en la mentalidad y enfoque hacia una práctica legal más proactiva, centrada en el cliente y adaptada al entorno digital.

El papel de la tecnología, especialmente de la inteligencia artificial, blockchain, y otras innovaciones, es crucial en este proceso. Estas tecnologías no solo mejoran la eficiencia y accesibilidad de los servicios legales, sino que también plantean cuestiones nuevas y complejas en términos de privacidad, seguridad, y ética.

En conclusión, la digitalización del derecho es un campo dinámico y en constante evolución que ofrece oportunidades significativas para mejorar el sistema legal. Sin embargo, también presenta desafíos que requieren una adaptación continua y proactiva de los marcos legales, asegurando que evolucionen de manera que protejan los derechos individuales y fomenten una innovación sostenible y ética. La colaboración entre profesionales del derecho, tecnólogos y legisladores será fundamental para enfrentar estos desafíos de manera efectiva.

CAPÍTULO V

Desafíos del abogado en la protección de los derechos digitales en el metaverso

D. PABLO FERNÁNDEZ ALONSO

España.

Abogado. Profesor Universidad Alfonso X el Sabio.

SUMARIO: I. Introducción. II. Internet y la Comunicación. III. El metaverso como nueva realidad jurídica y delictiva. IV. Delitos más comunes. V. Jurisprudencia del Tribunal de Justicia de la Unión Europea en el Delito de Acoso. VI. Conclusiones. VII. Bibliografía

RESUMEN

La llegada de Internet y las nuevas Tecnologías de la Información y la Comunicación (TIC) ha transformado la creación y transmisión de contenidos, cambiando cómo nos comunicamos e interactuamos. Esta nueva realidad se ha asentado en la sociedad y seguirá evolucionando, como con el desarrollo del Metaverso.

El avance de los medios de masas y la transición del sistema tradicional a la era digital son claves para entender esta evolución. Según Larrégola, los medios de masas han perdido su papel central y ahora forman parte de un conjunto más amplio de canales gracias a las nuevas tecnologías de comunicación.

La comunicación tradicional basada en los medios masivos está desactualizada. Hoy en día, la audiencia es más interactiva e integrada, facilitada por Internet, que permite a los usuarios compartir ideas, opiniones y conocimientos de manera sencilla y llegar a un público más amplio. Aunque útiles, estas herramientas también presentan desafíos, como nuevas formas delictivas en profesiones como la abogacía.

ABSTRACT

The advent of the Internet and new Information and Communication Technologies (ICT) has transformed the creation and transmission of content, changing how we communicate and interact. This new reality has settled in society and will continue to evolve, as with the development of the Metaverse.

The advancement of mass media and the transition from the traditional system to the digital age are key to understanding this evolution. According to Larrégola, mass media have lost their central role and now form part of a broader set of channels thanks to new communication technologies.

Traditional communication based on mass media is outdated. Today, the audience is more interactive and integrated, facilitated by the Internet, which allows users to share ideas, opinions, and knowledge easily and reach a wider audience. Although useful, these tools also present challenges, such as new forms of crime in professions like law.

INTRODUCCIÓN

La irrupción de Internet representó una revolución sin precedentes en el ámbito de las comunicaciones, inaugurando una nueva era para la sociedad. Surgido como un producto de la Guerra Fría, este sistema global de interconexión descentralizada de dispositivos supuso una transformación cultural significativa. Originalmente concebido para el intercambio de datos entre computadoras, inadvertidamente se convirtió en un medio revolucionario para la comunicación entre personas.

En 1990, el británico Tim Berners-Lee presentó el diseño de lo que hoy en día se conoce como la World Wide Web (WWW), mediante la creación del primer servidor en línea y el primer navegador web. Esta innovadora plataforma, desarrollada sobre la infraestructura de Internet, brindó nuevas herramientas a sus usuarios, quienes hasta entonces tenían limitadas opciones como el envío de correos electrónicos y la transferencia de archivos pequeños.

Sin embargo, la Web 1.0, también conocida como la Web estática, presentaba una limitación significativa: era unidireccional. Los usuarios de Internet no tenían la capacidad de interactuar con los sitios web; simplemente recibían la información proporcionada por los propietarios de dichos sitios. Fue en este contexto que, en el año 2005, el irlandés Tim O'Reilly popularizó el concepto de Web 2.0. Esta evolución de la web permitió a los usuarios no solo consumir contenido, sino también crear y compartir información en diversas plataformas. La Web 2.0 introdujo una interacción más dinámica y servicios que reemplazaron las aplicaciones de escritorio, brindando una conexión inmediata entre los usuarios y las plataformas en línea.

En la actualidad, la web se ha convertido en una herramienta fundamental utilizada por más de cinco mil millones de personas en todo el mundo. Esto ha facilitado los procesos de globalización y la interconexión entre usuarios en prácticamente cualquier parte del planeta. Sin embargo, desde hace algún tiempo se ha estado discutiendo el concepto de "Web 3.0". Se sugiere que esta nueva fase de la web se centraría en la recepción de información a través de sensores inalámbricos. Por otro lado, hay quienes sostienen que la Web 3.0 representaría una convergencia entre el mundo físico y el virtual. Esto sería posible gracias a las tecnologías emergentes de inmersión y realidad virtual, las cuales buscan recrear una segunda realidad que se integre con el mundo tangible.

Aquí es donde cobra relevancia el concepto de "metaverso", que representa un mundo virtual en el cual individuos de todas partes del mundo pueden interactuar mediante avatares personalizables. Este término, originario de la ciencia ficción, ha captado la atención de los medios recientemente, principalmente debido al interés de varias empresas por impulsar proyectos relacionados y ofrecer una experiencia superior a la de sus competidores en este ámbito.

Según Gartner, una empresa líder en investigación de tecnologías de la información, se estima que para el año 2026, aproximadamente el 25% de la población dedicará al menos una hora diaria a actividades en el metaverso[1]. Estas actividades podrían incluir trabajo, compras, educación, interacciones sociales y entre-

---

1 Rimol, Meghan. (2022). Gartner Predicts 25% of People Will Spend At Least One Hour Per Day in the Metaverse by 2026.

tenimiento. En el mismo comunicado, Gartner también predice que alrededor del 30% de las organizaciones en todo el mundo contarán con productos y servicios diseñados específicamente para el metaverso. Este pronóstico refleja el considerable interés que las empresas tienen en explorar y capitalizar las oportunidades que ofrece este sistema emergente.

El futuro de la Web parece estar envuelto en incertidumbre, sin presentar avances significativos que capturen la atención del público. Según una encuesta realizada por Axios[2] en la población de Estados Unidos, el 58% de los encuestados expresaron que la idea de un "metaverso" no les genera ni temor ni entusiasmo hacia el futuro. Por otro lado, más del triple de las personas se mostraron más preocupadas que emocionadas ante esta idea (32% frente a 7%). Eric Schmidt, quien fuera director ejecutivo de Google desde 2001 hasta 2011, ha abordado este tema señalando que: "No hay consenso sobre qué es el metaverso, aunque una empresa ha cambiado su nombre antes de definirlo"[3]. Esta falta de claridad y consenso respecto al concepto del metaverso añade un elemento adicional de incertidumbre sobre el futuro de la Web y sus posibles direcciones.

1. EL METAVERSO COMO NUEVA REALIDAD LEGAL

Hablar del metaverso nos lleva a retroceder 50 años atrás, cuando se especulaba sobre las posibles características de lo que hoy conocemos como Internet. En aquel entonces, surgían preguntas sobre cómo funcionaría, cuáles serían sus límites y si sería accesible para cualquier persona. Actualmente, estas interrogantes se trasladan al metaverso, un concepto que se define en este escrito como el ecosistema generado por la economía digital, donde los usuarios pueden acceder a bienes y servicios tanto como compra-

---

2 Richardson, Brianna. (2022). Axios| Momentive poll: What's Next 2022

3 Sauer, Megan. (2022). Ex-Google CEO Eric Schmidt: Despite Facebook's big plans, 'there isn't an agreement on what the metaverse is' yet.

dores como vendedores. Este concepto representa una versión digital fiel de nuestra realidad física. A pesar de la falta de consenso en su definición, algunas aproximaciones lo describen como un concepto abstracto que utiliza el entorno digital para recrear experiencias de nuestro mundo físico.[4]

En la actualidad, al analizar el perfil de cualquier persona en plataformas como Amazon, se observa que la importancia del perfil está relacionada con su actividad como vendedor de mercancía o como usuario que deja reseñas sobre libros, películas, entre otros productos. Amazon ofrece diversas funcionalidades en sus perfiles, incluyendo bibliotecas integradas que almacenan libros digitales, audiolibros, música y registros de compras. También proporciona la opción de crear listas de deseos y la posibilidad de ganar créditos mediante suscripciones. Además, los usuarios pueden depositar dinero desde su cuenta bancaria en una billetera digital para luego utilizarlo en la plataforma.

Uno de los aspectos más destacados es la capacidad de Amazon para personalizar el perfil del usuario, creando lo que podríamos llamar un "avatar de consumo". Este avatar virtual refleja las preferencias, gastos e interacciones del usuario en la plataforma, permitiendo una experiencia altamente personalizada. Esta personalización se logra mediante el análisis de las actividades pasadas del usuario y el uso de algoritmos para recomendar productos y servicios específicos que se ajusten a sus intereses individuales.

Así como Amazon ha incorporado elementos distintivos que se encuentran en los metaversos, los videojuegos son un ejemplo mucho más claro de lo que se pretende con este nuevo ecosistema. En los videojuegos, los jugadores crean avatares con seudónimos coleccionables para que los personajes utilicen. Se busca que estos avatares superen retos y niveles para alcanzar objetivos,

---

4 Privacy in a Parallel Digital Universe: The Metaverse. Norton Rose Fulbright, https://www.dataprotectionreport.com/2022/01/privacy-in-a-parallel-digital-universe-the-metaverse/ (25 de enero de 2022)

recolectando premios para mejorar sus habilidades y continuar avanzando en el juego hasta completarlo satisfactoriamente.

Estos ejemplos desafían el mundo de los negocios y representan la llegada del metaverso en una etapa incipiente. Aunque el metaverso parece ser la punta del iceberg, en realidad es el resultado de un desarrollo tecnológico que se remonta a mucho tiempo atrás, incluso desde los primeros días de Internet. Este desarrollo es el resultado del trabajo de desarrolladores que han dedicado una gran parte de sus vidas a la innovación en beneficio de la sociedad.

No podemos olvidar el primer ordenador desarrollado, caracterizado por su gran tamaño y la cantidad de cables que lo acompañaban. Con el paso del tiempo, este ordenador voluminoso se ha convertido en un dispositivo tan compacto como un teléfono celular, que integra cientos de herramientas en una pantalla de pocas pulgadas. A medida que pasa el tiempo, se han creado inventos que han logrado satisfacer necesidades que quizás no se habrían contemplado hace cien años[5].

En este contexto, la creación de nuevos metaversos está destinada a transformar la manera en que las personas se comunican, trabajan, aprenden y se entretienen. Para muchos, representa una nueva versión de Internet o de la actual Web 2.0, lo que dará lugar a la creación de nuevos espacios en una realidad virtual. En estos nuevos espacios, los derechos de propiedad intelectual, derechos de autor, marcas registradas, patentes, publicidad y derechos de propiedad digital derivados de los Non Fungible Tokens (NFT) serán términos con los que los usuarios de estas nuevas tecnologías tendrán que lidiar con frecuencia.

Las interacciones en estos nuevos espacios estarán reguladas por relaciones contractuales entre el propietario del sitio y los participantes. Los acuerdos contractuales, así como la aceptación

---

5 Pedro José Villa López. Año 2022: *las posibilidades del metaverso y sus potenciales resultados.*

de términos y condiciones, jugarán un papel crucial en las actividades desarrolladas en estos espacios.

Es imperativo que el derecho no sea ajeno a esta nueva realidad virtual. Dado que las tecnologías de realidad aumentada se están extendiendo y llegando a lugares de trabajo, aulas y entornos cotidianos, es necesario plantearse cómo ejercer un control sobre estas tecnologías y, si es necesario, regular su actividad. Para abordar este análisis, este escrito se centrará en las siguientes temáticas: (i) la regulación, control y normatividad aplicable; (ii) los nuevos paradigmas que surgen para instituciones tradicionales del derecho, como la propiedad y la propiedad intelectual, así como el tratamiento de datos personales y la privacidad en el contexto del metaverso.

2. TITULARES DE LOS DATOS DE CARÁCTER PERSONAL

En base a lo explicado, hasta ahora, no hemos prestado atención a los usuarios que van a consumir esta nueva realidad, pero, como abogados y especialistas en la materia, sabemos que los derechos de las personas están por encima de todo lo relacionado con internet y se tienen que respetar con todas las garantías legales.

Si bien es cierto, en este mismo artículo, pero con posterioridad, analizaremos las diferentes regulaciones tanto nacionales como internacionales que amparan a los datos de carácter personal en el metaverso, pero primero, tenemos que analizar a los titulares de esos datos, tenemos que diferenciar entre que la cesión de datos la realice una persona física o una persona jurídica, tenemos que analizar si el consentimiento ha sido otorgado con todas las garantías legales que requieren las normas.

2.1. Interesados (titulares de los datos)

Los términos utilizados para referirse a los individuos cuyos datos son objeto de tratamiento han experimentado cambios significativos a lo largo del tiempo. Las primeras regulaciones se referían al titular de los datos como la "persona concernida" o "sujeto de los datos". A partir de la Directiva 95/46/CE, comenzaron a utilizarse términos como "interesado", "afectado" e incluso "usuario", especialmente en el caso de las comunicaciones electrónicas. Estos conceptos han perdurado en regulaciones posteriores, incluyendo el ámbito de la cooperación policial y judicial.

Por ejemplo, la Decisión Marco 2008/977/JAI se refiere al "interesado" al definir qué se entiende por datos personales. Sin embargo, las propuestas de la Directiva en el ámbito de la prevención y represión penal, así como la propuesta de Reglamento General sobre Protección de Datos, ambas de 2012, introdujeron una modificación significativa al distinguir conceptualmente entre "datos personales" y "interesado".

El término "interesado"[6] se define como "toda persona física identificada o que pueda ser identificada, directa o indirectamente, por medios que puedan ser utilizados razonablemente por el responsable del tratamiento o por cualquier otra persona física o jurídica, en particular mediante un número de identificación, datos de localización, identificador en línea o uno o varios elementos específicos de la identidad física, fisiológica, genética, psíquica, económica, cultural o social de dicha persona". Por otro lado, se define "datos personales" como "toda información relativa a un interesado".

Con esta distinción, se clarifica quién es el sujeto de la protección (el interesado) y cuál es el objeto de esta (los datos personales). Es decir, el enfoque se centra en proteger a las personas cuyos datos se están tratando (interesados) y garantizar que la información relacionada con ellos (datos personales) se maneje de manera adecuada y conforme a las normativas de protección de datos.

---

6 Artículos 3.1 y 3.2 de la propuesta de Directiva COM (2012) 10 final, y artículos 4.1 y 4.2 de la propuesta de Reglamento COM (2012) 11 final, p. 26.

Para determinar si una persona física es "identificable", se establece como criterio general considerar todos los medios que razonablemente pueda utilizar el responsable del tratamiento o cualquier otro individuo para identificar a esa persona. Por lo tanto, se consideran datos personales elementos como el nombre, el número nacional de identificación, así como cualquier otro elemento característico de la identidad física, fisiológica, psíquica, económica, cultural o social de una persona, como la voz, la imagen, las huellas dactilares o la información genética. Los datos que han sido convertidos en "anónimos", de modo que el interesado ya no pueda ser identificado, quedan excluidos de la protección de datos personales.

En los siguientes apartados, se procederá a estudiar cada uno de estos diferentes interesados, pero partiendo de una distinción mayor entre personas naturales o físicas y personas jurídicas o morales. Además, se discutirá la posibilidad de incluir o no a estas últimas como sujetos de protección en el contexto de la legislación de protección de datos.

2.1.1. Personas físicas (naturales)

Es cierto que los interesados o titulares de los derechos a la protección de datos son, en primer lugar, las personas físicas. Sin embargo, debido a la naturaleza de las actividades relacionadas con la prevención y represión penal, los datos tratados pueden involucrar diversas "categorías de interesados". Por ejemplo, la legitimación para el tratamiento de los datos de una persona puede deberse a que esta sea sospechosa o haya participado en calidad de autor, cómplice o encubridor de una infracción penal. Además, en este tipo de actividad también se pueden tratar datos de las víctimas e incluso de terceros, como los testigos.

Por lo tanto, parece lógico distinguir el tipo de tratamiento en función de la calidad o condición que ocupa la persona en relación con un eventual hecho ilícito investigado. Sin embargo, hasta ahora, la Directiva 95/46/CE (ya derogada) no contemplaba esta distinción. Esto sugiere la necesidad de una revisión y actualización de la legislación para abordar adecuadamente estas situaciones específicas en el contexto de la protección de datos en el ámbito penal.

La situación cambió parcialmente con la aprobación de la Directiva de 2012, ya que en su artículo 5 introduce una distinción entre cinco categorías diferentes de interesados:

a) Personas respecto de las cuales existan motivos fundados para presumir que han cometido o van a cometer una infracción penal.

b) Personas condenadas por una infracción penal.

c) Víctimas de una infracción penal o personas respecto de las cuales existan motivos fundados para presumir que pueden ser víctimas de una infracción penal.

d) Terceras partes involucradas en una infracción penal, como por ejemplo personas que puedan ser citadas para testificar en investigaciones relacionadas con infracciones o procedimientos penales ulteriores, o personas que puedan facilitar información sobre infracciones penales, o personas de contacto o asociados de una de las personas mencionadas en las letras a) y b).

e) Personas que no entren dentro de ninguna de las categorías contempladas más arriba.

Esta distinción permite un tratamiento diferenciado de los datos según la situación específica de cada individuo en relación con una infracción penal.

2.1.2. Personas jurídicas

En principio, tanto las personas físicas como las jurídicas podrían ser titulares del derecho a la protección de datos. De hecho, varios países de la Unión Europea incluyen la protección de las personas jurídicas dentro del ámbito de aplicación de su normativa nacional sobre protección de datos.

La inclusión de las personas jurídicas dentro del marco de protección de datos se debe a que estas entidades también manejan información confidencial y sensible, como datos de clientes, empleados y proveedores. Por lo tanto, es necesario garantizar la seguridad y privacidad de estos datos, así como el cumplimiento de las regulaciones de protección de datos, incluso en el caso de las entidades jurídicas.

Sin embargo, es importante tener en cuenta que la protección de datos para las personas jurídicas puede diferir en algunos aspectos de la protección de datos para las personas físicas, debido a las características particulares de cada tipo de entidad y la naturaleza de los datos que manejan.

En lo que respecta a la normativa europea sobre protección de datos, el Convenio 108 del Consejo de Europa establece como criterio general, en su artículo 1, que solo las personas físicas pueden ser titulares del derecho a la protección de datos, dejando a discreción de los Estados la posibilidad de ampliar su aplicación a las personas jurídicas.

Por su parte, la Directiva 95/46/CE (ya derogada) (artículo 1.1) también se inclinaba por las personas físicas como únicos sujetos activos de este derecho.

Sin embargo, en el ámbito específico de la protección de datos con fines de prevención o represión penal, la directiva 2012/29/UE, restringen su ámbito de aplicación solo a las personas físicas (naturales). Esto indica que, en el contexto de la prevención o represión penal, solo las personas físicas pueden ser sujetos activos de protección de datos.

3. NORMATIVA APLICABLE A NIVEL NACIONAL Y COMUNITARIO

En este apartado se analizará, de forma cronológica, y desde la legislación nacional hasta la europea aplicable a nivel nacional sobre la protección de datos. Para ello, es importante tener en cuenta lo explicado, anteriormente, sobre los titulares de estos.

La normativa analizada puede ser a nivel interno, como la Constitución Española, o a un nivel jerárquico superior, por ejemplo, el Reglamento General de Protección de Datos 2016/679.

Se explicarán los elementos más importantes que tiene que conocer el letrado para que, en el ejercicio de la profesión, pueda actuar ante las nuevas casuísticas que se expongan en las diferentes situaciones derivadas de internet y del metaverso.

3.1. NORMATIVA NACIONAL

3.1.1 Constitución Española

A nivel nacional, la Constitución Española de 1978 fue la primera norma en la que se incluyó el derecho a la protección de datos, a través de la protección a la intimidad.

Los redactores de la Constitución de 1978, tomando como referencia la Constitución de Portugal proclamada dos años antes, establecieron en su artículo 18.4 el derecho a la intimidad en el ámbito de la informática, anticipando el uso de tecnologías en la protección de datos.

En el artículo 43.1 de la misma Constitución se establece el derecho a la protección de la salud de los ciudadanos, impulsado por la administración pública. Este artículo delimita la frontera entre el interés general de la salud y el interés particular de la intimidad de los datos médicos. Este aspecto ha sido fundamental en el desarrollo legislativo posterior, siendo el interés general el que prevalece sobre el interés particular, ya que es necesario para avanzar en el conocimiento a partir de los datos médicos, generados por la población y almacenados en los historiales clínicos.

Si bien la constitución es la norma suprema del ordenamiento jurídico, a la cual el resto de las normas debe de respetar, debemos afrontar un aspecto polémico como puede ser la posibilidad de reformar la norma constitucional con la clara y única finalidad de dar una mejor entrada a diferentes derechos que se pueden ver vulnerados en el uso del metaverso o regular de una forma mejor aspectos que, dada su antigüedad, pueden quedar obsoletos. Todo esto nos daría para un libro completo sobre la problemática legal de reformar una norma suprema como es la Constitución de 1978.

3.1.2 Ley Orgánica de Protección de Datos y Garantías digitales (3/2018)

Como hemos visto, la Constitución recoge el derecho de las personas en internet de manera fundamental, pero de una forma más explícita, tenemos la Ley orgánica 3/2018, la cual no solo recoge las novedades que impone la normativa europea de protección de datos, sino que va más allá al regular ese "aspecto digital", lo cual denomina los derechos de los ciudadanos en el mundo digital.

Supone un avance brutal a la hora de los derechos de todas las personas en internet ya que, hasta la fecha, los usuarios de internet tenían derechos, pero no tan bien delimitados como con la presente norma.

A continuación, vamos a realizar un análisis de los apartados más importantes que introdujo.

La ley establece claramente la necesidad de impulsar políticas que garanticen los derechos de los ciudadanos en Internet, promoviendo la igualdad y asegurando el pleno ejercicio de los derechos fundamentales en el entorno digital. Además, se reconoce la importancia de aprobar normativas que refuercen los derechos digitales de los ciudadanos, cumpliendo con las obligaciones impuestas por la normativa europea de protección de datos personales y abordando aspectos que el Reglamento General de Protección de Datos (RGPD) dejó a discreción de los Estados miembros de la Unión Europea.

Un aspecto relevante es la introducción del nuevo Título X, denominado "Garantía de los Derechos Digitales", que incorpora nuevos derechos y conceptos jurídicos que requerirán limitaciones y aclaraciones en su aplicación. Este título reconoce una serie de derechos digitales, como el de neutralidad de Internet, acceso universal a la Red, seguridad digital, educación digital, protección de menores en Internet, derecho a rectificación en Internet, derecho al olvido en búsquedas en Internet y en redes sociales, derecho de portabilidad en redes sociales, derecho al testamento digital, entre otros.

Además, se establecen derechos en el ámbito laboral, como el derecho a la intimidad y al uso de dispositivos digitales, el derecho a la desconexión en el ámbito laboral, el derecho a la intimidad frente al uso de dispositivos de videovigilancia y grabación de sonidos en el lugar de trabajo, y el derecho a la intimidad frente a la utilización de sistemas de geolocalización en el ámbito laboral.

En relación con los menores, se establece la edad de 14 años como el umbral para prestar consentimiento de manera autónoma, y se reconoce expresamente el derecho de solicitar la supresión de datos facilitados a redes sociales o servicios equivalentes por parte del propio menor o por un tercero durante su minoría de edad.

La ley refuerza las obligaciones del sistema educativo para garantizar la formación adecuada y segura de los alumnos en el uso de Internet, tal como fue propuesto por la Agencia Española de Protección de Datos.

El derecho al olvido, contenido en los artículos 93 y 94, es uno de los aspectos más destacados del Título X. Este derecho reconoce dos modalidades específicas de supresión o derecho al olvido, reguladas en los artículos 17 del RGPD y 15 de la Ley Orgánica 3/2018 para el ámbito de Internet. El artículo 93 establece el derecho de toda persona frente a los motores de búsqueda en Internet, mientras que el artículo 94 se refiere a los servicios de redes sociales y servicios de la sociedad de la información equivalentes. Esto implica que este derecho se aplicará a una amplia gama de contenido e información relacionada con la persona que haya proporcionado o autorizado el uso de sus datos en Internet.

Todas estas importantes novedades legislativas en materia de protección de datos personales requerirían un análisis más exhaustivo y detallado, pero eso excedería el alcance de este artículo.

Es importante tener en cuenta las numerosas modificaciones en los distintos cuerpos legales que han tenido lugar tras la publicación y entrada en vigor de la LOPDGDD, como la Ley Orgánica 5/1985, de Régimen Electoral General, la Ley Orgánica 6/1985, del Poder Judicial, entre otras.

Por último, se deroga la antigua Ley Orgánica 15/1999, de Protección de Datos de Carácter Personal, y el RD-Ley 5/2018, de medidas urgentes para la adaptación del Derecho español a la normativa de la Unión Europea en materia de protección de datos.

3.2. NORMATIVA EUROPEA

3.2.1 El Reglamento General de Protección de Datos. Reglamento (UE) 2016/679 del Parlamento Europeo y del Consejo de 27 de abril de 2016.

El proceso de elaboración del Reglamento General de Protección de Datos (RGPD) comenzó formalmente en enero de 2012, aunque su gestación se remonta a mucho antes

Aunque el RGPD sigue la misma línea que la antigua Directiva 95/46/CE en cuanto a la protección de datos, introduce un nuevo modelo de protección. La Directiva se basaba en dos pilares fundamentales: asegurar que el tratamiento de los datos personales no afectara a los derechos fundamentales y garantizar la libre circulación de datos entre los Estados miembros.

El RGPD sigue esta misma estructura, con algunos avances, como se establece en su considerando 3: "La Directiva 95/46/CE del Parlamento Europeo y del Consejo busca armonizar la protección de los derechos y libertades fundamentales de las personas físicas en relación con el tratamiento de datos personales y garantizar la libre circulación de esos datos entre los Estados miembros".

El objetivo[7] del RGPD es doble: regular el derecho a la protección de datos personales y garantizar la libre circulación de esos datos.

Al analizar esta norma, es importante considerar los fundamentos que la configuran y que deben respetarse para futuros desarrollos normativos. Estos fundamentos incluyen:

- El tratamiento de datos de carácter personal: El RGPD se centra en regular el tratamiento de datos que identifican o son identificables con personas físicas. Esto excluye el tratamiento de datos de uso personal o doméstico, que no están sujetos a la regulación del RGPD.
- Personas físicas, individualizadas o individualizables: La protección de datos en el RGPD se aplica exclusivamente a las personas físicas que pueden ser identificadas o son identificables a través de los datos. Esto significa que las personas fallecidas y las personas jurídicas están excluidas de la protección del RGPD.

---

7 PIÑAR MAÑAS, José Luis. Objeto del Reglamento. En: José Luis PIÑAR MAÑAS. Reglamento General de Protección de Datos. Hacia un nuevo modelo europeo de privacidad. 1ª. edición. Madrid: REUS, S.A. (2016). pág. 51-52.

Estos puntos fundamentales establecen los límites y alcances de la protección de datos bajo el RGPD, asegurando que solo las personas físicas individualizadas o individualizables estén protegidas por la normativa.

El fundamento más básico del RGPD es la protección del derecho a la protección de datos, el cual está estrechamente relacionado con el derecho a la privacidad. Aunque estos dos conceptos están vinculados, es importante destacar que protección de la privacidad y protección de datos no son lo mismo.

La protección de la privacidad se refiere al derecho fundamental de las personas a controlar la información sobre sí mismas y a decidir cómo se recopila, se utiliza y se comparte esa información. Por otro lado, la protección de datos se centra específicamente en regular el tratamiento de los datos personales por parte de las organizaciones y entidades, asegurando que se respeten los derechos de los individuos en relación con sus datos personales.

La sentencia del Tribunal de Justicia de la Unión Europea[8] que mencionas refuerza la idea de que las disposiciones relacionadas con el tratamiento de datos personales deben interpretarse a la luz de los derechos fundamentales, como el derecho a la intimidad, que forman parte de los principios generales del Derecho[9]. Esto subraya la importancia de garantizar que las normativas de protección de datos respeten y protejan adecuadamente los derechos fundamentales de las personas.

En efecto, en nuestro derecho la protección de datos se establece como un derecho fundamental, reconocido tanto en el ámbito constitucional como por la jurisprudencia. Mientras que el derecho a la intimidad o privacidad está vinculado a la esfera más reservada de las personas, incluyendo al individuo y a su núcleo

---

8 Sentencia del Tribunal de Justicia de 20 de mayo de 2003, Rundfunk, C-465/00. EUR-Lex. A

9 9 PIÑAR MAÑAS, José Luis. Objeto del Reglamento. En: Reglamento General de Protección de Datos. Hacia un nuevo modelo europeo de privacidad. 1ª. edición. Madrid. REUS, S.A. (2016). pág. 55.

familiar, el derecho a la protección de datos se configura como un derecho personalísimo, autónomo e independiente.

Este derecho a la protección de datos, recogido en el artículo 18.4 de nuestra Constitución y configurado por la jurisprudencia del Tribunal Constitucional, es esencial para garantizar que los individuos tengan control sobre la información que les concierne y que se utilice de manera adecuada y respetuosa con sus derechos fundamentales.

El Reglamento General de Protección de Datos (RGPD) también se fundamenta en la evolución de la jurisprudencia del Tribunal de Justicia de la Unión Europea, teniendo en cuenta el artículo 8 de la Carta Europea de Derechos Humanos. En este sentido, el RGPD establece que no solo el tratamiento inadecuado de los datos puede vulnerar los derechos fundamentales, sino que el simple hecho de realizar el tratamiento de datos personales puede representar una potencial violación del derecho a la protección de datos. Esto subraya la importancia de adoptar medidas adecuadas para proteger la privacidad y los datos personales de los individuos en todos los ámbitos[10].

En resumen, el Reglamento General de Protección de Datos (RGPD) tiene como objetivo principal regular el derecho fundamental a la protección de datos personales. Aunque el RGPD establece este derecho como autónomo e independiente, no ofrece una definición precisa sobre su alcance. Sin embargo, en nuestro derecho se entiende este derecho como el poder de disposición que tienen las personas físicas sobre sus datos, ya sean íntimos o no, cuando están o van a ser objeto de tratamiento, ya sea informatizado o no.

Es importante tener en cuenta que este derecho está regulado por una norma europea con un alcance casi mundial, ya que afec-

10 PIÑAR MAÑAS, José Luis. Objeto del Reglamento. En: Reglamento General de Protección de Datos. Hacia un nuevo modelo europeo de privacidad. 1ª. edición. Madrid. REUS, S.A. (2016) pág. 56.

ta tanto a países dentro de la Unión Europea como a países extracomunitarios. A pesar de esta regulación europea, los legisladores nacionales no han precisado todos los aspectos de esta normativa.

El RGPD busca garantizar una mayor homogeneidad en el tratamiento de datos para asegurar una protección efectiva. Sin embargo, la disparidad de regímenes jurídicos desarrollados por los diferentes Estados miembros puede obstaculizar la libre circulación de datos personales. Por ello, es importante reforzar y especificar los derechos de los interesados, así como las obligaciones de quienes tratan los datos y establecer mecanismos de control y supervisión, así como un régimen sancionador equivalente entre los Estados miembros, como se establece en el considerando 10 del RGPD.

CONCLUSIONES

PRIMERA. Es cierto que el metaverso plantea nuevos desafíos legales, especialmente en lo que respecta a la protección de datos personales de los usuarios. Los abogados deben adaptarse a esta nueva realidad y desarrollar estrategias legales adecuadas para garantizar la privacidad y seguridad de los datos en este entorno virtual.

SEGUNDA. Es crucial entender el perfil de las personas que acceden al metaverso para poder establecer medidas de protección adecuadas. La diversidad de usuarios, incluidas personas físicas, jurídicas y menores de edad, requiere enfoques diferenciados en términos de protección legal.

TERCERA. Dado que el metaverso es un fenómeno de alcance mundial, la legislación sobre protección de datos debe desarrollarse de manera armonizada a nivel internacional. Tanto el derecho nacional como el comunitario deben tener en cuenta las normativas y estándares internacionales relevantes para garantizar una protección efectiva de los datos en el metaverso.

CUARTA. La legislación nacional actual puede resultar insuficiente para abordar los desafíos que plantea el metaverso y el uso de Internet en general. Es necesario actualizar y fortalecer las leyes para abordar adecuadamente los riesgos para la privacidad y seguridad de los usuarios en estos entornos virtuales.

QUINTA. La normativa europea, como el Reglamento General de Protección de Datos (RGPD), proporciona un marco legal sólido para la protección de datos en el metaverso y en Internet en general. Sin embargo, aún queda camino por recorrer para garantizar una protección integral y adaptada a las nuevas realidades tecnológicas. Es importante seguir avanzando tanto a nivel nacional como europeo para abordar los desafíos emergentes en materia de protección de datos en el metaverso.

BIBLIOGRAFIA

BALL, Matthew. El metaverso: Y cómo lo revolucionará todo. DEUSTO. 2022.

PIÑAR MAÑAS, José Luis. Reglamento general de protección de Datos. Hacia un nuevo modelo europeo de privacidad. 1ª edición. Madrid. REUS, S.A. 2016.

TRONCOSO REIGADA, Antonio. La protección de datos personales. En busca del equilibrio. Valencia. TIRANT LO BLANCH. 2010

VERDAGUER LÓPEZ, Jordi y BERGAS JANÉ, M.ª Antonia. Todo Protección de Datos. 1ª edición. Valencia. CISS. 2011.

VICENTE DEL OLMO, Luis Ignacio. Aspectos jurídicos del metaverso. LA LEY. Noviembre 2022.

CAPÍTULO VI

La revolución de la inteligencia en la justicia

DR. D. MANUEL RAAD BERRÍO

Colombia.

Abogado.

Sumario: Abstract. Resumen. Extrapolaciones sobre el future de la justicia. Memoria y desarrollo social: el papel de los datos. Transformaciones en el derecho y la administración de justicia. Propuestas para la transformación de la justicia. Conclusión: Construyendo el futuro de la justicia. Referencias bibliográficas.

ABSTRACT

This paper examines the impact of digital revolution on justice systems in what we call "the new city" - a reality transformed by technological possibilities. The analysis explores how artificial intelligence, big data, and intelligent systems are reshaping judicial administration, offering unprecedented opportunities to overcome historical barriers to justice access. Through extrapolations about possible futures of justice and an analysis of the historical evolution of memory instruments, the paper proposes a paradigm shift from traditional judicial models to what we call "smart justice." The research identifies main obstacles in current justice systems and presents proposals including electronic jurisdiction, a "one judge per case" model, and the implementation framework of intelligent contracts as the prelude to smart justice. It concludes that technological transformation, properly implemented, could finally fulfill the dream of timely and fair justice, provided that we rethink our understanding of legal systems based on the capabilities of new technologies.

RESUMEN

Este trabajo examina el impacto de la revolución digital en los sistemas de justicia en lo que denominamos "la nueva ciudad" - una realidad transformada por las posibilidades tecnológicas. El análisis explora cómo la inteligencia artificial, el big data y los sistemas inteligentes están reconfigurando la administración judicial, ofreciendo oportunidades sin precedentes para superar barreras históricas de acceso a la justicia. A través de extrapolaciones sobre posibles futuros de la justicia y un análisis de la evolución histórica de los instrumentos de memoria, el artículo propone un cambio de paradigma desde los modelos judiciales tradicionales hacia lo que llamamos "justicia inteligente". La investigación identifica los principales obstáculos en los sistemas actuales de justicia y presenta propuestas que incluyen la jurisdicción electrónica, un modelo de "un juez por expediente" y el marco de implementación de los contratos inteligentes como la antesala de la justicia inteligente. Concluye que la transformación tecnológica, adecuadamente implementada, podría finalmente cumplir el sueño de una justicia oportuna y justa, siempre que repensemos nuestra comprensión de los sistemas jurídicos a partir de las capacidades de las nuevas tecnologías.

Lo primero es agradecer no solo el espacio, sino la oportunidad de compartir con ustedes estos dos días. Han sido intensos, muy provechosos y no me he aburrido ni un segundo. Cada intervención ha traído sus aportes y me han dado la oportunidad, incluso después de haber preparado la presentación, de recortarla y agregarle algunas cositas en la medida en que iban surgiendo referencias en cada exposición. Sin embargo, entre quitar y cortar pasé de ciento cincuenta diapositivas a ochenta. Voy a pedirles anticipadamente disculpas si hablo demasiado rápido para que el tiempo nos alcance. Voy a poner el reloj, literalmente el cronómetro, para que no nos excedamos demasiado.

Es importante aclarar que la tecnología, por sí sola, no determinará automáticamente un futuro mejor para la justicia. Esta transformación dependerá fundamentalmente de decisiones políticas, éticas y sociales que tomemos como sociedad. La tecnología es una herramienta poderosa, pero su implementación debe estar guiada por principios democráticos, inclusivos y centrados en la dignidad humana. Lo que me propongo es explorar posibilidades, no predecir inevitabilidades, pero que sin nuestra intervención parecieran el futuro más probable.

Para iniciar debo decir que esta presentación, la suelo denominar de forma genérica "la nueva ciudad". Y para explicar por qué la llamo de esa manera, hago referencia a un fragmento del "Viaje del Parnaso" escrito por Miguel de Cervantes Saavedra en 1614:

"Con esto poco a poco llegué al puerto a quien los de Cartago dieron nombre, cerrado a todos los vientos y encubiertos y singular renombre se postran cuantos puertos del mar baña, descubre el sol y ha navegado el hombre".

Entonces, les decía que suelo llamar esta presentación "la nueva ciudad", hoy con el apellido "la revolución de la inteligencia en la justicia". Porque este nuevo contexto da lugar a una nueva realidad que también se traduce en la nueva realidad de la justicia. Hago referencia al "Viaje del Parnaso" porque Miguel de Cervantes Saavedra describe su llegada a Cartagena, por supuesto Cartagena, España, pero yo soy de Cartagena de Indias. Y comienza haciendo referencia al "puerto a quien los de Cartago dieron nombre". Y este ejercicio de recorrer Cartago, Cartagena, Cartagena de Indias (y hay muchos más, incluso hay hasta un cráter en la luna con el nombre de Cartago), cuyo nombre original era Qart Hadash o su nombre árabe.

Qart Hadash significa "nuevo pueblo" y Cartagena significa "Nueva Cartago", es decir, "nuevo, nuevo pueblo". Cartagena de Indias viene siendo el nuevo, nuevo novísimo pueblo. Y así sucesivamente. Estamos en un lugar distinto que se parece al anterior o estamos en el mismo lugar pero que es diferente. La pregunta de fondo es: ¿Qué ha cambiado? ¿Qué es lo diferente? Y al definir qué es lo diferente, entonces estamos entrando a lo que hemos llamado la nueva ciudad o el nuevo pueblo.

Ese nuevo pueblo da lugar a esta conferencia que se llama "La nueva ciudad: la revolución de la inteligencia en la justicia". El objetivo o la misión que nos hemos propuesto es promover un diálogo sobre el contexto y los retos para la organización de los estados, específicamente en la función denominada administración de justicia en el escenario que hemos llamado la nueva ciudad. Nuestra tesis central consiste en que nuevas realidades obligan a nuevos modelos de formulación y gestión de políticas públicas que contemplen la importancia y la volatilidad de los hechos, el poder de los datos en la historia de la humanidad, especialmente a partir de la apropiación de un mundo en transición.

De un mundo en transición en el cual las posibilidades tecnológicas actuales nos permiten hacer extrapolaciones de lo que podría o debería ser el futuro de la justicia en el mundo. Como buen colombiano, voy a empezar tomando café y, como García Márquez en "Crónica de una muerte anunciada", voy a empezar por el final, por las extrapolaciones, y posteriormente abordaré el contexto que nos permitirá decir si efectivamente esas extrapolaciones pueden o no tener sentido.

EXTRAPOLACIONES SOBRE EL FUTURO DE LA JUSTICIA

En un primer nivel de estas extrapolaciones estaremos trabajando la relación con la tecnología. Esta relación, bien representada en esta imagen, plantea a la tecnología como un instrumento que nos facilita ciertas labores y nos potencia ciertos talentos. De alguna manera podemos cerrar los ojos y trasladarnos a un par de años en el futuro.

Iniciando por las extrapolaciones, en este primer nivel, es decir, a unos cinco o diez años en el futuro, podemos visualizar cosas que ya hoy se están presentando de forma más adecuada. Vemos la tecnología como una serie de instrumentos que nos permiten potenciar ciertos talentos, recabar y procesar mejor la información, estar en una audiencia. Cerremos los ojos y estamos en una audiencia que se puede dar en múltiples idiomas al mismo tiempo, porque la inteligencia artificial permite hacer traducción simultánea en un escenario global en el cual interactuamos desde múltiples partes del mundo, en múltiples idiomas al mismo tiempo, como sucedió con la Torre de Babel, y interactuando con mayor memoria disponible, con mayor transparencia, con mayor trazabilidad, disminuyendo la corrupción, con mayor accesibilidad e inclusión.

Es decir, una serie de herramientas, por ejemplo, que le hablan al sistema o los dispositivos, le hablan a aquel que no puede ver, o se transforman en lectores de braille para aquel que no puede escuchar, que permite procesar el audio y mostrar letreros en las pantallas o en los visores de realidad aumentada.

Por ejemplo, cuando el juez o una de las partes señala una jurisprudencia, la inteligencia puede decirle: esa jurisprudencia está bien citada, está mal citada, o le falta complementar determinados elementos que están en el debate, pero que el hablante no ha tenido en cuenta. Que las notificaciones se producen de forma automática y en tiempo real y en simultánea para todo el mundo, sin procesos manuales, que la integración del expediente electrónico también se da de forma automatizada, que el ejercicio puede tener también jueces automatizados o jueces robots. Y estos jueces robots, no solo en las pequeñas, sino en las grandes causas, están desarrollando o tomando ciertas decisiones, no solo proyectando, sino tomando ciertas decisiones. Esa es tal vez una extrapolación un poquito más allá de estos cinco o diez años en los que solo vemos la tecnología o esta revolución de la inteligencia como un mero instrumento, y comienza a tomar personalidad y comienza a tomar decisiones, y comenzamos nosotros a reconocerle ciertas autonomías.

Y en estos dos escenarios en donde la relación con la tecnología de alguna manera va pasando (yo no sé si sea bueno o sea malo, estamos haciendo simples extrapolaciones de posibilidades), va pasando de la tecnología como mero instrumento a la tecnología como un alter ego. Esto nos permite, por ejemplo, mayor memoria. Y al permitir mayor memoria, mayor capacidad de almacenamiento, mayor trazabilidad. Me recuerda esta imagen de la Matrix, esta escena de la Matrix en la que Neo sentado en una silla, literalmente le insertan un cable en la nuca a partir de un programa descargable para aprender artes marciales y luego en cuestión de segundos se despierta y "ya sé Jiujitsu". Este tipo de referencias, aunque de pronto un poquito exageradas para la fecha en la película Matrix, invitan a pensar, por ejemplo, que grabemos todas las audiencias y las convirtamos en instrumentos de aprendizaje, que las facultades de derecho se enfoquen a desarrollar líneas de jurisprudencia, líneas demandales, las matrices o mapas de coherencia judicial, los mapas de tendencias de teorías jurídicas a partir de la práctica jurídica y en todos los niveles, porque hoy en el caso colombiano solo tenemos jurisprudencia y líneas jurisprudenciales de las Altas Cortes y el gran universo de conocimiento jurídico que se da en los Juzgados municipales, en los Juzgados del Circuito, en las pequeñas causas, ahí no tenemos mayor conocimiento o mayor visibilidad de la información.

En estos dos escenarios la tecnología representa más información, más memoria, mayor cantidad de memoria y por supuesto mayor posibilidad de procesamiento de datos. Estas son extrapolaciones que podríamos tener hoy con la tecnología presente, pero no la hemos implementado y nos dicen: bueno, los sistemas de gestión de información judicial van caminando hacia la integración, hacia los sistemas de inteligencia colectiva que permitan llegar a estos escenarios.

¿Será que así podría verse la justicia? ¿O existe el riesgo de que, en lugar de este escenario que pareciera la tendencia más estatal posible, la justicia termine pareciéndose más a la Liga de la Justicia con superhombres o supermujeres o super corporaciones que sean las que, ante el vacío de acción estatal y la imposibilidad de ponernos de acuerdo, terminen determinando la justicia? Este escenario, lejos de ser deseable, nos plantea interrogantes profundos sobre el papel del Estado y la participación ciudadana en la configuración de los sistemas de justicia del futuro.

¿O será que estaremos hablando de una justicia universal, no solamente global, sino con múltiples especies, más parecido a un sistema supra planetario, no supranacional, sino supra planetario, en donde el juego de aliens y demás es regulado por una serie de actores como los Men in Black? ¿O será que se parecerá a este personaje que estamos presentando, que es en X-Men son los robots? Por supuesto, aquí ya hay una mezcla de biología, de genética y de sistemas y de informática que dan lugar a un actor espacio-tiempo, es decir, en "Días del Futuro Pasado" y entonces ya juega con la posibilidad de un súper vigilante, un leviatán mitad máquina o simbiosis entre máquina y biología, que puede incluso viajar y perseguir en el tiempo a los viajeros del tiempo que van determinando nuestra forma de sociedad.

Yo he sido creyente o he descubierto que en temas de vaticinar el futuro, la literatura y el cine siempre nos llevan ventaja, y estos son escenarios que han sido planteados en múltiples películas, escenarios que integran, por ejemplo, tecnologías como drones o integran tecnologías como clones al futuro y que dan lugar a nuevas realidades que también deben determinar nuestra comprensión de los derechos.

Esas posibilidades son los debates que hoy estamos simplemente usando como divertimento, pero que estoy seguro, más temprano que tarde darán lugar a los debates jurídicos sobre la comprensión y la administración de la justicia en nuestras sociedades. En estas extrapolaciones podremos decir que escenarios muy probables son una justicia global, por supuesto políglota, que no necesita intérprete, sino automatizado en múltiples idiomas, desde múltiples partes del mundo, automatizada en múltiples aspectos que hoy son manuales como las notificaciones, la memoria, que permite tener mayor memoria, mayor visibilidad de todo lo que se decide y cómo se decide. Ese proceso de memoria debe apalancar los procesos de educación, que eso debe dar lugar a mayor transparencia, porque a mayor visibilidad y a mayor recordación hay mayor transparencia, podemos ver lo que realmente está sucediendo. Más parecido a la inteligencia colectiva en Avatar, en donde se conectan todos al árbol madre y poder hacer seguimiento para tomar decisiones como sistema, debe permitir a aquellos que tengan algún tipo de discapacidad o dificultad para acceder, mayores posibilidades y accesibilidad e inclusión.

Puede permitirnos a nosotros como actores humanos actuar con superpoderes que, en una simbiosis o en una relación mutual hombre-máquina, nos permite contribuir a la calidad de la justicia. Y todo esto, mis queridos amigos, se traduce o lo hemos entendido como una revolución de la inteligencia, entendida como la posibilidad del intro legere, leer lo que está dentro, lo que no es tan evidente. Y en la medida que logramos mayor capacidad de memoria, mayor capacidad de procesamiento de datos, mayor capacidad de integrar inteligencias y colaborar en inteligencias, hombres-máquinas y demás, eso plantea un escenario sin precedentes que hace posible, en opinión de este optimista prudente, pero optimista, que estamos por primera vez en la historia de las repúblicas ante la posibilidad de cumplir el sueño de una justicia oportuna y justa. Una justicia justa que no es redundante decirlo, porque en la práctica nos encontramos reiteradamente con justicias injustas, bien representadas metafóricamente en "La colonia penitenciaria" de Kafka o en "El proceso" de Kafka. Sin embargo, este sueño requiere algo más que avances tecnológicos: demanda un compromiso ético y político con la justicia como valor social fundamental, y exige que estas herramientas se desarrollen e implementen bajo control democrático y con participación ciudadana.

Y esto se hace posible a partir de dos conceptos claves que son la smart justice o justicia inteligente y la ley inteligente o estado inteligente. Ambos conceptos lo que permiten es una simbiosis, repito, entre los seres humanos y la tecnología para poder cumplir su misión, llegando al grado de poder superar condiciones, superar dificultades y garantizar, por ejemplo, respuestas automatizadas frente a condiciones verificables en tiempo real, en los escenarios digitales, una persona hace la herencia automática, si dejó un testamento como el contrato inteligente, etcétera, se dicta una norma que esa norma automáticamente modifique efectivamente las condiciones de los contratos en los que tenga aplicación. Y entonces podemos imaginar un mundo donde la trazabilidad, la transparencia y la efectividad de la ley puede ser real, no solamente discursiva. ¿Y en este sentido el reto es qué tan buenas son nuestras leyes? Porque si no son buenas, entonces la justicia normativa o el desarrollo normativo en búsqueda de la justicia lo que terminará será generando nuevas injusticias, pero al hacerse visible podremos darnos cuenta a tiempo.

MEMORIA Y DESARROLLO SOCIAL: EL PAPEL DE LOS DATOS

Esa es una síntesis de la extrapolación de lo que puede ser el futuro de nuestros estados y de nuestra justicia. Ahora vamos a ver un poco el contexto, cómo llegamos a esas extrapolaciones, cómo entendemos estos escenarios como posibles, sean o no deseables.

Lo primero es entender en retrospectiva cómo funciona la sociedad a partir de la memoria y el desarrollo social. Y segundo, un juego de conceptos que terminan reformulándose o resignificándose en función de la comprensión de la justicia: derecho, estado de derecho, ordenamiento jurídico, globalización y finalmente administración de justicia. En todos estos escenarios tenemos declaraciones como objetivos de sistema, pero al mismo tiempo tenemos unos grandes retos que en los últimos trescientos años de república no hemos podido atender adecuadamente. Y la tecnología hoy me lleva a plantear la posibilidad o a reconocer la posibilidad de que podemos hacerlo mejor en relación como memoria.

En relación al tema memoria y desarrollo social, todas las sociedades se preguntan cómo es posible que siendo nosotros finitos, limitados, débiles, animales sin garra, sin pelaje, sin fuerza, hayamos podido aparentemente evolucionar o desarrollar sistemas que nos permitan evolucionar del caminar a la bicicleta, a los vehículos de tracción animal, a los vehículos de tracción automotora, a los aviones y los jets. ¿O por qué no plantear expresamente en esta evolución o en esta trazabilidad histórica de la innovación en la movilidad, que lo que nos viene realmente es la movilización del espacio? En cada una de esas revoluciones o en esas innovaciones lo que se ha logrado es lograr recorrer mayores distancias en menos tiempo y con menos esfuerzo. Hoy podemos estar ante la realidad de que nos han cambiado el escenario en el que nos movemos y podemos estar entonces a la distancia de un clic en España, en EEUU, en Cartagena y en Bogotá. ¿Pero cómo es posible todo eso si cuando nacemos, crecemos, algunos aprendemos, nos toca despedirnos y nos saluda la muerte?

En todas las sociedades, sin excepción, una realidad nos atraviesa: nos vamos a morir, o por lo menos hasta ahora ha sido de esa manera, nos vamos a morir y entonces los esfuerzos se van con nosotros. ¿Cómo funciona esta aparente carrera de relevos? Y esta carrera de relevos bien puede entenderse como memoria o tradición, esta traditio en el sentido jurídico de acto de entrega. No sólo lo que se entrega, sino el cómo se entrega, determina el éxito de la tradición. Y aquí está pues, entonces, en la Capilla Sixtina, la creación de Adán, tocándolo a su imagen y semejanza, dándole el conocimiento, como también lo planteó Prometeo, que se robó el fuego y se lo entregó a los humanos y fue condenado por ello. Pero esta realidad, este acto de entrega, sea de revelación divina o sea por interacción (yo soy interaccionista por definición y entiendo que la cultura común define o deviene de la interacción), y entonces descubrimos los instrumentos de la memoria o los instrumentos de la tradición que desde la edad de piedra arrancan con el grabado en piedra, luego en los metales, luego en las cerámicas, en los textiles, en el amate, que es el equivalente americano al papiro, luego el papel con la aparición de la imprenta de piezas móviles de Gutenberg.

El papel significó una revolución por la posibilidad de imprimir múltiples documentos masivamente y, finalmente, el documento digital. Cada uno de estos instrumentos de la memoria o de la tradición permitió una revolución en la comunicación. Por supuesto, es mucho más fácil compartir papel que compartir piedras. Es mucho más fácil acceder a un documento digital que acceder a un libro o compartir un libro, porque no lo pueden tener dos personas al mismo tiempo. Lo pueden leer compartidos, pero en distintos sitios, no pueden tenerlo al mismo tiempo. No obstante, el documento digital sí abre esa posibilidad. Entonces representaron una revolución en las comunicaciones. Imagínense los códigos civiles actuales o napoleónicos escritos en piedra. Por eso los diez mandamientos solo tienen diez mandamientos en lugar de dos mil seiscientos cuarenta y siete artículos.

Y en este contexto uno entiende también en retrospectiva, que cada revolución en la comunicación implicó perder un poco de capacidad de memoria. Así el papel no necesita electricidad y la piedra se conserva mucho mejor que cualquiera de los instrumentos. Y entonces el mundo sin humanos, si pensamos para el mundo sin humanos poder recordar más allá de la muerte, podríamos entonces plantear que hay necesidad de una política o estrategia de la memoria que nos permita entonces dejar testimonio combinando instrumentos para que aun cuando no estemos, se pueda reconstruir y se encuentren las piedras, rosetas o las escalinatas de Copán o los instrumentos que permiten reconstruir el aprendizaje de una civilización que ha sido desaparecida y entonces el saber no se pierda.

¿Pero entonces, qué recordamos? ¿cómo recordamos? Y la película "Como si fuera la primera vez" de Adam Sandler y Drew Barrymore es un ejemplo. Henry Roth (interpretado por Adam Sandler) es un biólogo marino que vive en Hawái y evita el compromiso amoroso... hasta que conoce a Lucy Whitmore (interpretada por Drew Barrymore), una mujer encantadora con la que tiene una conexión instantánea. Pero hay un problema: Lucy sufre pérdida de memoria a corto plazo debido a un accidente automovilístico. Cada día, al despertar, olvida todo lo que pasó el día anterior, incluido a Henry. Entonces Henry se embarca en la misión de conquistarla todos los días como si fuera la primera vez. Recurre a videos, canciones, dibujos y toda clase de estrategias creativas para que Lucy se enamore de él una y otra vez.

¿O recordamos porque alguien decidió no recordar y no pudimos continuar? Como sucedió con el inflatoplane de Goodyear: alguien decidió no continuar con el experimento del avión inflable que hoy podría habernos permitido masificar el acceso a los carros voladores que hoy no tenemos porque no caben en los parqueaderos de las casas, porque implicaría rediseñar todas nuestras ciudades para eso.

¿O recordamos por decisión de una autoridad? Por ejemplo, el Quricancha en el Cuzco oculto bajo el pañete español por siglos, o cuando llegan los turcos a Estambul se toman a Santa Sofía y la convierten en una mezquita, o en México la plaza de las tres

Culturas, o México Tlatelolco y Tenochtitlan que fueron sepultados. Y en Colombia múltiples escenarios prehispánicos que fueron literalmente silenciados por disposición de la autoridad. Así funcionaba. Esto lo hemos llamado la dictadura de la generación intermedia, que se parece mucho a este juego de niños en donde uno le dice a otro qué hacer: "lo vi por la calle, se lo encontró, salieron, no me contaste que volvieron". Y entonces el mensaje se va difuminando, se va transformando o va desapareciendo entre un interlocutor y otro.

Esta es nuestra realidad intergeneracional, porque los instrumentos de la memoria realmente no nos permiten prever qué podemos recordar. Dependen todavía, aún a pesar de la tecnología, en gran medida de la generación intermedia, la generación que decide qué recibe y decide qué dona.

Así, la dificultad de procesar y de aprender generacionalmente se pierde. Y entonces, a pesar de que hemos venido avanzando o tenemos la ilusión de estar avanzando, gran parte de nuestro potencial se está perdiendo en el camino. A esto, al ejercicio contrario, al ejercicio de poder recordar y de poder gestionar el proceso de aprendizaje transgeneracionalmente, lo hemos llamado la gestión del conocimiento público. Y entonces definir conocimiento público es todo lo que puede ser recordado o debe ser recordado y compartido aún más allá de la muerte.

En náhuatl, la gestión del conocimiento público funcionaba con el escribano, el tlacuilo, el amoxli, el libro, el amoxcali, la casa de libros o biblioteca. Y los libros sagrados son libros sagrados porque nos permiten reconectarnos con el origen o con nuestra historia del origen. Transgeneracionalmente, este ejercicio, si nos lo planteamos como un propósito, transforma cada una de las instituciones, incluso transforma cada uno de nuestros procesos de interacción y aprendizaje.

La base de este ejercicio es el dato. Dato es la representación de una variable, que puede ser cuantitativa o cualitativa, que indica un valor que se le asigna a las cosas y se representa a través de una secuencia de símbolos, números o letras. Básicamente, dato es lo que podemos recordar y el dato se traduce, en otras palabras, en documento, en testimonio, en fundamento sobre lo cual entonces podemos construir.

A este punto, nuestra primera conclusión para entender el contexto es que cada uno de los instrumentos de la memoria y la tradición han revolucionado la dinámica de la interacción humana y por esa vía ha dado lugar a nuevas realidades que en las distintas épocas ha redefinido la apreciación subjetiva de la proximidad y la relación con el conocimiento. ¿Se imaginan ustedes la Revolución francesa sin la imprenta de piezas móviles de Gutenberg? Más conocimiento para cada vez más personas. O la Ilustración: más conocimiento para cada vez más personas, que a su vez generan más conocimiento, haciéndolo más complejo, más integrado y cada vez en más acelerada evolución.

En este mapa, la célula o la unidad sobre la cual se desarrolla el conocimiento es el dato. Y con la compilación histórica de los datos surge nuestra identidad. Somos lo que podemos recordar, lo que no recordamos simplemente no somos. Los otros instrumentos de la memoria han tomado lapsos de doscientos años para reconfigurar la sociedad, mientras que el documento digital no tiene más de treinta años desde que se popularizó el computador personal y no tiene más de veinte desde que los móviles o los teléfonos celulares se hicieron populares. El resumen es que a nosotros nos tocó vivir la transición y el mundo lo estamos descubriendo en la medida en que se nos está presentando. Hace un año hablar de inteligencia artificial era una cosa de nerdos. Hoy es tan común como hablar del café. Y todos estamos en sintonía porque la realidad en los últimos seis meses cambió radicalmente a partir de la puesta a disposición o a la apertura de ChatGPT y de otras tecnologías de inteligencia artificial que ya existían antes, pero que hoy se pusieron a disposición del público.

En este juego, el tránsito de evolución en relación con los datos y el almacenamiento de datos nos plantea dos tendencias: small data o pequeños datos y big data. Yo recuerdo los primeros dispositivos de almacenamiento móvil, los floppy 3 1/2, los floppy un quinto y luego las memorias USB que cargaban 56 megas, que uno decía eran ocho disquetes y fueron evolucionando hasta sistemas de información gigantescos. Yo almaceno en la nube cerca de veinte terabytes de información y entonces bytes, megabytes, terabytes, terabytes, exabytes, zettabytes, yottabytes. Para que se hagan una idea, cuando esta escala se planteó en 1990, requería diez mil kilómetros cuadrados de servidores de piso a techo alineados horizontalmente para poder tener el almacenamiento de un yottabyte. Pronto se podrá ver que un yottabyte cabe en un área de no más de treinta metros cuadrados y con el computador cuántico y la bioinformática con el almacenamiento molecular no se requerirá más que una caja de zapatos.

Así de dramática es la evolución, a esto hemos llamado la Revolución de la inteligencia. Y el big data hace referencia al almacenamiento de grandes cantidades de datos para encontrar patrones. Es decir, mientras más datos, más cosas puedo encontrar, porque puedo descubrir mayor tendencia. En lugar de la auditoría por muestreo, puedo tener conocimiento total. Esa es una gran diferencia. En investigación, el big data ha ido desarrollándose en teoría y se habla de las V del big data. Y entonces aquí es clave que tengamos presente volumen, entiéndase cantidad, variedad y sobre todo velocidad de procesamiento. Variedades, distintos formatos, videos, fotos, texto, audio, todo eso constituye big data. Y velocidad de procesamiento, que por supuesto es muy superior a la humana. Pero esto se sigue desarrollando. Ya vamos por los 23 V del big data y seguramente aparecerán más V del big data para poder entender este fenómeno de lo que significa la huge o la data grande, o la data enorme. Mucho para aprender ahí.

Pero en contraste con esto, el small data hace referencia a los pequeños datos cosechados por personas, máquinas, a partir de la observación, a partir del cazador, a partir de Monk, a partir de Poirot, a partir de Sherlock Holmes, ese ojo entrenado que es capaz de ver los pequeños detalles que pasan por alto en los patrones y tendencias y descubren lo que será la revolución.

Y entre el small data y el big data hay una tendencia de integración por inteligencia artificial que se llama precisión masiva. Precisión masiva: esta precisión masiva permite trabajar grandes cantidades de datos y establecer estrategias pensadas específicamente para cada acción u objetivo. Eso ya lo estamos viviendo. Las estrategias de campaña de Cambridge Analytica y otras tantas, precisamente lo que tratan es, a partir de la gran cantidad de datos que tenemos, de la gente que nos permite conocerlos incluso mejor que ellos, podemos llegar a manipularlos a una escala tal que ni siquiera se dan cuenta que están siendo manipulados. Esa es una realidad incluso que pone en cuestionamiento los fundamentos de la libertad y la toma de decisiones en la democracia y plantea unos escenarios que bien pueden ser de bienestar o de destrucción masiva. La precisión masiva se ha traducido, aplicada en determinados sectores también a la educación, a la agricultura, a la medicina, a todas las áreas del conocimiento.

Y nos plantea también un nuevo horizonte de desarrollo asociado a la gran cantidad de datos, pero personalizados. Este ejercicio se puede resumir en este diagrama de Venn mediante la integración de saberes matemáticos, dominios generales del conocimiento que antes trabajaban o se activaban a partir de la investigación tradicional, que la llegada de la ciencia de computadores y las tecnologías de la informática han generado el machine learning o el aprendizaje de máquinas, o la inteligencia artificial, que los computadores y los dominios del conocimiento hacen desarrollo de software y todo junto, todo junto da la nueva disciplina que se conoce como ciencia de datos. Pero ahí no para el ejercicio. Si a esto le agregamos además ingeniería genética, si a esto le agregamos ingeniería genética, estamos teniendo una nueva categoría de conocimiento, una nueva categoría que, si bien es disciplinar, es transversal a todas las demás disciplinas, que se conoce como biotecnología. Y entonces es la simbiosis entre la ingeniería genética y la ingeniería de sistemas que da lugar, junto a la robótica, a nuevas realidades biológicas que se parecen más al Ultrón de los X-Men. Estas son realidades, ya no son ni siquiera extrapolaciones, ya hoy eso es realidad, aunque aún no se ha masificado al nivel de definir el perfil de nuestras sociedades.

Toda esta dinámica se traduce en lo que hemos llamado el ciclo D-I-C-A-A, que bien puede entenderse como el ciclo de vida del dato: Data, que se convierte o se organiza y se convierte en Información útil, que a su vez, al tomarlo como objeto de aprendizaje, se convierte en Conocimiento, que a su vez ese conocimiento determina Acciones, es decir, toman decisiones y se mueve en función data, información, conocimiento y acción, y la A adicional que es Automatización. Este ciclo nos recuerda y soporta el PHVA: planificar, hacer, verificar, actuar. Y este ciclo PHVA solo funciona con un núcleo de sistemas de información, un núcleo tecnológico que lo hace posible, es decir, el sistema nervioso central de la institución que genera el aprendizaje colectivo o el aprendizaje institucional.

Aquí una imagen de nuestro amigo Ross, el primer robot abogado, que fue contratado por la firma Baker & Hostler, y ya hay varios que están como asistentes legales. Ayer hicieron varias referencias a eso. Pero si fuera poco, también se habla ya de la inteligencia singular, esa inteligencia que es capaz de tener conciencia de sí misma y entonces reconocerse como sujeto y abre el debate al reconocimiento de la personalidad jurídica de los humanoides o por vía de la ingeniería genética y la robótica, el marco jurídico para los superhumanos.

TRANSFORMACIONES EN EL DERECHO Y LA ADMINISTRACIÓN DE JUSTICIA

Esto de alguna manera se va pareciendo más a lo que en la película "El Círculo" representaba una bola de cristal que permitía o hacía visible todo lo que sucedía en la vida de las personas. En esta película Emma Watson siendo pasante, aceptó participar en el programa "To go transparent" o hacerse transparente, consistente en ubicar cámaras en distintos sitios y literalmente estar transmitiendo veinticuatro horas al día todos los aspectos de su vida. Y en esas veinticuatro horas al día llegó al punto en el que en una escena, ella intentaba comunicarse con sus papás y no los encontró sino en la habitación, en una situación tan vergonzosa e incómoda que decidió desconectarse de todo (went black). Y entonces la tensión natural entre los sistemas de información, la Internet, la tecnología y el derecho a la intimidad y a la privacidad y a la seguridad, todo el sistema termina desmontándose en este caso, porque el director, el inventor, el desarrollador, el fundador de esta compañía, el Círculo, no sé por qué tan parecida a Facebook, estaba utilizando la información para manipular a los Estados en el mundo y se estaba volviendo incluso más poderoso que las propias entidades estatales.

Pero si eso solamente es una declaración ficcional, les traigo los contratos inteligentes. Estos contratos inteligentes hacen posible la automatización de la ejecución de lo que en derecho civil conocemos como plazos y condiciones. Cumplido el plazo, verificada la condición, entonces se ejecuta la instrucción determinada para el contrato.

En programación, principalmente en la plataforma Ethereum, funciona como condicionales, if or else, qué pasa si. ¿Y en el qué pasa si? Se plantean distintos escenarios en el contrato que activan cláusulas automatizadas a partir de la verificación en tiempo real en Internet. Este ejercicio también lo podemos extrapolar, como les decía, al Smart Justice o al Smart Law, la posibilidad de que la norma, una vez establezca condiciones o escenarios, básicamente reconocida en derecho penal como adecuación típica o la tipicidad, es decir, la coincidencia entre los enunciados normativos y los hechos, activa entonces, si la verificación puede ser automática, activa automáticamente la consecuencia jurídica. Hasta ahí, eso nos está llevando a que nuestros sistemas de justicia en el futuro se parezcan menos al personaje de la toga y más a estas marcas (eBay, Amazon, Alibaba, Facebook, etc.). Cada una de ellas tiene un sistema de solución de conflictos.

Yo he litigado en Facebook y he logrado, por ejemplo, que en veinticuatro horas se dé de baja a una cuenta que violaba derechos de marca. Y este ejercicio nos permitió básicamente reportar, generar los soportes, acreditar que somos, en este caso, los titulares de la marca, y en una sola solicitud no se demoró sino veinticuatro horas para que le dieran de baja a un perfil que en Colombia se puso de moda, seguramente en otros países también, que se llama "Confesiones" y el nombre de la empresa o entidad, ejemplo "Confesiones Universidad Alfonso X". Y entonces ahí se publicaban declaraciones injuriosas o aspectos que violaban la intimidad de las personas que pertenecen a esa institución. Entonces estos sistemas de justicia al lado de los sistemas automatizados nos van dando una tendencia: o los estados cambian y los sistemas de justicia se adaptan, o los desplazamos y los sustituimos. Eso está sucediendo hoy día. ¿Y por qué está sucediendo? Porque ellos saben, estas plataformas saben que sin sistemas de justicia, sin sistemas de solución de conflictos que garanticen los derechos de los usuarios de la plataforma, la plataforma y el negocio se caen.

No hay economía sin derecho, no hay economía posible, no hay sistema de mercado posible sin justicia. Y entonces ellos han venido desarrollando estas corporaciones que se bien pueden asimilar a la imagen de la liga de la justicia; en lugar de ser Superman, Batman y la mujer maravilla, tienes a Google, Amazon, eBay, Facebook y otras que van a ir seguir surgiendo en todo este contexto. Recuerden a nuestro amigo Miguel Ángel con su término a-bot-gados. Yo comparto esa visión en el sentido de que en los próximos cinco o diez años tenemos que aprender y nuestros currículums en las facultades deben integrar programación, deben integrar conocimiento de sistemas de información, deben integrar el uso de herramientas más allá de la informática jurídica que se limitaba al Excel. Hoy es un ejercicio transversal, es decir, es la nueva alfabetización, el nuevo analfabetismo, es el no comprender la tecnología y no comprender el potencial del uso de la tecnología en el desarrollo de nuestra labor cotidiana o para lograr los fines sociales.

Y entonces, en lugar de servirnos para lo positivo o para salvarnos como sociedad, para llegar al sueño idílico de la utopía, termina resultando en nuestra propia destrucción. En este punto, la base del conocimiento para el mejoramiento continuo está en la compilación y análisis de datos. Así nos hemos embarcado en una carrera para lograr cada vez mayor capacidad de compilación y análisis. Desde el bit, pasando por los yottabytes, entendemos cómo lo que hoy conocemos como ciencia de datos o biotecnología abre caminos a la inteligencia artificial y a la inteligencia singular. Y estas en contextos de hiperconexión, hace posibles realidades antes insoñables. Nuestra estrategia ha sido identificar los datos relevantes de acuerdo con una finalidad determinada y determinable, compilarlos, analizarlos, compartirlos, experimentar y volver a compilar para finalmente automatizar la identificación de lo relevante. Aquí quiero destacar frases como "lo que no se puede medir, no se puede mejorar", "el más fuerte es el que es más adaptable al cambio".

Y eso lo dijo Darwin hace más de un siglo. Ahora, como segunda parte del contexto, estos son componentes teóricos que se contrastan con una nueva realidad: Derecho, Estado de derecho, Ordenamiento Jurídico, Globalización y Administración de justicia. Iniciamos entonces por el Estado de Derecho, casi que en una radiografía con el Estado Nacional, corresponde a este rompecabezas del mundo. Globalización es todo lo contrario, es quitar las fronteras e integrarnos. Eso está sucediendo. Pero esto ha sido el proceso de las Repúblicas los últimos doscientos años, de limitar las fronteras o determinar las fronteras. Y en ese punto, ese Estado de Derecho existe cuando una población que habita un territorio en el cual se ejerce la autoridad en función del derecho. Los tres elementos: Población, Territorio y Autoridad, en su interacción, la forma como se ejerza esa autoridad determina el tipo de Estado en el que estamos y cuando se ejerce en función del Derecho, entonces podemos estar en el estado del derecho, esto es, respetando el principio de legalidad reconocido por los ingleses como rule of law.

Este rule of law, prefiero traducirlo como el "gobierno del derecho", más que el gobierno de la ley o el imperio de la ley, que como comúnmente se traduce en Colombia, tiene tres características esenciales: primero, reglas o leyes previas e inteligibles; segundo, capacidad coactiva o persuasiva, sin esto, no puede haber Estado, pues si puedes dar órdenes, pero si nadie las obedece y no tienes cómo obligar o no logras convencer, pues entonces no eres Autoridad y; tercero, un sistema de procedimientos y reclamaciones que activa la fuerza en función de cumplir y hacer cumplir la ley. Este ejercicio, más allá de la sola declaración del dura lex, es toda una dinámica "autopoiética" de autorregulación que con las democracias se torna aún más compleja y con los ejercicios hermenéuticos ante los jueces y demás autoridades juega casi como un sistema vivo. Juega como un sistema vivo que tiene una misión: garantizar el acceso a la justicia y la efectividad de los derechos. En tal sentido, la integración de todos los actores estatales y cívicos para lograr la efectividad de los derechos y el acceso a la justicia es una misión que compartimos.

Esta Misión del Sistema nos pone en un escenario que tiene el propósito de lograr una sociedad más justa. ¿Y entonces qué entendemos por Derecho? Si el Estado de Derecho es el escenario, la pregunta entonces ¿cómo entendemos qué es derecho? Vamos a asimilar Derecho simplemente como la comprensión de la justicia en un momento determinado. Entendemos que es Derecho lo declarado como Justo en un momento determinado que determina la movilización del sistema llamado Estado de Derecho o la acción del actor reconocido como gobierno frente a la sociedad o frente a los actores en la sociedad. Aquí hay determinados símbolos: la ponderación y la diosa dique, el código civil, el martillo representando la autoridad y la jurisdicción que tanto hemos mencionado estos días. Pero aquí no acaba el ejercicio. La comprensión de la justicia no puede ser cualquier comprensión de la justicia, vamos a traerla a un plano más personal e individual. Es la comprensión de la virtud llamada justicia, que en la doctrina se conoce como una de las cuatro virtudes cardinales: Justicia, Prudencia, Templanza y Fortaleza.

Esta justicia, que se conoce como virtud cardinal, hace referencia a las puertas coloniales. En Cartagena de Indias tenemos muchas, en donde el cardo es el "clavo" (hoy bisagra) que sostiene la puerta y permite que gire. Es decir, en este caso lo cardinal se refiere a lo fundamental, a lo esencial, a la base sobre la cual construimos todas las demás virtudes. Y entendemos que virtud es una conducta que se repite y repite hasta que se convierte en costumbre (automatiza), esto es un hábito, y virtud en contraposición a vicio, tiene una connotación positiva. En contrario, un vicio, que sería un hábito negativo. Bañarse es una virtud, un hábito positivo. Puede ser reconocida, sí, pero esta no es cualquier virtud, es una virtud cardinal sobre la cual se construyen todas las demás virtudes. Y en ese sentido, la pregunta es ¿cuál es la acción?, ¿qué es lo que se repite en la justicia para que la justicia sea efectivamente un hábito? De lo contrario sería un concepto.

Y como concepto, ya sabemos, tiene mil y una variaciones que no nos llevan a mayor cosa. Son como las perlas que, contrario a las semillas, no germinan. En este caso, nuestra virtud Justicia está asociada a la Empatía. Hija de la empatía, madre de la paz. Así la entendían los clásicos. La justicia es hija de la empatía y madre de la paz. Y este ejercicio de la empatía, de ponerse en el lugar del otro, nos permite reconocer la realidad del otro y definir la justa proporción de nuestra acción frente al otro, dando lugar entonces a la unidad de medida justicia, justedad correcta, adecuada en la relación con el otro. Y así como nosotros mismos en la relación y la interacción. Dije, "me declaro interaccionista" porque la cultura común surge de la interacción. Entonces, en esta interacción con el otro voy descubriendo cuál es la justa proporción para tratar bien al otro, para tratar adecuadamente al otro. Y así entonces, de esa misma manera, voy aprendiendo.

El documentar ese aprendizaje, el documentar ese aprendizaje en mi vida da lugar a un diario, pero transgeneracionalmente ha dado lugar al ordenamiento jurídico. En este sentido, el ordenamiento jurídico es otro instrumento de la memoria, es un instrumento que permite tener relativa certeza sobre la comprensión de lo justo en una sociedad y épocas determinados. Esa comprensión de lo justo, que se ha ido alimentando de múltiples experiencias de sus partícipes nacionales e internacionales, dan lugar a la comprensión del ordenamiento jurídico. Pero esto no es un listado amorfo o informe de normas, por supuesto, tiene unas reglas que determinan hacia dónde van, y esas reglas de las reglas o las leyes de las leyes dan lugar a esta comprensión. El Ordenamiento Jurídico se refiere a la ordenación de los derechos y la forma de hacerlos efectivos. El conjunto de autoridades que crean las normas y la forma como se integran y relacionan dichas normas entre sí, esto es, las leyes de las leyes. Se supone, en suma, la memoria del aprendizaje de la justicia y lo justo. Así, la misión del Ordenamiento Jurídico es poder responder a la pregunta ¿qué es el derecho? Para que podamos alcanzar entonces la condición de estar o de vivir en el Derecho, entiéndase entonces el Estado de Derecho.

Para hacerlo, hace poco más de dos siglos aparecieron personajes con la escuela de la exégesis que declararon esto tiene que tener tres características: Coherencia, Plenitud y Unidad. Coherencia, plenitud y unidad. Y como ustedes ya saben sobre qué significa cada cosa, esas características tienen una sigla que parece premonitoria: CPU. Este es el sistema nervioso central, la unidad de procesamiento central de todo el ordenamiento, de todo el cerebro social o de todo el sistema que se conoce o que aspira a ser Estado de Derecho. Y entonces determina el Gobierno. A partir de aquí entendemos que el ordenamiento jurídico es algorítmico, una secuencia de pasos que pretende ineludiblemente llegar a un objetivo.

¿Y por qué se desarrolla de esa manera? Principalmente por el movimiento codificador Napoleónico que intentó darle regla a partir del principio de igualdad: casos iguales se juzgan de manera igual y casos diferentes de manera diferente. Por tanto, el reto era lograr que múltiples cabezas, múltiples jueces, múltiples circunstancias, con múltiples antecedentes, con múltiples creencias, pudieran tratar igual a todos ante la ley. Y para tratarlos de manera igual, convirtió los códigos en libros de receta. Y qué bello que tiene el mismo nombre de los códices o códigos que se redactan en computación: "claves", estas son las claves. Y supone, por supuesto, una desconfianza de la discrecionalidad del operador jurídico, en donde llegaba al extremo de plantearse como "la boca de la ley", "La bouche de la loi". Afortunadamente para muchos, en el proceso de aprendizaje apareció Joseph Martens, con la famosa cláusula Martens, incluida por primera vez en el Preámbulo de la Convención de La Haya de 1899, y que dice más o menos lo siguiente:

"Hasta que un código más completo de las leyes de la guerra sea adoptado, las poblaciones y los beligerantes quedarán bajo la protección y el imperio de los principios del derecho de gentes, tal como resultan de los usos establecidos entre naciones civilizadas, de las leyes de la humanidad y de las exigencias de la conciencia pública."

Es decir, reconocemos que la lista está incompleta, que el ordenamiento jurídico y las prescripciones de la norma son incompletas y reconocemos al mismo tiempo que no sabemos qué le falta, ¡la lista de mercado en nuestra receta! Y ¡sabemos se nos olvidó algo, y no sabemos qué se nos olvidó! En resumen, el algoritmo está incompleto, y como está incompleto, está en permanente desarrollo y evolución. Eso lo sabemos hace poco más de un siglo.

También tenemos en paralelo que el ejercicio va hacia la globalización, una globalización histórica que va dando visos de superar las fronteras cada vez con más fuerza. Y esta determinación de superar las fronteras con cada vez más fuerza en razón a lo que conocemos como redes sociales.

Históricamente, estas redes sociales tienen una primera fase determinadas por los estados, la iglesia y los procesos de colonización. Luego, posteriormente por las corporaciones que comenzaron a globalizar la producción, por supuesto, de la mano de los abusos del mercado, de los abusos de las corporaciones en el mercado, también crecieron organizaciones como los Clubes de Leones, Rotarios o la Cámara Junior, todos sin excepción, funcionando a partir de sistemas de información que permitían coordinar esfuerzos a escala global. En otras palabras, estas organizaciones surgen como lo que se conoce en teoría política como la "sociedad civil": grupos de personas que se coordinan y trabajan de forma coordinada en torno a un objetivo o propósito. Esta es la primera fase de la globalización.

Por supuesto, con la aparición de nuevos instrumentos de comunicación, radio, prensa y televisión, las reglas cambiaron. Las nuevas redes sociales se originaron de medios masivos de comunicación con una lógica unidimensional. Es decir, desde un centro se genera la información para ser remitido a grandes cantidades de personas. Entonces, las torres gemelas las vivimos como si hubiéramos estado en Nueva York, los que teníamos en esa edad conciencia y hoy los que lo ven por vídeo lo viven como si estuvieran en aquel momento. Es decir, pudimos estar integrados como un solo gran mundo a partir de las nuevas realidades.

Ahora, lo que hoy llamamos comúnmente "redes sociales" son los "new media" o los nuevos medios. Pero con estos nuevos medios de redes sociales digitales también aparece un nuevo actor y es la internet de cosas. Pues el IoT integra sensores, genera datos, genera información. Y entonces podemos entender cómo a partir de los últimos veinte años se han generado el noventa por ciento de los datos de la humanidad. Es decir, lo que podemos recordar, más del noventa por ciento de la historia documentada de los últimos 20 años. Díganme si eso no es una revolución: ¡Nunca antes en la historia habíamos tenido tanta historia! Bien vale recordar que somos lo que podemos recordar. Y en este sentido, agréguele además la ingeniería genética, agréguele la biotecnología, la nanotecnología y la posibilidad de conectar a Internet materiales que pueden estar generando sensores y realidades al mismo tiempo que interactúan con nosotros en la dinámica cotidiana: El Internet del todo o el Internet de la vida.

En esta historia, el espacio-tiempo que hace más de un siglo se conocía como lineal y como dos cosas diferentes, toma forma, muy a la comprensión de Dalí. Y entonces, frente al espacio-tiempo se rompe la dependencia del aquí y el ahora y podemos estar aquí y ayer, aquí, mañana, entonces y hoy al mismo tiempo. Y pasamos de estar conectados, donde nuestros parámetros institucionales se diseñaron a partir de la proximidad, a pesar de no estar físicamente cerca. En otras palabras, el paradigma de un marino en cada puerto o un amor en cada aeropuerto se convirtió en una globalización fundada en estas realidades. Cualquiera, niño o adulto, poderoso o vulnerable, consciente o no, hace la globalización. Ya no se trata sólo de la globalización de la producción, ahora es especialmente la mundialización de la información por encima del Estado Nacional. Es una nueva realidad producto del flujo masivo de contenidos, datos, producto de la hiperconexión de personas, cosas y quién sabe qué más.

Estos escenarios nos ponen a pensar en los riesgos. Y aquí está un ejemplo. Este ejemplo de Cambridge Analytica, la empresa clave en el escándalo de Facebook, como un test de personalidad de Facebook le sirvió a Cambridge Analytica para recolectar información privada de millones de usuarios sin que lo supieran. Esto llevó a Zuckerberg al Congreso de los Estados Unidos y generaron titulares como "Emerdata: las sospechas que genera la nueva compañía de los fundadores de Cambridge Analytica, la firma envuelta en el mayor escándalo de Facebook". Y si eso te preocupa, la Open Source Intelligence (OSINT) es una realidad, y usted puede formarse por cuarenta mil pesos, es un poco más de diez dólares en Udemy, todas las técnicas de open source intelligence para rastrear información de personas a partir de su nombre, una foto, o de cualquier dato disponible: Inteligencia de fuentes abiertas.

Todos usamos Google o usamos otros servidores y hay cerca de cinco mil buscadores disponibles en Internet. Recomendamos también, Brave como un sistema seguro que encripta los datos y permite navegar sin exponer los datos personales. "Tineye" rastrea imágenes, Spiderfoot, Maltego, Bing bar, ChatGPT. Son realidades que hoy hacen posibles cosas que hace un año, dos, tres, diez años no podíamos ni siquiera pensar.

En este punto con la explosión de la era digital y la mundialización de la información, no solo se abren las puertas a nuevos horizontes, sino también se hacen posibles barbaries como nunca antes en la historia de la humanidad. Por esto, la protección de datos personales es un imperativo mundial para garantizar los derechos, que buen ejemplo está dando la Unión Europea. No obstante, los mecanismos estatales de protección resultan insuficientes ante las dificultades propias de atender un problema global desde estructuras gubernamentales locales, nacionales, nuestro camino más efectivo será tomar las acciones de protección como hábitos. Y en todos los aspectos de nuestra vida hoy está mediada por la tecnología.

PROPUESTAS PARA LA TRANSFORMACIÓN DE LA JUSTICIA

Ese es el resumen aquí entonces, para ir concluyendo, tenemos entonces que nuestra administración de justicia, algunos le tienen miedo a la tecnología, pero eso supone que hoy funciona mejor que lo que podría funcionar. La respuesta es no funciona.

En Colombia tenemos suficiente documentación para afirmar que la justicia viene durante doscientos años de República funcionando mal, funcionando desde la ignorancia, funcionando desde la corrupción, funcionando desde la morosidad. Y a eso en el año 2008 le dediqué el libro "Del Derecho Litigioso al Derecho Preventivo: hacia un Sistema de Justicia Integral". En este libro se plantean cuatro circunstancias, más allá del estado de las normas en Colombia, que impiden cumplir o desarrollar el sueño de una sociedad justa a partir de estas declaraciones.

La primera es la persona que tiene derechos pero no los conoce. Todo el sistema funciona a partir de la reclamación y quien no tiene conciencia no reclama, y entonces el sistema no se activa y en esa manera el no conocer los derechos implica un escenario en donde la vulneración de derecho es la regla sin conciencia.

En segundo lugar, quien no tiene abogado. En el caso de Colombia, desde el año 1945 se impuso en Colombia el monopolio judicial en favor de los abogados. Desde ese momento solo los abogados pueden presentar peticiones ante los jueces de la República, solo los abogados pueden ser jueces, y quien no sea abogado pues le tocará contratar uno. Hemos descubierto con cifras posteriores, esto se publicó en el año 2008 y hemos ido avanzando en la investigación, que más del 87% de la población en Colombia no tienen posibilidades de acceder a un abogado de confianza, lo cual nos deja sólo el trece por ciento. Estos son casi millones de personas en Colombia.

El tercer nivel es la persona que tiene abogado, pero que ha sido víctima del abogado. Es un sistema redundante y en este caso por un intermediario que ha sido obligatorio, impuesto por el sistema para poder acceder a la justicia, pero nadie le responde. La opinión de este profesor es que esa circunstancia debe dar lugar a responsabilidad patrimonial del Estado por el hecho de los abogados, y deben establecerse las garantías para controlar el abuso de la mala praxis o incluso los delitos cometidos por abogados en ejercicio de su profesión.

Y finalmente, lo que sí hemos discutido los últimos doscientos años de República es la persona, el abogado, víctimas de la administración de justicia. En este escenario lo que encontramos es un modelo o un esquema de acceso a la justicia, que por supuesto ya sabemos que no es sólo en la rama judicial, porque las otras ramas también cumplen la función judicial. Pero en Colombia tenemos una gran mayoría de marginados, una minoría con recursos que accede a través de los abogados al sistema de justicia o que acceden directamente a través de la acción de tutela, popular o de cumplimiento, las acciones que no requieren abogados y que hoy representan más del treinta y cinco por ciento de las acciones que anualmente se resuelven en la rama judicial.

Los marginados acceden a través de los consultorios jurídicos y los defensores públicos. Los consultorios jurídicos dependen de las universidades y el noventa y cinco por ciento de las universidades están en las capitales de departamento. Eso deja 1036 municipios sin consultorios universitarios de 1102. Y los defensores públicos concentrados en el área penal no dan abasto al ser cerca de mil novecientos, cerca de dos mil en total en el país para atender las necesidades de más de cuarenta millones de colombianos que necesitan acceder a asistencia jurídica universal.

Esos son resúmenes que todos estamos viviendo, todos estamos viviendo. Y la posición documentada y demostrada estadísticamente es que la inmensa mayoría de los ciudadanos, a pesar de que ser ciudadano implica el ejercicio de los derechos, no pueden pedir justicia, es decir, no pueden pedir la efectividad de sus derechos. En este punto, en la historia de la República se han tomado varios caminos. Quitémosle la función a la Rama Judicial y desjudicialicemos, resolvamos en las inspecciones de policía, en las notarías, en los métodos alternativos de solución de conflictos, despenalicemos, despenalicemos el aborto, despenalicemos el suicidio, despenalicemos el adulterio. Luego la racionalización de los trámites, lo que es irracional, como el papel judicial, era similar al papel notarial, que lo utilizaban como un mecanismo de financiación y de arancel, pues elimínelo, porque eso no agrega valor, al contrario, complica más el proceso. Lo que no sirve, que no estorbe.

Y entonces el otro proceso es la modernización de los trámites y de la gestión, que de algún momento hoy se está traduciendo en lo que se conoce como digitalización de la justicia, que es hacer digital procesos que se vienen haciendo hoy manualmente, o la transformación digital de la justicia, que ya implica un rediseño, una resignificación de los procesos. El modelo tradicional de interacción de alguna manera sigue funcionando igual y es unos ciudadanos o personas acceden a través de su abogado de confianza, mediante demanda, directamente a través de la Defensoría del Pueblo o las universidades o asociaciones de colectivos de abogados a edificios. La diferencia hoy es que lo hacen a través de una pantalla. Y ojo que deliberadamente escojo este tipo de computador porque esa es la comprensión que en los años noventa teníamos del computador. Seguimos de alguna manera funcionando como la máquina de escribir con pantalla, pero las posibilidades son gigantescas.

Nosotros hemos presentado múltiples propuestas que no vamos a desarrollar aquí, que aplican para Colombia y que algunas se integran al escenario de justicia global. Colegiatura obligatoria, seguro contra mala praxis o fondo de garantías para el cliente, la persona jurídica abogado, la ley de despachos, el seguro jurídico obligatorio como un mecanismo para garantizar la asistencia jurídica universal, la jurisdicción electrónica, la premisa de la ignorancia que hablamos en nuestra última presentación en este grupo de investigación como base para el rediseño del sistema y de los procedimientos, es decir, como lo hacen los sistemas de atención al cliente, que presumen que el cliente no conoce bien el producto y entonces a partir de ahí vamos escalando hasta cuando efectivamente es un problema del sistema, el usuario. Y finalmente, Tribunal Único de Ética Profesional con competencia patrimonial. En Colombia cada profesión tiene lo suyo y tiene tribunales dispersos que no logran ni visibilidad ni efectividad de la aplicación de las normas éticas profesionales y varias no tienen ni siquiera regulación.

Y finalmente esto estaría de la mano del Código Único de Ética Profesional en Colombia y la ampliación del sistema de control de constitucionalidad a normas que hoy se producen desde entidades privadas, pero que tienen afectaciones colectivas como los reglamentos internos de trabajo, los reglamentos estudiantiles, las normativas o directrices de las EPS, entre otras tantas, para asegurar la coherencia de todo el sistema.

En la jurisdicción electrónica vamos a limitarnos a decir que es el paradigma de la soberanía. Y entonces el rompecabezas del mundo es la representación del rompecabezas en Colombia, es la distribución de los territorios para definir dónde hay competencia. Pero el mundo funciona de otra manera, ya lo sabemos, el nuevo continente invisible. Y entonces, más allá de entender que el mismo funcionario judicial en el mismo despacho, a través de un computador o de una máquina de escribir crea un expediente electrónico, un expediente digital, realmente ese no es el ejercicio de la jurisdicción electrónica, sino por el contrario, es comprender que es un nuevo territorio que puede tener jueces en cualquier parte del mundo interactuando a través del mismo escenario que da vida a las nuevas relaciones, ¡dónde funcionan? ¿Como jueces o como árbitros? Esto determina un modelo de crecimiento de la rama judicial: un juez por expediente. Y este juez por expediente ¿quiénes pueden serlo? ¿Todos los que pasen los exámenes? ¿Tipo de contrato con el Estado? ¿Desde dónde y cómo operan? ¿Régimen de inhabilidades, incompatibilidades, responsabilidad estatal por acción? En fin, todas estas son preguntas que van dando detalle del cómo se implementa.

Pero cuando usted tiene un juez por expediente, que es equivalente a los corresponsales no bancarios, donde a partir de la tecnología puede articular precisamente múltiples puntos de atención a menor costo y mucho más cercanos a la gente, se puede pasar de los cuatro mil trescientos o los cuatro mil setecientos jueces que tiene Colombia a cerca de veinte mil en un día, a partir de sistemas de información y un computador. Hoy abrir un despacho cuesta cerca de cien mil dólares, por eso es tan lento crecer y la oferta de justicia es inelástica y por eso en parte la congestión.

Pero abra la puerta que los jueces funcionen como árbitros, es decir, uno por expediente, uno por caso o varios por caso, y entonces ad hoc resuelvan las situaciones en un sistema muchísimo más visible, más transparente, más trazable que lo que tenemos hoy, porque funcionaría a partir del sistema digital o del escenario digital que documenta y que tiene mayor memoria el nuevo modelo de interacción a través de los distintos escenarios. Aquí incluyo la persona jurídica, abogado que actúa como persona jurídica para interactuar con las oficinas judiciales en cualquier parte del mundo. De cualquier parte del mundo o en sede digital, en sistemas de gestión de bases de datos o inteligencias gestoras que determinan su interacción con jueces transitorios o jueces árbitros transitorios. Un juez por expediente que dicta sentencia en el mismo escenario y convierte los edificios en espacios de encuentro más que en despachos o archivos. Hoy los edificios y los despachos, las oficinas judiciales son realmente archivos, porque todos tenían que estar reunidos alrededor del mismo expediente.

Entonces, la premisa de la ignorancia y la revolución de la inteligencia, acceso a la justicia, la ruta y los requisitos, procedimientos y la decisión judicial, escenario ontológico, los hechos y las pruebas y deontológico. Aquí el tema del juez, pues supone un juez que casi que un juez genio, pero en la realidad se puede parecer en múltiples escenarios a un juez como Homero, a un héroe del centro comercial. Es decir, somos humanos y estos humanos pues cometemos errores y es natural. Y en la medida que profundizamos en las responsabilidades epistemológicas del juez, nos recuerda el juez da Vinci. Este juez da Vinci es cada día menos probable. ¿Será que sí? ¿Se acuerdan de Ross? ¿Se acuerdan de Amazon? ¿Se acuerdan de Alibaba y de los distintos sistemas de justicia que hoy están dando, a partir de la comprensión de las nuevas realidades y la inteligencia, nuevas soluciones, incluso automatizados? ¿O se acuerdan de los auxiliares de la justicia? ¿Sabe el juez qué perito necesita, qué disciplina para dar las respuestas requeridas? ¿Suponer que todos estos actores conocen o saben lo que tienen que hacer es real? Creemos que no. Creemos que afortunadamente aparece Pepe Grillo en la historia de Pinocho como la conciencia que nos dice eso no es así. Y entonces, pensar el sistema desde la ignorancia como un hecho y no desde la presunción de sabiduría, debe acercarnos más a la ciudadanía. Y el sistema debe reconfigurarse para garantizar, por supuesto, cada vez mayores niveles de cualificación de los actores, pero al mismo tiempo procurar una metodología procesal sistémica que logre garantizar una decisión judicial de calidad, pensando a partir de la presunción de la ignorancia de los actores.

Los jueces, la unificación de jurisprudencia y requisitos de la demanda, incluso, son ejemplos de lo que puede ser modificado a partir de esto. Pero todo eso es posible solo si el modelo de crecimiento cambia. Este modelo de crecimiento dependiente del papel no puede seguir funcionando y por eso la transformación de la rama judicial con la jurisdicción electrónica es una necesidad imperativa. ¿Cuáles son retos? Retos de infraestructura para asegurar la accesibilidad, la matriz energética, los equipos, las redes. Otros retos hay que asegurar el sistema integrado de gestión de información, integrar los procedimientos en el sistema, la autenticación e identidad digital, las plataformas repositorios que se conocen hoy como expedientes electrónicos o digitales y entender el nuevo escenario, desarrollar el nuevo escenario de litigación, una nueva cultura, una nueva realidad, la justicia inteligente, el modelo de crecimiento de la rama judicial y la necesaria interacción de redes y de saberes.

Es fundamental enfatizar que la transformación tecnológica de la justicia debe estar al servicio de valores democráticos fundamentales. La tecnología ofrece herramientas poderosas, pero estas deben implementarse respetando principios de transparencia, equidad, participación ciudadana y control democrático. Las decisiones sobre cómo diseñamos e implementamos estos sistemas no son meramente técnicas sino profundamente políticas y éticas. El objetivo final no es la eficiencia por sí misma, sino una justicia más accesible y humana, donde la tecnología amplíe -y no reemplace- la capacidad de juicio, empatía y comprensión que solo los seres humanos pueden aportar a la administración de justicia.

CONCLUSIÓN: CONSTRUYENDO EL FUTURO DE LA JUSTICIA

Entonces, volviendo a las extrapolaciones, ¿A qué se parecerá el futuro? No estamos ante un destino tecnológicamente predeterminado, sino ante un futuro que construiremos con nuestras decisiones colectivas. Quiero pensar que ese futuro se parecerá a nuestros deberes democráticos y a nuestro compromiso con la justicia como valor fundamental. La tecnología nos brinda nuevas y poderosas herramientas, pero somos nosotros -como ciudadanos y como sociedad- quienes debemos dirigirlas hacia la construcción de una justicia verdaderamente accesible, equitativa y humana. En este ejercicio quisiera cerrar con una reflexión que publiqué en artículo de opinión, en medio de la pandemia 2020, y que se llamó "Nacimos para semilla o Nacimos pa´ semilla: alegato por el Derecho a la Justicia". Dice así:

"La humanidad ha entendido con sangre que si no hay justicia no hay paz; Poetas y Héroes nos han enseñado que existen dolores que no estamos obligados a soportar, que hay lagrimas que encienden el pecho para gritar, que son muchos los pueblos que nacieron pa´ semilla, pues "...donde cae una injusticia nace una revolución" y es de estas realidades que nace el primer derecho: el derecho a la Justicia, el derecho a exigir mi derecho, sin este derecho toda declaración jurídica no pasaría de ser demagogia.

Los Estados de Derecho en el mundo, con todas sus derivaciones y matices ideológicos, se proclaman como poblaciones que habitan territorios en los cuales la autoridad se ejerce en función del Derecho. Todos estos Estados, especialmente los que se precian de modernos tienen en común la aceptación de la premisa fundante que los ingleses llamaron "Rule of law", y que en esas tierras se enseña masivamente a través de las historias del Rey Arturo de Camelot, que entre mito y realidad nos enseña que su "reino es fuerte porque sirve a la Ley".

Estoy seguro que una traducción más apropiada para nuestro contexto sería "Derecho" o "Justicia" en lugar de "ley"... Servir a la Justicia, servir al Derecho, es la verdadera fuerza de la Autoridad, a eso se refería el Arturo de Merlín, que supera en esa historia el poder de la magia. En Colombia, un mensaje igual de poderoso nos dejó el General Santander cuando en 1821 pronunció: "... colombianos si las armas os dieron la independencia, solo las leyes os darán la libertad", claro que algunos que no tenían la visión del prócer, confundieron el instrumento con la misión, y perdieron el foco como quien confunde en beisbol el bate con la habilidad de batear. Este fetichismo inmaduro nos ha costado mucho en nuestra historia: confundir ley con Justicia, pues eso solo tiene sentido, si aceptamos que la ley injusta no puede ser ley.

Con ese propósito aparecen los Jueces en la escena, son los Jurisprudentes, o la Prudencia del Derecho, que para este caso podemos llamar la prudencia de la justicia, o mejor, la prudencia de la ley para que sea Justicia. Así de importante es el rol que deben cumplir nuestros jueces, y por eso se les conoce como Magistrados, compartiendo la misma raíz etimológica que los Magistris o Maestros, ambos significando "el más" en contraposición al Minister o "El menos". ¡Tamaña dignidad encierra portar la toga!, tal como sacerdotes, su misión es asegurar que nuestro reino sirva a la Justicia.

Al entender esto no es difícil aceptar que la labor de los Jueces es esencial, y como tal debe ser permanente y persistente, pero nuestra realidad es otra, hoy la rama judicial está próxima a cumplir tres (3) meses cerrada, sólo atendiendo tutelas y algunos asuntos penales, pero acaso ¿el gran universo de derechos que también tocan nuestras vidas están suspendidos? ¿no tenemos derecho a esos derechos?

Recordamos, por ejemplo, que los economistas han entendido que, si no hay Justicia, pronto dejará de haber confianza, y si no hay confianza, pronto dejará de haber mercado, luego si no hay justicia no habrá mercado, pues en este juego los instrumentos jurídicos hacen posible y potencian el milagro de la economía. Es así, que el estudio de las regulaciones y el acceso a la justicia son el corazón del famoso informe Doing business, pero esa es otra discusión. Aquí nos interesa especialmente llamar la atención sobre la urgencia de reabrir los servicios de Justicia en el país y de enfocar nuestro esfuerzo para asegurar su prestación permanente 365 días al año, 24 horas al día, en todo el territorio, sin excepciones, con calidad y oportunidad.

A este propósito dediqué en 2008 el libro "Del Derecho Litigioso al Derecho Preventivo: hacia un sistema de Justicia Integral" y desde entonces gran parte de mi vida académica y de voluntariado ha sido pensando en la Justicia. Soluciones como la jurisdicción electrónica, la colegiatura obligatoria, el seguro contra mala praxis, la universalización de la asistencia jurídica, el tribunal y código único de ética profesional y la ampliación del sistema de control de constitucionalidad, son algunas de las propuestas a las que nos hemos dedicado, pero todas, sin excepción son propuestas que suponen la disponibilidad permanente y en todo el territorio de los servicios de justicia, pues si se suspende la exigibilidad de los derechos, por corto que sea el tiempo, se dispararán los abusos.

Es entendible que tengamos temor, que la amenaza del covid nos obligue a ser precavidos, y por eso debemos jugar despiertos y dispuestos, si hay una profesión en la que se puede teletrabajar es en la abogacía, y en esa misma realidad, si hay una rama del poder público en la que se pueden implementar tecnologías de informática y la comunicación es la Rama Judicial. Y esto no es cuestión de coyuntura, el servicio de Justicia viene funcionando mal, los medios institucionales de acceso a la justicia son insuficientes y en varios casos inoperantes. Esta es una realidad de a puño, la que le toca sufrir a cada colombiano que no puede o no encuentra el camino para la efectividad de sus derechos, una realidad que no debe dejarnos dormir.

Así, la transformación y reivindicación de la Justicia en Colombia, no sólo se representa en las mejoras salariales a los funcionarios de la Rama, se manifiesta especialmente en el propósito superior que los ciudadanos más débiles obtengan el pronto y efectivo restablecimiento de sus derechos cuando estos han sido vulnerados, también que las decisiones judiciales reflejen sin lugar a dudas los altos ideales de la Patria, y que en todo el territorio nacional efectivamente la fuerza de la autoridad radique, como lo hubiera dicho el Rey Arturo, en servir a la Justicia... De lo contrario más vale que se confirme que en este pueblo "nacimos pa´ semilla"."

REFERENCIAS BIBLIOGRÁFICAS

Assmann, J. (2011). Cultural memory and early civilization: Writing, remembrance, and political imagination. Cambridge University Press.

Katsh, E., & Rabinovich-Einy, O. (2017). Digital justice: Technology and the internet of disputes. Oxford University Press.

Kitchin, R. (2014). The data revolution: Big data, open data, data infrastructures and their consequences. SAGE Publications.

Koskenniemi, M. (2008). The gentle civilizer of nations: The rise and fall of international law 1870-1960. Cambridge University Press.

Raad Berrío, M. (2008). Del Derecho Litigioso al Derecho Preventivo: hacia un Sistema de Justicia Integral. Editorial Leyer.

Raad Berrío, M. (2020, 8 de junio). Nacimos pa' semilla: alegato por el Derecho a la Justicia.

Susskind, R. (2019). Online courts and the future of justice. Oxford University Press.

CAPÍTULO VII

DRA. DÑA. EVA M LODEIRO ESTRAVIZ

España.

Abogada. Prof.. Universidad Alfonso X el Sabio.

Sumario: Introducción. Objetivos. Metodología. Marco teórico. 1. La abogacía digital. Marco conceptual. 2. La responsabilidad profesional en el uso de servicios digitales. Uso de Inteligencia artificial. 3. Ética y deontología profesional en el ejercicio de la abogacía. 4. Resultados y discusión. 5. Conclusiones. 6. Referencias.

ABSTRACT

La transformación digital en el sector de la abogacía supone la introducción de tecnologías digitales como la inteligencia artificial que traen consigo una revolución del ejercicio profesional que se puede traducir en beneficios tanto para los clientes como para los profesionales. No obstante, esta actualización no está exenta de riesgos que exigen una excepcional labor de diligencia y de prudencia por parte de los profesionales, con la consecuente actualización de los principios deontológicos, en cuanto ética profesional, buscando un equilibrio entre la protección de los intereses sociales, los valores profesionales y la innovación tecnológica para la minimización de riesgos y perjuicios.

The digital transformation in the legal sector entails the introduction of digital technologies such as artificial intelligence, which brings them a revolution in the practise of law that can translate into benefits for both, clients and professionals. However, this update is not without risks that requiere exceptional diligence and prudence on the part of professionals, with the consequent updating of ethical principles, in terms of profesional ethics, seeking a balance between the protection of social interests, profesional values and technological innovation to minimize risks and harms.

INTRODUCCIÓN

La transformación digital es una realidad social que, a su vez, ha impactado en el ejercicio de la abogacía. Con la implantación de la tecnología digital convergen la normativa, con sus requerimientos de actualización, y aspectos éticos.

La integración de las tecnologías digitales en el sector jurídico viene suponiendo transformación estructural en los modelos de prestación de asesoramiento en el sector de la abogacía.

Esta integración se traduce en ventajas en cuanto a eficiencia, principalmente, pero también plantea desafíos éticos y jurídicos y requiere una revisión de los resultados que, por ejemplo, la inteligencia artificial puede ofrecer en la búsqueda de fundamentación para estructurar un escrito, un informe, un dictamen u otros elementos propios de este tipo de asesoramiento.

El uso de algoritmos de inteligencia artificial en aplicaciones de asesoramiento jurídico, sistemas de gestión documental, la prueba electrónica, las aplicaciones de videoconferencia para la celebración de reuniones virtuales, vistas de juicio y otras comparecencias judiciales, el otorgamiento de apoderamientos apud acta virtuales, utilización de nubes virtuales para almacenamiento de datos y otras son innovaciones ya implementadas, ya sea en servicios jurídicos públicos o en el sector privado.

La justificación del tema tratado responde al estudio de un tema de actualidad y de interés para el sector de la abogacía, entendiendo que se trata de una investigación pertinente y oportuna, por la forma en que las nuevas tecnologías están transformando la actuación de los profesionales del derecho. Se aprecia una dinámica relacional entre profesionales del derecho y tecnología digital, con la necesaria protección de los derechos fundamentales que pueden resultar afectados y la actuación responsable y prudente del profesional para garantizar la correcta prestación del servicio, debiendo de mediar principios éticos y con un requerimiento de revisión y actualización normativa. Se hace necesario proteger adecuadamente los derechos de los usuarios y garantizar la calidad del servicio, si bien, este estudio, por ser un trabajo corto, se limita a lo relativo a la prestación del servicio jurídico por parte de la abogacía digital.

Esta investigación pretende contribuir al debate académico y profesional e, incluso, ser un insumo para el trabajo institucional que se pueda desarrollar.

OBJETIVOS

El presente estudio presenta un objetivo general y varios objetivos específicos.

El objetivo general es el análisis del uso de herramientas digitales en prestación de servicios jurídicos de abogacía, como la inteligencia artificial, y las consecuencias ético-jurídicas del uso de aplicaciones digitales en el ámbito jurídico, con especial atención a la adecuada prestación de los servicios jurídicos, con la finalidad de identificar posibles lagunas y proponer soluciones, desde la perspectiva de la abogacía, que garanticen un uso ético y legal de la tecnología digital en este sector.

Los objetivos específicos de este estudio son los siguientes:

1. Identificación de riesgos derivados del uso de sistemas de tecnología digital y, especialmente, de inteligencia artificial como apoyo en la prestación de servicios jurídicos en el ámbito de la abogacía.
2. Estudio del marco deontológico europeo aplicable al uso de la tecnología digital en el ámbito jurídico.
3. Análisis de desafíos éticos que enfrenta el sector de la abogacía en el ejercicio de la abogacía digital, desde la perspectiva del servicio al client y la responsabilidad profesional y propuesta de recomendaciones que permitan incrementar las garantías o una regulación eficaz del uso de tecnología digital en el sector jurídico con relación a la protección de derechos del cliente.

METODOLOGÍA

La metodología utilizada para el desarrollo del presente artículo adopta un enfoque expositivo jurídico-dogmático mediante un estudio cualitativo de doctrina, legislación y jurisprudencia, desde un tratamiento jurídico, y el estudio de distintos códigos éticos y deontológicos de la profesión de abogacía.

Se analiza normativa relacionada con la tecnología digital, especialmente, con la inteligencia artificial, y principios éticos y deontológicos.

Se acude, asimismo, a una interpretación hermenéutica de disposiciones legales y jurisprudenciales con el fin de valorar su aportación al asesoramiento jurídico digital.

MARCO TEÓRICO

I. LA ABOGACÍA DIGITAL. MARCO CONCEPTUAL

La evolución y la transformación digital de la sociedad son una realidad, con la consecuente evolución del sector jurídico, tanto en el ámbito público como privado, y la abogacía como servicio.

El término LegalTech se utiliza como referencia a la tecnología legal en relación con "la aplicación de tecnologías avanzadas para ofrecer servicios y soluciones legales de manera más eficiente y accesible".[1]

Este término comprende la prestación de servicios digitales que van desde la gestión del despacho a la automatización de procesos propios de la actividad de la abogacía, como puede ser la búsqueda de legislación y jurisprudencia, la creación de escri-

---

1 García Torres, M.L. (2024). UAX blog Derecho. *LegalTech: ¿Qué es y cómo está revolucionando el mundo legal?* https://www.uax.com/blog/derecho/que-es-legal-tech

tos jurídicos, informes, contratos, prestación de apoderamientos *apud acta* y muchos otros. Y, con ello, el uso de servicios de inteligencia artificial.

El concepto de "abogacía digital" hace referencia a la práctica jurídica en el entorno tecnológico digital.

El entorno tecnológico y el digital guardan relación, si bien, el primero no necesariamente se circunscribe exclusivamente al entorno del segundo y las principales diferencias se encuentran en el alcance y el enfoque de ambos.

Este entorno tecnológico hace referencia a un concepto amplio que abarca tanto la tecnología digital como la analógica (en oposición a digital[2]). Comprende innovaciones y herramientas, procesos y conocimiento dirigidos a la creación de soluciones. En el entorno de un despacho donde se ejerce la abogacía este entorno tecnológico puede hacer referencia a la tecnología aplicada al trabajo jurídico, aunque no necesariamente digital. Ejemplos de sistemas tecnológicos son las impresoras, sistemas de telefonía, equipos tecnológicos de climatización o las cámaras de videovigilancia, entre otros.

El entorno digital es entendido como una parte de ese entorno tecnológico con un alcance específico, enfocado hacia elementos de software y redes electrónicas, con base en datos codificados mediante dígitos, código binario o bit, píxeles u otros. Ejemplos en un despacho de abogacía pueden ser las aplicaciones de gestión de expedientes, aplicaciones de firma electrónica, sistemas de videoconferencia, páginas web, nubes para almacenamiento de datos, etc.

Estas herramientas tecnológicas tienen un coste económico y humano de formación pero, a su vez, suponen una automatización de las tareas y la optimización de recursos, siendo de gran ayuda

---

2 Real Academia Española y Asociación de Academias de la Lengua Española: *Diccionario panhispánico de dudas (DPD)* [en línea], https://www.rae.es/dpd/anal%C3%B3gico, 2ª edición (versión provisional)

para la búsqueda de resultados, realización de tareas predictivas, rapidez en la resolución de planteamientos, principalmente.

La evolución de la transformación digital de los distintos sectores de la sociedad supone una necesaria adaptación de los profesionales de la abogacía, con el conocimiento y, en su caso, la integración en el despacho de las aplicaciones *ad hoc, big data,* inteligencia artificial, *blockchain* y otros para el cumplimiento de la diligencia debida y la prestación de un adecuado servicio profesional.

II. LA RESPONSABILIDAD PROFESIONAL EN EL USO DE SERVICIOS DIGITALES. USO DE INTELIGENCIA ARTIFICIAL.

La reciente introducción de la inteligencia artificial y la digitalización en la abogacía no nos permite disponer de abundante jurisprudencia pero ya se están dictando las primeras resoluciones judiciales.

El Tribunal Superior de Justicia de Navarra[3], mediante Auto de 4 de septiembre de 2024, examinó la existencia de abuso de derecho o mala fe procesal, de los apartados 3 y 4 del artículo 247 de la Ley de Enjuiciamiento Civil[4], en la actuación de un abogado que en la redacción de su escrito de querella, de junio de 2024, incluyó un fundamento jurídico relativo al Código Penal de Colombia que le "fue facilitado por la inteligencia artificial, debido a un manejo inadecuado por parte de su despacho del sistema de inteligencia artificial CHATGPT3".

Este precepto prevé la imposición de multas a la parte que, en un litigio, actúe conculcando las normas de la buena fe procesal o con abuso del servicio público de Justicia; y si esta actuación es imputable a un profesional, la capacidad sancionadora se puede

---

3 Tribunal Superior de Justicia de Navarra. Sala de lo Civil y Penal, Sección 1. Auto 2/2024, de 4 de septiembre de 2024.

4 Ley 1/2000, de 7 de enero, de Enjuiciamiento Civil.

ampliar al colegio profesional, o a la Comisión de Asistencia Gratuita, en su caso.

El Fundamento de Derecho Tercero del precitado Auto, recoge que "el uso de las tecnologías emergentes y de los materiales generados por inteligencia artificial en los procedimientos judiciales no está exento de importantes consideraciones éticas y legales para garantizar un uso responsable. Lo que impone una verificación adicional, puesto que la revisión y validación de los documentos legales seguirá siendo responsabilidad de los abogados para garantizar la precisión y el cumplimiento normativo".

La causa donde se dictó el precitado Auto concluyó con el archivo de la pieza sin sanción para el abogado de cuya actuación se dedujo testimonio que dio lugar a la apertura de la pieza. No obstante, la fundamentación jurídica, tanto en la fundamentación directa como *obiter dicta*, deja informados unos principios básicos relativos a la verificación de los resultados que arrojan los sistemas de inteligencia artificial con criterios éticos y normativos.

La misma resolución indica que, por el momento, los precedentes son escasos, y así se aprecia en la búsqueda realizada en el presente estudio. Esta resolución judicial trae al caso la condena al pago de una multa de 5000 dólares impuesta, en el año 2023, por un juez estadounidense del Tribunal del Distrito Norte de Texas a dos abogados por presentar un escrito judicial utilizando la herramienta de inteligencia artificial ChatGPT, entendiendo que "obviaron conscientemente las señales que apuntaban a que los casos que había incluido ChatGPT eran falsos y que ofrecieron declaraciones engañosas al tribunal, por lo que actuaron de mala fe", haciendo dejación de responsabilidades. Según se indica, el propio abogado reconoció el uso de ChatGPT en la preparación de su escrito y "reconoció que la única verificación que había llevado a cabo era preguntar a la aplicación si los casos que citaba eran reales", sin intención de engañar al tribunal[5].

---

[5] District Court, S.D. New York. Roberto Mata vs. Avianca Airlines. Case 1:22-cv-01461-PKC. Opinion and order on sanctions. June 22, 2023.

El citado Auto del Tribunal Superior de Justicia de Navarra no cuestiona el uso de la inteligencia artificial por la abogacía como ayuda pero deriva a las normas deontológicas respecto a la obligación de una función de control por parte de la abogacía para garantizar la exactitud de sus presentaciones.

III. ÉTICA Y DEONTOLOGÍA PROFESIONAL EN EL EJERCICIO DE LA ABOGACÍA

III.1. La ética

El uso de herramientas legales digitales e inteligencia artificial supone un apoyo en la actividad profesional de la abogacía y, además, responde al deber de actualización que requiere la profesión, en cualquier especialidad, siendo herramientas de uso habitual ofrecidas por las principales editoriales y aplicaciones proveedoras de servicios de gestión. No obstante, se requiere hacer un uso responsable de la inteligencia artificial y de los servicios de legalTech, lo que, independientemente de los límites o pautas que puedan establecer la ley y la jurisprudencia, se traduce la presencia de la ética y el propósito y en la exigencia de integridad y de la debida diligencia.

Siguiendo a Hegel[6], "la voluntad en ejercicio por su propia virtud, incluye en su fin, enderezado al existir actual, la representación de las circunstancias del mismo (...) Pero el derecho de la voluntad es sólo reconocer su propio acto, como acción propia, y sólo ser culpable de lo que ella conoce que de sus presuposiciones hay en su fin; de aquello que de ellas está implícito en su propósito. El acto puede ser imputado sólo como culpa de la voluntad, como el derecho del saber". A continuación, define Hegel (1968) el "Derecho de la Intención" indicando que "es que

---

6 Hegel, G.W.F. (1968) *Filosofía del Derecho.* Ed. Claridad (Buenos Aires). P. 119.

la cualidad universal de la acción no es sólo en sí, sino que es conocida por el agente y reside ya en su voluntad subjetiva; y, a la inversa, el derecho de la objetividad de la acción, como puede ser llamado, es afirmarse como conocida y querida por el sujeto, en cuanto pensante" y que "una intención de mi bienestar, así como del bienestar ajeno, en el caso de que particularmente no pueda ser considerada intención moral, no puede legitimar una acción injusta" (p. 119).

Esta intención la relaciona Hegel, en la citada obra, con la naturaleza abstracta del bien, que cae en la subjetividad y, consecuentemente, en la conciencia, disponiendo que "la verdadera conciencia es la disposición de querer lo que es bueno en sí y por sí. Tiene principios estales, es decir: las prescripciones objetivas por sí y los deberes. Diferente de esto, su contenido de la verdad es sólo el aspecto formal de la actividad del querer, el que como tal no tiene contenido propio. Pero el sistema objetivo de estos principios y deberes y la unión del saber subjetivo con aquél, existe solamente desde el punto de vista de la Ética" (p. 134).

Hegel, en la misma obra, establece una relación directa entre la ética y el concepto del bien y así lo desarrolla cuando concluye que "la Ética es la idea de la libertad, como Bien viviente que tiene en la conciencia en sí su saber y su querer, y por medio de su obrar, su realidad, así como éste en el ser ético tiene su fundamento que es en sí y por sí y el fin motor; la Ética es el concepto de la libertad convertido en mundo existente y naturaleza de la conciencia de sí misma" (p. 150).

La ética se presenta como esencial en relación con el bien.

La integridad, como concepto filosófico, se refiere a la virtud moral de actuar conforme a los valores personales y la búsqueda de la verdad, sin desviarse del concepto del bien. La integridad es un valor personal. Es el valor de la actuación coherente sustentada sobre valores éticos, lo que genera confianza, como manifestación externa.

La integridad, acudiendo a una definición más institucional, se relaciona con la rectitud en el obrar[7] y lo honesto[8] y lo justo[9].

Aristóteles[10], como muchos otros teóricos, se hace la pregunta de qué es el bien "porque parece ser distinto en cada praxis y en cada téchnë" (p. 58). Razona que este concepto tiene que ver con la vida práctica y la experiencia (p. 59) y es una idea fundamental que debe orientar el pensamiento humano (p. 79), la sustenta sobre las ideas de *téchnnë, méthodos, prâxis* y *proaírësis* y se dice que es aquello hacia lo que todas las cosas tienden (p. 81). Establece esta idea del bien como un "bien construido, educado, formado en la misma consciencia que un sujeto real que, por supuesto, puede llegar a objetivarse", surgiendo como "aspiración y producto" dentro de una tarea humana. (P.84-85) Establece que "el bien del hombre es una actividad del alma de acuerdo con la virtud". (P. 142)

Siguiendo la estela aristotélica, el filósofo Fernando Sabater, en su ensayo filosófico "Ética para Amador"[11], considera la ética como un saber imprescindible, alude a la libertad de elección de las personas y, en este sentido, con relación a esta libertad de elección en cuanto a lo bueno y lo malo, ajustado a criterios de conveniencia, consigna que "tanto la virtud como el vicio están en nuestro poder. En efecto, siempre que está en nuestro poder el hacer, lo está también el no hacer, y siempre que está en nuestro poder el no, lo está el sí, de modo que si está en nuestro poder el obrar cuando es bello, lo estará también cuando es vergonzoso, y si está en nuestro poder el no obrar cuando es bello, lo estará, asimismo, para no obrar cuando es vergonzoso". Y señala que la

---

7 Real Academia Española: Diccionario de la lengua española, 23.ª ed., [versión 23.8 en línea]. https://dle.rae.es/%C3%ADntegro?m=form

8 Ídem https://dle.rae.es/honesto

9 Ídem. https://dle.rae.es/justo

10 Aristóteles (1985). *Ética Nicomáquea, Ética Eudemia.* Editorial Gredos, S.A. (Madrid).

11 Savater, F. (2008) *Ética para Amador.* Ariel (Barcelona)

ética enseña a reflexionar sobre por qué consideramos los comportamientos como válidos.

Por su parte, un concepto ético relacionado directamente con la responsabilidad profesional es la diligencia, acepción que viene siendo tratada por distintos filósofos, entre los que se reitera la mención a la obra de Aristóteles.

En un contexto de normativa jurídica, el Código Civil[12] español incluye este deber de diligencia en las prestaciones, incluyéndola en diferentes preceptos como el artículo 1094, en cuanto a la obligación de conservar la cosa con la diligencia propia de "un buen padre de familia". Esta medida respecto de la diligencia la consigna, nuevamente, el Código Civil, en su artículo 1104, respecto a la diligencia que ha de prestarse en el cumplimiento de una obligación, y en el artículo 1889, en la obligación del encargo de gestión de negocios ajenos.

La diligencia se refiere a la manifestación externa de la responsabilidad, al modo en que, en el ámbito profesional, se acometen las obligaciones. Esta diligencia implica actuar con atención, buscando la minimización de errores y buscando un cumplimiento efectivo del deber. Es, por tanto, un deber ético fundamental en el ejercicio profesional.

Una referencia institucional del concepto de diligencia la ofrece la Real Academia Española definiéndola como "cuidado, prontitud, agilidad, competencia en la acción".[13]

Un precepto ético de especial peso y relevancia y que acompaña a la diligencia en el buen uso de los nuevos sistemas de inteligencia artificial, es la prudencia.

---

12 Real Decreto de 24 de julio de 1889 por el que se publica el Código Civil. (Gaceta de Madrid 206, de 25 de julio de 1889. Ref.: BOE-A-1889-4763)

13 Real Academia Española y Asociación de Academias de la Lengua Española. (2023) *Diccionario panhispánico del español jurídico.* https://dpej.rae.es/lema/diligencia

Recurriendo, de nuevo, a la definición de la Real Academia de la Lengua, la prudencia se refiere a la templanza, cautela, moderación, sensatez y buen juicio.[14]

Aristóteles definiría la prudencia como "aquella disposición que permite al hombre discurrir bien respecto de lo que es bueno y conveniente para él mismo"[15].

Esta definición es extensible al ámbito profesional, donde requiere especial apreciación y aplicación, especialmente, en el uso de la inteligencia artificial y nuevas tecnologías digitales en desarrollo.

II.2. La deontología profesional

La deontología profesional es el "conjunto de reglas relacionadas con el ejercicio de cada profesión que, en su caso, pueden codificarse en un código deontológico"[16] la "ciencia o tratado de los deberes" parte de la ética que trata de los deberes, especialmente, los que rigen una actividad profesional.

El Estatuto de la Abogacía española[17] recoge que la abogacía "es una profesión multisecular, dedicada a la defensa de los derechos e intereses de los ciudadanos, cuya evolución discurre en paralelo a la del reforzamiento de los derechos y libertades" y encomienda al abogado en un "esfuerzo de innovación y actualiza-

---

14 Real Academia Española: *Diccionario de la lengua española*, 23ª ed., [versión 23.8 en línea] https://dle.rae.es/prudencia

15 Chillón, J.M. (2019) *Heidegger y la prudencia aristotélica como protofenomenología.* Ideas y Valores 68 (169), 133-152. https://revistas.unal.edu.co/index.php/idval/article/view/63566/pdf_6

16 Real Academia Española y Asociación de Academias de la Lengua Española. (2023) *Diccionario panhispánico del español jurídico.* https://dpej.rae.es/lema/deontolog%C3%ADa-profesional

17 Real Decreto 135/2021, de 2 de marzo, por el que se aprueba el Estatuto General de la Abogacía Española. Preámulo. (BOE 71, de 24 de marzo de 2021. Referencia: BOE-A-2021-4568)

ción la asunción como normativos de postulados propios de la deontología profesional, con una formulación acorde con la realidad social" y apuesta "por la modernización en todos los órdenes, comenzando con nel uso de las nuevas tecnologías, en un proceso de concurrencia con los avances en la digitalización de la justicia".

El artículo 6 de este texto legal establece una relación entre la intervención del profesional de la abogacía y la efectividad del derecho de defensa que, más allá de la intervención libre e independiente a que hace referencia, obliga al profesional de la abogacía a una formación actualizada y un conocimiento del ámbito en el que está prestando sus servicios.

El mismo texto, en su artículo 16, ya incluye la referencia a la prestación de "asesoramiento jurídico en línea o a través de internet" e insta al profesional a adoptar las medidas necesarias para garantizar el secreto profesional y prestar el servicio adecuado al solicitante. Asimismo, obliga al envío encriptado de las comunicaciones confidenciales y con firma electrónica segura, remitiéndose al resto del ordenamiento jurídico en lo necesario.

Este texto corporativo, en cuanto a perteneciente a una corporación profesional, requiere al profesional de la abogacía, en su artículo 64, en cuanto a la obligación de la formación continuada con el "derecho y el deber de seguir una formación continuada que les capacite permanentemente para el correcto ejercicio de su actividad profesional", con la encomienda a los colegios profesionales para la organización de actividades formativas de actualización profesional. Y a estas corporaciones también las insta, en el artículo 72, respecto a los colegios profesionales, y en el artículo 92 respecto al Consejo General de la Abogacía Española, a la incorporación de "las tecnologías precisas que garanticen la interoperabilidad entre los distintos sistemas".

Esta necesaria actualización profesional conlleva, a su vez, el cuidado en la protección de derechos fundamentales del cliente protegidos por la correspondiente normativa jurídica y en relación, a su vez, con los aspectos éticos inherentes al ejercicio profesional.

Acudiendo a una referencia internacional, la American Bar Association, en su código de conducta profesional[18], refiere, en su norma 1.3, respecto a la diligencia, que un abogado actuará con razonable diligencia al representar a un cliente; y, en su norma 5.7[19], que el abogado estará sujeto a las normas de conducta profesional en lo que respecta a la prestación de servicios jurídicos y los limita a la prestación por persona que es abogada.

El Consejo de la Abogacía Europea elaboró, en el año 2022, la una guía sore el uso de herramientas con base de inteligencia artificial por abogados y firmas jurídicas en la Unión Europea[20] con el fin de proporcionar información sobre como el sector de la abogacía puede aprovechar las oportunidades que ofrecen las herramientas de inteligencia artificial y cómo éstas pueden mejorar sus procesos de negocio, con el objetivo de proporcionar información para que los abogados comprendan qué pueden esperar de estos productos y evaluar las aplicaciones que puedan ser más relevantes. Pero esta guía también dedica una buena parte a los riesgos para las obligaciones profesionales en el uso de estas aplicaciones de inteligencia artificial.

Esta guía dedica un amplio apartado a los riesgos[21] que el sector de la abogacía debe tener en consideración, recordando la necesidad de asegurarse actuar de conformidad con los principios fundamentales de la profesión jurídica europea. Y en un desglose de riesgos identifica riesgos derivados del uso de nubes digitales y plataformas en línea para brindar acceso a herramientas

---

18 Amerian Bar Association
https://www.americanbar.org/groups/professional responsibility/publications/model rules of professional conduct/rule 1 3 diligence/

19 ídem. https://www.americanbar.org/groups/professional responsibility/publications/model rules of professional conduct/rule 5 7 responsibilities regarding law related services/

20 Hommoki, P. et. al. Council of Bars and Law Societies of Europe. European Lawyers Foundation (2022) *Guide on the use of Artificial Intelligence-based tolos by lawyers and law firms in the EU.*

21 Íbidem (p. 45-54)

de inteligencia artificial, el riesgo de confiar en los resultados sin explicación y comprensión adecuadas y otros riesgos relevantes para el rendimiento de las herramientas de inteligencia artificial, riesgos para la intimidad, y otros riesgos para la competencia y la independencia profesional.

Y, en sus conclusiones[22], esta obra ofrece la recomendación de que los abogados y sus asociaciones comprendan los riesgos de la transformación digital y el uso de las herramientas de inteligencia artificial con prudencia y la observancia de los riesgos, pues distan de ser perfectas, y deben utilizarse de forma que no perjudiquen al cliente ni al Estado de Derecho.

En el mismo sentido, la Comisión Europea[23] publicó una guía para la digitalización de los tribunales de justicia.

Matthew Dahl et. al.[24], en un estudio también citado en el Fundamento de Derecho Tercero del reciente Auto de 4 de septiembre de 2024 del Tribunal Superior de Justicia de Navarra[25], comienzan haciéndose la pregunta acerca de si los *large language models* (LLMs), o modelos de inteligencia artificial, entrenados con datos masivos, que pueden entender y generar lenguaje humano, conocen el derecho. Y concluyen que estos modelos presentan "alucinaciones", en cuanto a textos que no concuerdan con hechos jurídicos planteados; y, concretamente, nombran el uso de la aplicación ChatGPT de OpenAI y otros modelos públicos, concluyendo que estos modelos alucinan, al menos, en el 58% de las ocasiones, que tienen dificultades para predecir sus propias alucinaciones y que aceptan acríticamente las suposiciones jurídicas incorrectas de los usuarios.

---

22 Íbidem (p. 55)

23 European Commission for the efficiency of Justice (CEPEJ). (2021) *Guidelines on electronic court filing (e-filing) and digitalisation of courts.*

24 Dahl, M., Magesh, V., Suzgun, M., E Ho, D. (2024) *Profiling Legal Hallucinations in Large Language Models.* Journal of Legal Analysis, Volume 16, Issue 1. P. 64-93.

25 Tribunal Superior de Justicia de Navarra. Sala de lo Civil y Penal, Sección 1. Auto 2/2024, de 4 de septiembre de 2024.

En este estudio, los investigadores concluyen advirtiendo contra la integración rápida y sin supervisión de estos modelos *large language models* (LLMs) populares en las tareas jurídicas y desarrollan una tipología de alucinaciones jurídicas para guiar la investigación futura en este ámbito. Y el Tribunal Superior de Justicia, en el Fundamento de Derecho Tercero del referido Auto de 4 de septiembre de 2024, recoge que "el uso descuidado de estas tecnologías en los procedimientos judiciales plantea importantes implicaciones deontológicas".

El Consejo de la Abogacía Europea[26], organismo representante de los Consejos y los Colegios de Abogacía miembros en la Unión Europea, Espacio Económico Europeo y Confederación Suiza, entre los que se encuentran los españoles, adoptó, en el año 1988 y actualizó en el 2006, el Código Deontológico de los Abogados Europeos, y, en el año 2006, la Carta de Principios Fundamentales de la Abogacía; documentos, ambos, que representan la base de la deontología de la abogacía europea.

Tanto en el Código Deontológico como en la Carta del Consejo de la Abogacía Europea se consignan principios que recomiendan a los profesionales de la abogacía servir fielmente a los intereses del cliente y proteger sus derechos y favorecer el desarrollo futuro del Derecho.[27]

El Principio (d) de la meritada Carta, en referencia a la "dignidad y honor de la Abogacía e integridad del abogado", consigna que para ser respetado, "el abogado debe demostrar que es digno merecedor de tal confianza" y "no debe hacer nada que dañe su reputación ni la de su profesión, vista la confianza general depositada en la profesión". Insta al abogado, no a tener un comportamiento perfecto pero sí a "no tener una conducta vergonzosa". Y el Principio (g), relativo a la competencia profesional, hace una

---

[26] Consejo de la Abogacía Europea (2006). *Carta de Principios Esenciales de la Abogacía Europea. Código de Deontología de los Abogados Europeos.*

[27] Ibídem Carta de Principios Esenciales de la Abogacía Europea, Comentario 6 a la Carta de Principios Esenciales de la Abogacía Europea.

somera referencia a los nuevos avances tecnológicos y, en este sentido, refiere que "un abogado no puede aconsejar o representar a su cliente si no ha recibido una formación adecuada", resaltando que la formación de post-grado "ha adquirido una importancia creciente como respuesta a los rápidos cambios sufridos en el Derecho y la práctica del mismo y los nuevos avances tecnológicos y económicos".

El Código de Deontología de los Abogados Europeos ratifica la función del abogado en la sociedad y recuerda, en su Principio 1.2.1 que "las normas deontológicas están destinadas a garantizar la correcta ejecución por parte del abogado de su indispensable función, reconocida como esencial en todas las sociedades civilizadas".

El principio 2.2. del referido Código de Deontología, en cuanto a la confianza, estima que esta relación depende directamente de la inexistencia de cualquier duda sobre la "probidad, la honradez, la rectitud o la integridad del Abogado", que constituyen obligaciones profesionales.

Se señala, en el mismo Código, la obligación de actuar en defensa de los intereses del cliente "de la mejor manera posible" (Principio 2.7).

De esta forma, la normativa deontológica europea, actualizada en el año 2006, consigna una serie de competencias genéricas orientadoras en relación con el deber de diligencia de la abogacía, con una sucinta referencia a la introducción de nuevas formas tecnológicas, si bien, sin ahondar en la ya presente digitalización de la abogacía.

El Código Deontológico de la Abogacía Española[28], en su última actualización, del año 2019, no se desvía de las recomendaciones europeas, alineadas, a su vez, con las de la American Bar Association.

---

[28] Consejo General de la Abogacía Española (2019). *Código Deontológico de la Abogacía Española.* Tirant lo Blanch (Valencia).

Esta deontología española impone a profesionales de la abogacía el respeto a la deontología inspirada en los principios éticos de la profesión, cuyas fuentes son el Estatuto General de la Abogacía Española, el Código Deontológico de la Abogacía Europea y el presente, todos ellos estudiados en este trabajo.

El Código español, en su artículo 4, insiste en que la recíproca confianza que fundamenta la relación con el cliente "exige una conducta profesional íntegra, honrada, leal, veraz y diligente" que, en la relación del profesional de la abogacía con la Administración de Justicia y con árbitros (artículo 10), exige la obligación de "actuar con buena fe, lealtad y respeto".

Sin embargo, esta norma deontológica española ya hace una referencia expresa al empleo de tecnologías de la información y la comunicación (artículo 21), cuyo uso somete al cumplimiento de las normas deontológicas, con la obligación de "hacer uso responsable y diligente de la tecnología de la información y la comunicación". Aun con ello, se aprecia una falta de referencia a otros aspectos de las tecnologías digitales.

Las posibles carencias regulatorias en materia deontológica no vienen cubiertas por la normativa jurídica. En este sentido, la normativa más reciente en el ámbito europeo es el Reglamento de Inteligencia Artificial[29], si bien, no parece dar respuesta a los deberes de diligencia profesional, no siendo ésta su concreta finalidad.

El Reglamento, según su artículo 1, contiene normas armonizadoras para la introducción, puesta en servicio y uso de sistemas de inteligencia artificial en la Unión Europea, prohibiciones de

---

[29] Reglamento (UE) 2024/1689 del Parlamento Europeo y del Consejo, de 13 de junio de 2024, por el que se establecen normas armonizadas en materia de inteligencia artificial y por el que se modifican los Reglamentos (CE) nº 300/2008, (UE) nº 167/2013, (UE) nº 168/20013, (UE) 2018/858, (UE) 2018/1139 y (UE) 2019/2144 y las Directivas 2014/90/UE, (UE) 2016/797 y (UE) 2020/1828 (Reglamento de Inteligencia Artificial). (DOUE °689, de 12 de julio de 2024, páginas 1 a 144. Referencia: DOUE-L-2024-81079).

determinadas prácticas de inteligencia artificial, requisitos específicos para sistemas de alto riesgo, normas de transparencia para sistemas de riesgo limitado, otras armonizadoras para la introducción de inteligencia generativa y otras sobre control y para el fomento de la innovación.

Y para el control de la monitorización de algoritmos de inteligencia artificial que impactan en los ciudadanos se creó, en España, la Agencia Española de Supervisión de Inteligencia Artificial (AESIA)[30], como organismo supervisor del cumplimiento de las regulaciones de inteligencia artificial, si bien, tampoco da cobertura a los objetivos tratados en este estudio.

La Comisión Europea, en el Libro Blanco sobre inteligencia artificial[31], de febrero de 2020, realiza un desarrollo relativo a las oportunidades que ofrece la inteligencia artificial y a la generación de un ecosistema de confianza, haciendo referencia a riesgos para los derechos fundamentales, especialmente a la protección de la privacidad y la no discriminación, a la seguridad y al funcionamiento eficaz del régimen de responsabilidad civil, y refiere la necesidad de regulación en la Unión Europea.

El Libro Blanco establece la necesidad de supervisión humana, indicando que "el resultado del sistema de IA (inteligencia artificial) no es efectivo hasta que un humano no lo haya revisado y validado" y establece que el objetivo de una IA (inteligencia artificial) "fiable, ética y antropocéntrica solo puede alcanzarse garantizando una participación adecuada de las personas con relación a las aplicaciones de IA (inteligencia artificial) de riesgo elevado".

El profesional de la abogacía ha de realizar un uso correcto de los medios digitales, como puede ser la inteligencia artificial,

---

30 Agencia Española de Supervisión de Inteligencia Artificial (AESIA). https://aesia.digital.gob.es/es

31 Comisión Europea (2020). Libro Blanco sobre la inteligencia artificial. https://commission.europa.eu/document/download/d2ec4039-c5be-423a-81ef-b9e44e79825b_es?filename=commission-white-paper-artificial-intelligence-feb2020_es.pdf

y, a su vez, el uso de tecnologías digitales no puede dar lugar a la vulneración de los deberes de protección de los intereses del cliente, así como de la Administración de Justicia, que debe cuidar el profesional.

RESULTADOS Y DISCUSIÓN

Los principales resultados de este trabajo refieren que el uso de herramientas de inteligencia artificial son una realidad en el ámbito del asesoramiento jurídico y como apoyo para la defensa de los intereses del cliente en procedimientos judiciales, no solamente en España sino en el ámbito internacional.

Estos sistemas se muestran como un apoyo importante, al ser sistemas rápidos para la búsqueda y resultados que pueden traducirse en avances para apoyar la labor profesional jurídico.

La implementación de estos sistemas, si bien, inicialmente, tiene un coste económico y formativo, puede reportar una oportunidad de ahorro y reducción de costes para los operadores de abogacía aunque, actualmente, es necesaria la verificación de resultados.

La inteligencia artificial no se basa en las normas preexistentes que conocemos sobre derecho digital, ni en el modelo de protección de datos ni en el de servicios digitales, sino en el modelo de seguridad de los productos y en las líneas básicas que se describen en el Libro Blanco de la Comisión Europea, que estableció las principales formas y pilares de la futura regulación, por lo que se presenta la necesidad de actuar con prudencia y con la debida diligencia en el ámbito profesional de la abogacía.

Los sistemas de inteligencia artificial pueden presentar fallos e, incluso, arrojar resultados ilusorios, sin un fundamento real, que pueden llevar a una fundamentación errónea en la labor asesora de la abogacía, con posibles perjuicios tanto al abogado como al cliente o a la Administración de Justicia. Y estos fallos ya son patentes y se reflejan en resoluciones judiciales que pueden resultar y, de *facto*, resultan, en perjuicios para el cliente y en sanciones profesionales por mala fe procesal.

Los códigos éticos en el entorno español y de Unión Europea muestran carencias en cuanto al abordaje del uso de las herramientas de inteligencia artificial con fundamento en los criterios éticos recogidos en este estudio, especialmente, en cuanto a los conceptos de diligencia y prudencia. Ello, sin perjuicio de que la normativa jurídica regulatoria de la inteligencia artificial también se presenta insuficiente.

Consecuentemente, atendiendo a la regulación deontológica actual, así como la jurídica, se presentan desafíos éticos identificables en la abogacía digital, especialmente, en el uso de las herramientas de inteligencia artificial, requiriendo una especial regulación para el establecimiento de criterios de debida diligencia en la utilización de las herramientas y la revisión de resultados antes de su utilización.

CONCLUSIONES

La implantación de la tecnología digital se encuentra consolidada en la prestación de servicios de abogacía, en consonancia con la evolución social, siendo las herramientas de inteligencia digital un recurso que puede resultar útil para facilitar la labor de los profesionales de la abogacía para la prestación de servicios jurídicos de mayor calidad y con celeridad para clientes de los servicios de abogacía. Y su uso se aprecia en procedimientos judiciales, no solamente en España sino en el ámbito internacional, como se viene apreciando en los Tribunales de Justicia.

Los sistemas de inteligencia artificial, en ocasiones, presentan fallos e, incluso, arrojan resultados ilusorios, sin un fundamento real, que pueden llevar a una fundamentación errónea en la labor asesora de la abogacía, con posibles perjuicios tanto al abogado como al cliente y a la Administración de Justicia. Y, en este sentido, se han pronunciado diversas resoluciones judiciales, que vienen advirtiendo, en algún caso, y sancionando, en otros, el uso sin revisión de sistemas de inteligencia artificial en el ámbito de la Administración de Justicia, entendiendo que pueden dar lugar a la responsabilidad del profesional de abogacía por mala fe procesal. Esto refleja el uso inadecuado de herramientas de inteligencia artificial por falta de revisión y contraste de los resultados arrojados por éstas.

Las mismas resoluciones judiciales que aprecian la falta de diligencia de profesionales de la abogacía en el uso de herramientas de inteligencia artificial sin la adecuada supervisión hacen referencia a criterios éticos en relación con la responsabilidad deontológica de estos profesionales, si bien, los vigentes códigos de deontología profesional hacen referencias genéricas a los deberes de diligencia, adoleciendo de referencias actualizadas al uso de sistemas tecnológicos digitales.

Del estudio realizado se desprende y se propone la necesaria la regulación de una adecuada implementación y refuerzo de los principios éticos y deontológicos en el uso de sistemas de inteligencia artificial, como valor social, por lo que una propuesta de mejora podría pasar por la actualización de los preceptos deontológicos completándolos con pautas fundamentadas en criterios deontológicos relativos al uso de la tecnología digital y un refuerzo de pautas para la formación y actualización profesional en el uso de estas tecnologías, con un conocimiento adecuado de su uso para facilitar el reconocimiento de fallos en los resultados previo a su inclusión en escritos jurídicos.

REFERENCIAS

LIBROS Y CAPÍTULOS

Aristóteles (1985). *Ética Nicomáquea, Ética Eudemia.* Editorial Gredos, S.A. (Madrid).

European Commission for the efficiency of Justice (CEPEJ). (2021) *Guidelines on electronic court filing (e-filing) and digitalisation of courts.* https://rm.coe.

int/cepej-2021-15-en-e-filing-guidelines-digitalisation-courts/1680a4cf87 [Consulta: 19 de abril de 2025]

Hegel, G.W.F. (1968) *Filosofía del Derecho.* Ed. Claridad (Buenos Aires).

Hommoki, P. et. al. Council of Bars and Law Societies of Europe. European Lawyers Foundation (2022) *Guide on the use of Artificial Intelligence-based tolos by lawyers and law firms in the EU.*

Savater, F. (2008) *Ética para Amador.* Ariel (Barcelona)

ARTÍCULOS DE REVISTA

Chillón, J.M. (2019) *Heidegger y la prudencia aristotélica como protofenomenología.* Ideas y Valores 68 (169), 133-152. https://revistas.unal.edu.co/index.php/idval/article/view/63566/pdf_6

Dahl, M., Magesh, V., Suzgun, M., E Ho, D. (2024) *Profiling Legal Hallucinations in Large Language Models.* Journal of Legal Analysis, Volume 16, Issue 1. P. 64-93. https://academic.oup.com/jla/article/16/1/64/7699227 [Consulta: 20 de abril de 2025]

LEGISLACIÓN

NORMATIVA UNIÓN EUROPEA

Reglamento (UE) 2024/1689 del Parlamento Europeo y del Consejo, de 13 de junio de 2024, por el que se establecen normas armonizadas en materia de inteligencia artificial y por el que se modifican los Reglamentos (CE) nº 300/2008, (UE) nº 167/2013, (UE) nº 168/2013, (UE) 2018/858, (UE) 2018/1139 y (UE) 2019/2144 y las Directivas 2014/90/UE, (UE) 2016/797 y (UE) 2020/1828 (Reglamento de Inteligencia Artificial). (DOUE 1689, de 12 de julio de 20024, páginas 1 a 144. Referencia: DOUE-L-2024-81079).

Reglamento (UE) 2023/2854 del Parlamento Europeo y del Consejo, de 13 de diciembre de 2023, sobre normas armonizadas para un acceso justo a los datos y su utilización, y por el que se modifican el Reglamento (UE) 2017/2394 y la Directiva (UE) 2020/1828 (Reglamento de Datos). (DOUE 2854, de 22 de diciembre de 2023, páginas 1 a 71. Referencia DOUE-L-2023-81895).

Reglamento (UE) 2016/679 del Parlamento Europeo y del Consejo de 27 de abril de 2016 relativo a la protección de las personas físicas en lo que respecta al tratamiento de datos personales y a la libre circulación de estos datos y por el que se deroga la Directiva 95/46/CE (Reglamento general de protección de datos)

Consejo de la Abogacía Europea (2006). Código *de Deontología de los Abogados Europeos.*

https://www.ccbe.eu/NTCdocument/10_11_10_Booklet_Cd3_1290438847.pdf

Consejo de la Abogacía Europea (2006). *Carta de Principios Esenciales de la Abogacía Europea.*

https://www.ccbe.eu/NTCdocument/10_11_10_Booklet_Cd3_1290438847.pdf

NORMATIVA ESPAÑOLA

Constitución Española. BOE 311, de 29 de diciembre de 1978 (Ref. BOE-A-1978-31229)

Ley Orgánica 3/2018, de 5 de diciembre, de Protección de Datos Personales y garantía de los derechos digitales. (BOE 294, de 6 de diciembre de 2018. Referencia: BOE-A-2018-16673)

Ley 1/2000, de 7 de enero, de Enjuiciamiento Civil. (BOE 7, de 8 de enero de 2000. Referencia: BOE-A-2000-323)

Real Decreto 135/2021, de 2 de marzo, por el que se aprueba el Estatuto General de la Abogacía Española. (BOE 71, de 24 de marzo de 2021. Referencia: BOE-A-2021-4568)

Real Decreto de 24 de julio de 1889 por el que se publica el Código Civil. (Gaceta de Madrid 206, de 25 de julio de 1889. Referencia: BOE-A-1889-4763)

Consejo General de la Abogacía Española (2019). *Código Deontológico de la Abogacía Española.* Ed. Tirant lo Blanch (Valencia).

JURISPRUDENCIA

District Court, S.D. New York. Roberto Mata vs. Avianca Airlines. Case 1:22-cv-01461-PKC. Opinion and order on sanctions. June 22, 2023. https://www.courtlistener.com/docket/63107798/mata-v-avianca-inc/

Tribunal Superior de Justicia de Navarra. Sala de lo Civil y Penal, Sección 1. Auto 2/2024, de 4 de septiembre de 2024. Recurso 17/2024. Roj: ATSJ NA 38/20024.

WEBGRAFÍA

Agencia Española de Supervisión de Inteligencia Artificial (AESIA). https://aesia.digital.gob.es/es [Consulta: 20 de abril de 2025]

Amerian Bar Association

https://www.americanbar.org/groups/professional_responsibility/publications/model_rules_of_professional_conduct/model_rules_of_professional_conduct_table_of_contents/ [Consulta: 19 de abril de 2025]

García Torres, M.L. (2024) UAX blog Derecho. *LegalTech: ¿Qué es y cómo está revolucionando el mundo legal?* https://www.uax.com/blog/derecho/que-es-legal-tech [Consulta: 18 de abril de 2025]

Comisión Europea (2020). *Libro Blanco sobre la inteligencia artificial.* https://commission.europa.eu/document/download/d2ec4039-c5be-423a-81ef-b9e44e79825b_es?filename=commission-white-paper-artificial-intelligence-feb2020_es.pdf [Consulta: 20 de abril de 2025]

Real Academia Española: *Diccionario de la lengua española*, 23.ª ed., [versión 23.8 en línea]. https://dle.rae.es/honesto [Consulta: 19 de abril de 2025]

Real Academia Española: *Diccionario de la lengua española*, 23.ª ed., [versión 23.8 en línea]. https://dle.rae.es/%C3%ADntegro?m=form [Consulta: 19 de abril de 2025]

Real Academia Española: *Diccionario de la lengua española*, 23.ª ed., [versión 23.8 en línea]. https://dle.rae.es/justo [Consulta: 19 de abril de 2025]

Real Academia Española: *Diccionario de la lengua española*, 23ª ed., [versión 23.8 en línea] https://dle.rae.es/prudencia [Consulta: 20 de abril de 2025]

Real Academia Española y Asociación de Academias de la Lengua Española: *Diccionario panhispánico de dudas (DPD)* [en línea], https://www.rae.es/dpd/anal%C3%B3gico, 2ª edición (versión provisional). [Consulta: 18 de abril de 2025]

Real Academia Española y Asociación de Academias de la Lengua Española. (2023) *Diccionario panhispánico del español jurídico.* https://dpej.rae.es/lema/deontolog%C3%ADa-profesional [Consulta: 20 de abril de 2025]

Real Academia Española y Asociación de Academias de la Lengua Española. (2023) *Diccionario panhispánico del español jurídico.* https://dpej.rae.es/lema/diligencia [Consulta: 19 de abril de 2025]

CAPÍTULO VIII

Régimen jurídico de la inteligencia artificial: tendencias actuales

EVGENY YU. KOMLEV[1]
ULIANA V. KOSTYLEVA[2]

Sumario: Introducción. Definición de conceptos. Características de la inteligencia artificial. Ámbitos de aplicación de la inteligencia artificial. Debate sobre el estatuto jurídico de la inteligencia artificial. Régimen jurídico de la inteligencia artificial en Rusia. Autorregulación en el ámbito de la IA. Régimen jurídico experimental. Conclusiones breves.

Resumen. El artículo está dedicado a la revisión del régimen jurídico de la inteligencia artificial en la Federación Rusa. Se considera la imposibilidad de dar a la inteligencia artificial un estatus jurídico, se llega a la conclusión sobre su régimen jurídico como objeto de derecho. Se estudia el régimen jurídico de la inteligencia artificial en el contexto de la legislación rusa, se señala el elevado papel de la autorregulación de las relaciones en el ámbito de la inteligencia artificial (tomando como ejemplo el Código Ético Nacional en el ámbito de la IA). Se examina en detalle el régimen jurídico de los vehículos altamente automatizados.

INTRODUCCIÓN

Las tecnologías de inteligencia artificial (IA) se han convertido hoy en parte integrante de nuestra vida. Su uso generalizado afec-

---

1 Jefe del Departamento de Poder Judicial y Policial y de la Sociedad Civil del Instituto de Derecho de la Universidad Rusa de la Amistad de los Pueblos, Candidato a Ciencias Jurídicas.

2 Licenciada en Derecho por el Instituto de Derecho de la Universidad Rusa de la Amistad de los Pueblos, jurista

ta a las esferas más diversas de las relaciones sociales: la medicina, la producción, la prestación de servicios estatales y municipales, la aplicación de las leyes.

El rápido desarrollo de tales tecnologías universales, multifuncionales y capaces de tener un impacto significativo, la novedad fundamental de las relaciones sociales en esta esfera y diversas amenazas asociadas con el uso de las tecnologías de IA requieren el uso de medios legales de influencia en estas relaciones jurídicas, por un lado, estimulando el desarrollo de estas tecnologías, por otro lado, protegiendo las relaciones jurídicas existentes de los riesgos posibles. Así pues, el objetivo de este estudio es examinar las relaciones jurídicas en el ámbito del desarrollo y la aplicación de los sistemas de inteligencia artificial (SIA) en la Federación Rusa e identificar las tendencias en la regulación jurídica.

Sin duda, determinar las peculiaridades de la naturaleza de las relaciones jurídicas relacionadas con la inteligencia artificial es una tarea crucial para la comunidad jurídica. La legislación moderna no puede ignorar las características sociales y de otro tipo del desarrollo de la inteligencia artificial.

DEFINICIÓN DE CONCEPTOS

Por el momento, no existe una definición legal del concepto de «inteligencia artificial» en Rusia, pero se puede encontrarla en documentos de planificación estratégica. Así, de acuerdo con el Decreto Presidencial № 490 de 10.10.2019 "Sobre el desarrollo de la inteligencia artificial en la Federación Rusa", se entiende por inteligencia artificial "un conjunto de soluciones tecnológicas que permite imitar las funciones cognitivas humanas (incluido el autoaprendizaje y la búsqueda de soluciones sin un algoritmo predeterminado) y obtener, al realizar tareas específicas, resultados comparables, como mínimo, a los resultados de la actividad intelectual humana. El conjunto de soluciones tecnológicas incluye infraestructuras de información y comunicación, programas informáticos (incluidos los que utilizan métodos de aprendizaje automático), procesos y servicios de tratamiento de datos y búsqueda de soluciones".

Cabe mencionar que los conceptos de "inteligencia artificial" y "tecnologías de inteligencia artificial" aparecen como definiciones independientes. Por tecnologías de inteligencia artificial se entienden "las tecnologías basadas en el uso de la inteligencia artificial, incluida la visión por ordenador, el procesamiento del lenguaje natural, el reconocimiento y la síntesis del idioma, el apoyo inteligente a la toma de decisiones y los métodos avanzados de inteligencia artificial"[3].

La ciencia rusa también se ha formado otros puntos de vista sobre esta cuestión. Según la posición del Instituto de Investigación Estadística y Economía del Conocimiento de la Escuela Superior de Economía de la Universidad Nacional de Investigación "la inteligencia artificial es un sistema de software y/o hardware capaz de percibir información con cierto grado de autonomía, aprender y tomar decisiones a partir del análisis de grandes conjuntos de datos, incluso imitando el comportamiento humano"[4].

En el marco de este artículo, los términos «tecnologías de inteligencia artificial» y «sistemas de inteligencia artificial» se considerarán conceptos cercanos en significado, casi sinónimos.

CARACTERÍSTICAS DE LA INTELIGENCIA ARTIFICIAL

Por todo lo anterior, se puede identificar las características generales esenciales de la inteligencia artificial:

1. Es tecnología o sistema creado artificialmente;

2. Es sistema capaz de autoaprendizaje;

---

3 Según el Decreto № 490 mencionado.

4 ¿Qué es la economía digital? Tendencias, competencias, medición. Informe de la Escuela Superior de Economía. Moscú, 2019. URL: https://clck.ru/3FQUsz (en ruso).

3. Es sistema diseñado para tomar decisiones y realizar determinadas acciones.

Por otra parte, cabc señalar que la inteligencia artificial parece oponerse a la inteligencia natural, es decir, a la inteligencia humana (aunque se esfuerza por alcanzarla). Aquí vale recordar de la aparición de las tecnologías de inteligencia artificial.

El requisito técnico previo para la aparición de la IA fue la creación de los primeros ordenadores a principios de la primera mitad del siglo XX. La aparición de los ordenadores brindó a los investigadores la oportunidad de poner en práctica los desarrollos teóricos. La primera aparición de la inteligencia artificial se asocia a los años 50-60 del siglo XX, cuando en los Estados Unidos creaban activamente superordenadores para jugar al ajedrez. El logro supremo fue la máquina Deep Blue creada en 1997 por IBM, que venció al campeón mundial de la época. Los predecesores de Deep Blue fueron ChipTest, Deep Thought y otros modelos[5].

Como es sabido por la historia, al principio la IA obtuvo su desarrollo de los ordenadores y eran análogos más complejos de éstos. Los informáticos escribieron programas capaces de seguir algoritmos y realizar determinadas tareas. Los trabajos del famoso matemático y lógico Alan Turing se convirtieron en la base del desarrollo de la investigación teórica y práctica en el campo de la informática. Por lo tanto, se sabe que las redes neuronales artificiales se basan en un modelo matemático. Son similares a las redes neuronales biológicas y tienen la capacidad de modelar y realizar el procesamiento de relaciones no lineales entre las señales de entrada y salida[6].

El principio de creación y "entrenamiento" de la inteligencia artificial se reduce al análisis y procesamiento de una enorme can-

---

[5] Osipov G.S. Inteligencia Artificial: el estado de la investigación y una mirada al futuro // Noticias sobre Inteligencia Artificial [Novosti iskusstvennogo intellekta]. - 2001. - № 1. - p. 3-13 (en ruso).

[6] Historia de la inteligencia artificial. URL: https://habr.com/ru/post/21863/ (en ruso)

tidad de datos. Los datos se llevan a un determinado "almacén" (base de datos), donde se convierten en conocimientos basados en cálculos. Los modelos se adaptan cuando se adquieren nuevos datos. La progresión en el tratamiento de los datos nos permite hablar del desarrollo de la inteligencia artificial y de su perfeccionamiento. Este proceso es cíclico, por eso se dice que las máquinas son autodidactas . Cuantos más datos recibe una máquina de IA, más precisos se vuelven los resultados de su actividad - por ejemplo, cuanto más larga es la interacción con asistentes inteligentes como *Siri* o *Alice* (*asistentes artificiales en Rusia*), con más precisión determinan las necesidades y demandas del usuario, adivinando su estado de ánimo a la hora de elegir música o sugiriéndole los productos más relevantes para él.

Sin embargo, esto también crea algún problema, o más bien limitación en el desarrollo de la tecnología de IA: sólo aprende de los datos que recibe, y hasta ahora no hay otra forma de incorporarle los conocimientos existentes. Esto conduce al hecho de que cualquier inexactitud en los datos se manifestará en resultados inexactos. Los sistemas de autoaprendizaje no son sistemas autónomos, de lo que podemos concluir que en la actualidad no disponemos de una inteligencia artificial totalmente autónoma y en el pleno sentido de la palabra fuerte que pueda compararse con la inteligencia humana. Sin embargo, esto no significa que la creación de dicha inteligencia sea imposible.

Al mismo tiempo, la mencionada oposición de la inteligencia artificial a la inteligencia «natural» no debe convertirse en un fin en sí mismo. La inteligencia artificial debe ser un asistente humano, incluidas las profesiones jurídicas. En los últimos años, por ejemplo, se ha debatido activamente la posibilidad de sustituir a los jueces por inteligencia artificial, pero hay que tener cuidado con tales reflexiones[7]. El Derecho es mucho más que la ley y una

---

7 Raúl C Cancio Fernández. ¿Sueñan los jueces con sentencias electrónicas? // Revista Análisis Jurídico – Político. 2020, vol. 2, núm. 3. DOI: https://doi.org/10.22490/26655489.3854.

base de datos de la práctica judicial. La capacidad de aplicar las normas jurídicas basándose no sólo en la letra sino también en el espíritu de la ley, la capacidad de utilizar diversas formas de interpretar las normas jurídicas (literal, sistémica, teleológica, etc.) y otras características de la profesión jurídica no pueden ser sustituidas por la inteligencia artificial en un futuro previsible.

Acerca de la toma automática de decisiones en casos «sencillos» que no requieren un análisis profundo, habría que analizar más a fondo si esto es justicia como tal y si es apropiado que los tribunales conozcan de estos casos. Tales ejemplos también requieren la elaboración de las cuestiones implicadas. Por ejemplo, según el Código de Infracciones Administrativas de la Federación Rusa[8], en general existe la presunción de inocencia. Sin embargo, para determinados delitos relacionados con infracciones de tráfico, las sanciones pertinentes se imponen a priori al propietario del vehículo. Este enfoque está directamente relacionado con el desarrollo de las tecnologías de inteligencia artificial, ya que en este caso estamos hablando únicamente de aquellas infracciones que son grabadas por un foto-fijador. En este caso, existe una «imputación objetiva»[9], generalmente admitida por el Tribunal Constitucional: «la existencia de culpabilidad, como ha señalado reiteradamente el Tribunal Constitucional de la Federación Rusa, es un principio de responsabilidad generalmente reconocido en todas las ramas del Derecho. Una excepción a este principio debe estar expresamente prevista por la ley»[10]. En este caso, la decisión de considerar culpable a una persona la toma un organismo espe-

---

8 Las infracciones administrativas en Rusia son violaciones de la legislación en diversos ámbitos, que conllevan el procesamiento por delitos no penales (criminales).

9 Kisin V.R., Hadisov G.H. Colisiones del subinstituto de responsabilidad administrativa de los propietarios de vehículos. Boletín de la Universidad de Moscú del Ministerio del Interior de Rusia [*Vestnik Moskovskogo Universiteta MVD Rossii*]. 2020(6):247-52.

10 Sentencias del Tribunal Constitucional de la Federación de Rusia núm. 6-P, de 25 de abril de 2011; núm. 5-P, de 18 de enero de 2019.

cialmente autorizado, cuyas decisiones ya pueden recurrirse ante los tribunales.

ÁMBITOS DE APLICACIÓN DE LA INTELIGENCIA ARTIFICIAL

Es imprescindible analizar las industrias y los ámbitos específicos de aplicación de las tecnologías de inteligencia artificial, lo cual es necesario para una mayor clarificación de las especificidades de la situación jurídica de la IA. Dichas esferas pueden incluir:

1. Medicina (asistentes de los médicos a la hora de diagnosticar a los pacientes y elegir un plan de tratamiento; «relojes inteligentes» que leen la actividad y hacen un seguimiento del estado físico de una persona; programas que determinan la predisposición a las enfermedades, etc.);
2. Traducción y estudios de traducción (traducción automática de lenguas naturales, reconocimiento de voz);
3. Sistemas de seguridad (reconocimiento facial y de imagen individual, funciones de identificación personal; sistema de hogar inteligente; drones con sistemas de videovigilancia);
4. Educación (aprendizaje adaptativo, sistema proctoring, tecnologías de educación a distancia);
5. Tráfico (cambio de semáforos al analizar el tráfico, los accidentes y las condiciones meteorológicas; reconocimiento de imágenes en cámaras fotográficas y de vídeo para infracciones de tráfico; coches, aviones y otros tipos de transporte no tripulados);
6. Sector bancario (evaluación del riesgo de las transacciones monetarias, selección de clientes bancarios "sistema Know Your Client"; detección de actividades sospechosas en transacciones financieras);

7. Jurisprudencia (constructor de contratos y consultores en línea; asistente de los jueces en la toma de decisiones; previsión de estadísticas de infracciones).

Debe prestarse especial atención al ámbito de la administración pública. Aquí la IA muestra su máxima eficacia en los siguientes ámbitos: verificación del cumplimiento de la normativa y de los datos; análisis de grandes conjuntos de datos; respuesta predictiva[11].

No es una lista completa de los ámbitos en los que se utilizan activamente las tecnologías de inteligencia artificial. No cabe duda de que simplifican enormemente las actividades humanas cotidianas al optimizar determinadas tareas rutinarias, eliminar el «factor humano», tener la capacidad de realizar determinados trabajos en condiciones peligrosas o lugares de difícil acceso (bajo el agua, en ausencia de oxígeno, etc.) y poseer una gran precisión en la ejecución de las tareas.

Sin embargo, el uso de tecnologías de inteligencia artificial también conlleva amenazas potenciales asociadas tanto al uso legítimo (reestructuración del mercado laboral y aumento del desempleo) como ilegítimo de la IA (uso de dipfakes para extorsionar).

En casi todos los ámbitos se pueden identificar tanto ventajas como desventajas de la aplicación activa de las tecnologías de inteligencia artificial en las relaciones pertinentes. Esto es especialmente cierto en cuestiones interdisciplinarias. Por ejemplo, según Marina Aksenova «la inteligencia artificial puede aumentar la eficacia de los sistemas de lucha contra el blanqueo de capitales y la financiación del terrorismo, permitiendo evaluar enormes conjuntos de datos, detectar patrones de transacciones anómalos y automatizar los procedimientos de cumplimiento». Sin embargo,

---

11 Atabekov AR. Oblasti realizatsii publichnykh funktsiy iskusstvennym intellektom v Rossii i mire [Areas for Public Functions Implementation by Artificial Intelligence in Russia and the World]. Aktual'nye problemy rossijskogo prava. 2023;18(5):181-185. DOI: 10.17803/1994-1471.2023.150.5.181-185. (En ruso).

puede haber «situaciones muy complejas...... Por ejemplo, estas tecnologías pueden dificultar la comprensión de las fluctuaciones del precio de los bienes ilícitos, complicando así los intentos de determinar su origen y destino»[12].

DEBATE SOBRE EL ESTATUTO JURÍDICO DE LA INTELIGENCIA ARTIFICIAL

La actual regulación jurídica de las relaciones en el ámbito del desarrollo y la aplicación de las tecnologías de inteligencia artificial permite afirmar que la inteligencia artificial no es más que un objeto de derecho. Al mismo tiempo, en el ámbito científico se debate acaloradamente sobre la posibilidad de otorgar a la IA un estatuto jurídico propio. Por ejemplo, científica rusa Nina Krysanova plantea la tesis de que existen "al menos dos razones por las que [los sistemas de IA] pueden ser reconocidos como personas desde el punto de vista del derecho: 1. El problema de asignar responsabilidades por las posibles consecuencias negativas de la IA. Otorgar personalidad jurídica a la IA desplazaría la responsabilidad de las entidades jurídicas existentes, lo que crearía un incentivo para transferir el riesgo a dichas personas electrónicas con el fin de proteger de la responsabilidad a las entidades jurídicas físicas y tradicionales. Existe un riesgo de abuso de derecho y de comportamiento de mala fe de los sujetos de las relaciones jurídicas; 2. El problema de la remuneración garantizada por los resultados positivos de la actuación de la unidad de inteligencia artificial. En particular, se trata de los derechos sobre los resultados de la actividad intelectual creada por los sistemas de IA"[13].

---

12 Marina Aksenova, Legal Support of Artificial Intelligence in Countering Anti-Money Laundering and Terrorism Financing Regimes in the BRICS+ Countries, 11(3) BRICS Law Journal 92–116 (2024).

13 Krysanova N.V. A la cuestión de la personalidad jurídica y el desarrollo jurídico de la inteligencia artificial // Social y Humanidades. Literatura nacional y extranjera [*Sotsialnye i gumanitarnye nauki. Otechestvennaya i*

La mayoría de los investigadores coinciden en que la IA no debería tener una personalidad jurídica similar a la de una persona física debido a su falta de características esenciales como autonomía, conciencia y autoconciencia, voluntad, así como pensamiento complejo y capacidad de comunicación.

El juez del Tribunal de Arbitraje de la Región de Moscú Petr Morhat mencionó que es posible permitir que la unidad de IA sea reconocida como entidad jurídica. Y este planteamiento parece más correcto, ya que se basa en la aceptación condicional de una ficción jurídica, que puede no suponer ningún trastorno social, sino que más bien puede tener por objeto simplificar la regulación jurídica de determinadas relaciones y determinados tipos de actividades. No obstante, esta opción presenta importantes desventajas, en particular, que la propia esencia de una persona jurídica como organización y la inteligencia artificial son diferentes: una persona jurídica siempre tiene personas que la respaldan, existen órganos de gestión que actúan en nombre de la persona jurídica, lo que no puede decirse de los robots, que sólo son capaces de realizar algunas acciones de forma independiente, no pueden tener capacidad delictiva ni asumir (hasta ahora) responsabilidad alguna[14].

Además, dotar a la IA de la personalidad jurídica de una persona física implicaría que no sólo tiene deberes, sino también ciertos derechos. Interesante es la experiencia de algunos países extranjeros que han introducido la institución de la ciudadanía (nacionalidad) en relación con la IA - en 2017, el robot Sophia, desarrollado por la empresa de Hong Kong Hanson Robotics, se convirtió en ciudadano de Arabia Saudí . Este caso es el primero de este tipo. Aquí puede surgir un problema en el futuro, porque

---

zarubezhnaya literatura] Vol. 4, Estado y Derecho: Revista Resumen. - ⊠. 1. - 2021. - p. 23-31 (en ruso).

14 Morhat P. M. Personalidad jurídica de la unidad de inteligencia artificial: algunos enfoques de derecho civil // Vestnik KSU. - 2018. - ⊠ 3 (en ruso).

cuando a los robots, como portadores de inteligencia artificial, se les concedan derechos como el derecho a la dignidad, la ciudadanía, el derecho a la autodeterminación y otros, los derechos de los robots se opondrán a los derechos humanos, igualándolos jurídicamente con una desigualdad real.

La más popular es la posibilidad de desarrollar un estatuto jurídico especial de la llamada persona electrónica. Este estatuto jurídico, por una parte, al ser una forma híbrida de sujeto de derecho, combinaría los atributos de una persona jurídica y de una persona física, teniendo en cuenta los más adecuados para las características de la IA, y, por otra parte, correspondería a la naturaleza de la inteligencia artificial como sujeto de derecho completamente nuevo e inexistente, en este sentido, parece más lógico desarrollar un nuevo concepto y estatuto para ella, que podría integrarse armoniosamente en el ámbito jurídico existente.

En su monografía, Petr Morhat propone introducir el concepto de «persona electrónica», definiéndola como «una imagen técnico-jurídica (en el sentido de una proyección integral de información percibida y realizada por terceros) que posee algunos rasgos de ficción jurídica (por analogía con una persona jurídica), que refleja, encarna y determina en el espacio jurídico una personalidad jurídica convencionalmente específica de una unidad personificada de inteligencia artificial, aislada del sustrato humano y heterogénea en función de la finalidad funcional y las capacidades de la unidad, y por lo tanto se aproxima a la finalidad específica de la producción y el uso de la unidad, es decir, su finalidad funcional[15].

Coincidimos con Oleg Yastrebov cuando menciona la posibilidad de la existencia de un «mecanismo de ser fundamentalmente nuevo», lo que justifica la creación de un nuevo concepto jurídico que describa el estatus de tal «mecanismo de ser». Oleg Yastre-

---

15 Morhat P.M. Personalidad jurídica de las unidades de inteligencia artificial. Investigación civil y jurídica. - Moscú: UNITY-DANA ed., 2018. - 113 p. (en ruso).

bov propone introducir tal categoría de personas como "persona electronica", e, interpreta este concepto como "una unidad personificada de normas de derecho, que obligan y autorizan a una inteligencia artificial (individuo electrónico), que posee los criterios de "razonabilidad"[16].

Según Gadis Gadzhiev y Elena Voynikanis, la personalidad jurídica de la IA se desarrollará fragmentariamente hasta el nivel de poseer ciertos derechos e imponer deberes que algunos ciudadanos no tienen (por ejemplo, los puestos o servicios no reclamados o peligrosos para la vida y la salud de la población sólo pueden ser ocupados por una persona electrónica). Los autores creen que en el futuro es posible tener una posición jurídica de IA con estatus situacional (por ejemplo, territorial o temporal), así como mixto de sujeto de derecho[17].

Evidentemente, dar a la inteligencia artificial un estatuto jurídico en este momento es muy prematuro debido a su insuficiente desarrollo. La inteligencia artificial no es hoy más que un objeto de relaciones jurídicas. Por supuesto, no podemos excluir la posibilidad de darle un estatuto jurídico, pues ya observamos requisitos previos evidentes para ello (ritmo acelerado de desarrollo, tendencias hacia la autonomización de la IA), pero hoy la atención del legislador debería centrarse principalmente en crear condiciones favorables para el desarrollo y la aplicación de las tecnologías de inteligencia artificial, pues muchos desarrolladores se enfrentan a barreras administrativas).

La definición de la inteligencia artificial como objeto de derecho es más evidente en las relaciones de derecho privado cuando

---

16 Yastrebov, O.A. (2018). The Legal Capacity of Electronic Person: Theoretical and Methodological Approaches. Trudy Instituta gosudarstva i prava RAN — Proceedings of the Institute of State and Law of the RAS, 13(2), pp. 36—55 (en ruso).

17 Gadjiev G.A., Voinikanis E.A. (2018) Could be a Robot a Subject of Law (in Sea of Legal Forms for a Digital Economy)? Pravo. Zhurnal Vysshey shkoly ekonomiki, no 4, pp. 24–48 (in Russian).

se define al autor de los resultados de la actividad intelectual. Las cuestiones sobre la personalidad jurídica de la inteligencia artificial como persona electrónica se presentan en los debates de la Organización Mundial de la Propiedad Intelectual como un tema discutible[18]. Roman Omorov analizó los resultados de estos debates y formuló algunas posiciones concretas sobre esta cuestión. Así, si hablamos de la IA como herramienta que facilita la creación de objetos protegidos por derechos de autor, estas tecnologías se equiparan a las máquinas de computación electrónica. Si hablamos de IA como un sistema que crea determinados objetos de PI de forma autónoma, entonces los derechos de autor deberían asignarse a un sujeto animado - una persona o un equipo que desarrolló este sistema, y este sujeto animado tendrá el estatus de sub-sujeto con la restricción de determinados derechos de autor. Debería aplicarse un régimen especial de protección de los derechos de autor a los resultados de la actividad de dichas máquinas (por ejemplo, reducción del plazo de protección legal)[19].

La OMPI también ha adoptado principios básicos de regulación en el ámbito de la inteligencia artificial: en primer lugar, el marco jurídico para la creación y el desarrollo de sistemas de IA debe fomentar y estimular el desarrollo de tecnologías modernas en este campo con la introducción de determinadas medidas de responsabilidad. En segundo lugar, se hace hincapié en el papel de la IA como medio para potenciar la creatividad humana y se pone por encima de todo la libertad de la creatividad humana. El desarrollo de tecnologías innovadoras debe llevarse a cabo para el esfuerzo de las capacidades humanas[20].

---

18 Debate en la OMPI sobre la propiedad intelectual (PI) y la inteligencia artificial (IA): segunda ronda. URL: https://www.wipo.int/meetings/ru/details.jsp?meeting_id=55309

19 Omorov R.O., Intellectual property and artificial intelligence (2020) E-Management, 3 (1), pp. 43–49. DOI 10.26425/2658-3445-2020-1-43-49 (en ruso).

20 Debate en la OMPI sobre la propiedad intelectual (PI) y la inteligencia artificial (IA): segunda ronda. URL: https://www.wipo.int/meetings/ru/details.jsp?meeting_id=55309.

Acerca de los derechos de autor de la inteligencia artificial (o de la posible concesión de derechos de autor a la IA), cabe mencionar los estudios de Victoria Nagrodskaya quien señala que a la hora de definir al autor de los resultados de la actividad intelectual existen dos prácticas completamente opuestas: la práctica alemana, que excluye la posibilidad de protección jurídica de la propiedad intelectual que no haya sido creada por un ser humano, y la práctica inglesa, que tiende a reconocer al autor como una persona que ha realizado todas las acciones necesarias para crear un objeto de derechos de autor con el fin de crear el objeto de la propiedad intelectual[21].

RÉGIMEN JURÍDICO DE LA INTELIGENCIA ARTIFICIAL EN RUSIA

De acuerdo con la Estrategia Nacional para el Desarrollo de la Inteligencia Artificial para el período hasta 2030, aprobada por el Decreto del Presidente de Rusia № 490 de 10.10.2019 y actualizada en febrero de 2024, una de las direcciones de esta estrategia es «la creación de un sistema integral de regulación normativo-jurídica de las relaciones públicas relacionadas con el desarrollo y uso de tecnologías de inteligencia artificial, garantizando la seguridad de la aplicación de tales tecnologías» . Entre los principios de la regulación jurídico-normativa figuran la seguridad, el enfoque humanista, el respeto de la autonomía humana y el libre albedrío, la no discriminación, la responsabilidad, el enfoque orientado al riesgo y la evaluación por expertos cualificados. La creación de un sistema integral de regulación jurídica incluye 24 áreas, entre las que se incluyen no sólo la mejora de la legislación nacional, sino también su armonización con las normas internacionales, así

---

21 Nagrodskaya V. B. Las nuevas tecnologías (blockchain / inteligencia artificial) al servicio del derecho: manual científico y metodológico / editado por L.A. Novosyolova. Moscú: Prospect, 2019.

como el desarrollo de la regulación técnica y ética de las relaciones jurídicas.

También existen otros actos normativos que conforman el sistema de regulación jurídica de las relaciones en el ámbito de la inteligencia artificial. Así, el Decreto del Gobierno de Rusia № 996 de 25 de agosto de 2017, consagra el principio del control humano obligatorio de los resultados del trabajo de los algoritmos de inteligencia artificial. Cabe mencionar que tras la introducción de enmiendas en el Código Civil de la Federación de Rusia el 01 de octubre de 2019, se consagró la regulación dispositiva de las relaciones jurídicas digitales, en virtud de la cual las normas establecidas no por el legislador, sino por el sistema de información, aunque no son obligatorias para su ejecución, pero son capaces de dar personalidad jurídica a aquellas personas que según la legislación rusa no la tienen.

Como resultado de la aplicación de la Estrategia Nacional de Desarrollo de la IA, también se introdujeron modificaciones en la legislación rusa - en particular, en 2020, se introdujeron modificaciones en la Ley Federal № 152-FZ de 27.07.2006 «Sobre Datos Personales», previendo la posibilidad de procesar datos personales relacionados con el estado de salud obtenidos como resultado de la despersonalización de datos personales. De acuerdo con el pasaporte del proyecto federal «Inteligencia Artificial», en 2021 se elaboró y presentó al Gobierno de la Federación Rusa para su aprobación un plan-programa para el desarrollo y la adopción de leyes y reglamentos que regulen las relaciones en el ámbito de desarrollo de las tecnologías de IA. También para 2024 se aprobaron y actualizaron al menos 111 normas en el ámbito de la IA: en 2021 - 0; en 2022 - 32; en 2023 - 40; en 2024 - 39. A partir de 2021, los representantes del comité técnico de perfiles y otras partes interesadas participan en la elaboración de normas internacionales sobre IA. En los documentos de normalización sobre IA que se están elaborando a nivel supranacional se leen los planteamientos rusos.

AUTORREGULACIÓN EN EL ÁMBITO DE LA IA

Hoy en día, en el siglo XXI en Rusia la sociedad civil, a la que a menudo se hace referencia como el motor del progreso, es cada vez más fuerte. Es necesario mencionar el creciente interés del sector comercial y científico por las tecnologías de inteligencia artificial. En noviembre de 2019, se creó una asociación llamada Alianza para la Inteligencia Artificial, que incluye grandes empresas tecnológicas de Rusia, como *Sber, Yandex, Mail.ru Group, MTS, Gazpromneft, RFPI* y otras. Esta estructura pretende «ser el centro de desarrollo de la inteligencia artificial en Rusia y garantizar el liderazgo tecnológico de nuestro país y de las empresas miembros de la Alianza en el mercado tecnológico mundial»[22].

Las actividades de la Alianza están encaminadas a desarrollar la educación y la regulación normativa en el campo de la IA, establecer la comunicación entre los participantes de las relaciones sobre nuestra materia y un entorno informativo favorable, así como promover la atracción de inversiones. Para hacer realidad su objetivo, la Alianza creó el proyecto AI Russia, una biblioteca abierta de casos y proyectos creados con inteligencia artificial. Se puede hablar de la gran eficacia e importancia de este tipo de proyectos, ya que el intercambio de experiencias en el desarrollo y aplicación de sistemas de IA acelerará el desarrollo de estas tecnologías, evitará ciertos errores y contribuirá al desarrollo tecnológico general del país.

Sin embargo, lo más interesante es tal dirección de la actividad de la Alianza como «regulación normativa», dentro de la cual se declaran las siguientes tareas: desarrollo de legislación sobre datos personales, desarrollo de conceptos de regulación de IA, aplicación ética y estandarización técnica de IA. Cabe señalar que también hay resultados notables del trabajo en esta área - el 26 de octubre de 2021, en el marco del primer foro internacional «Ética

---

[22] Página oficial de la Alianza para la Inteligencia Artificial // URL: https://a-ai.ru/

de la Inteligencia Artificial: el comienzo de la confianza», se firmó el Código de Ética en el campo de la inteligencia artificial ("el Código"), desarrollado por la Alianza en el campo de la inteligencia artificial con la participación del Centro Analítico del Gobierno de la Federación Rusa y el Ministerio de Desarrollo Económico[23]. Además de los fundadores de la Alianza, también se han adherido al Código otras organizaciones de los sectores público, comercial y académico. El apartado 2, «Aplicación del Código», merece la atención: la Alianza AI crea una Comisión para la Aplicación del Código Ético Nacional para la AI, mantiene un registro de firmantes, y cada miembro que desee adherirse al Código está obligado a designar a una única persona o a un órgano colegiado como responsable del cumplimiento del Código. Así pues, al tener un carácter recomendatorio, por un lado, el documento introduce ciertas obligaciones por el otro. A pesar de que no se prevé la responsabilidad por violación del Código, este documento es un ejemplo de elaboración de normas, que fue iniciado directamente por los participantes de las relaciones jurídicas en el ámbito de la IA, lo que indica la gran importancia de la regulación jurídica de estas relaciones y su sensibilización de la comunidad científica y profesional.

A nivel internacional existe una organización con objetivos similares: Partnership on AI, Asociación para Promover la Inteligencia Artificial para Beneficiar a las Personas y a la Sociedad. Esta organización sin ánimo de lucro se creó en 2016. En la actualidad, cuenta con más de 100 miembros, incluidos los mayores actores del mercado mundial: Amazon, Intel, E-bay, Apple, Google, IBM, Microsoft y otros. Esta asociación funciona para promover la gobernanza responsable y las mejores prácticas en el campo de la IA, abordando los problemas más importantes asociados con el uso de estas tecnologías y ayudando a guiar los esfuerzos de IA para mejorar la calidad de vida de las personas. La idea de aunar los conocimientos y esfuerzos de las personas para el desarrollo

---

[23] URL: http://government.ru/news/43647/

de las modernas tecnologías de la información se está llevando a cabo activamente en todo el mundo, dando sus ventajas.

RÉGIMEN JURÍDICO EXPERIMENTAL

Lamentablemente, el desarrollo y la aplicación de tecnologías de inteligencia artificial en determinados sectores de la economía se enfrentan a barreras administrativas. Para superarlas, en Rusia se adoptó la Ley Federal № 258-FZ de 31.07.2020 «Sobre los regímenes jurídicos experimentales en el ámbito de las innovaciones digitales en la Federación Rusa», que establece un modelo de «areneros regulatorios» - regímenes jurídicos especiales donde es posible probar nuevas tecnologías y desarrollos. Se introduce una regulación jurídica especial para los sujetos de los regímenes jurídicos experimentales ("el Régimen"), y varias normas comunes ya no son válidas en el marco del Régimen.

Los «areneros regulatorios» ayudan a desarrollar y probar con seguridad nuevas tecnologías sin infringir la legislación vigente, a superar las barreras administrativas que obstaculizan la introducción de innovaciones y a adquirir la experiencia necesaria para conformar una regulación exhaustiva, pertinente y eficaz de estas relaciones jurídicas. Estos regímenes son de gran importancia para el desarrollo de las tecnologías modernas (incluida la IA), ya que permiten probarlas en la práctica sin perjudicar el orden público y recopilar material empírico cuyo tratamiento contribuirá a mejorar la normativa general.

De acuerdo con la Ley Federal № 258-FZ, los regímenes jurídicos experimentales se introducen individualmente para cada caso mediante un Decreto del Gobierno de Rusia. Precisamente se introdujo un régimen de este tipo para probar taxis no tripulados en varios territorios, y también se está trabajando en la creación del corredor logístico M-11 «Neva» en dirección Moscú-San Petersburgo para realizar transporte comercial de mercancías por Vehículos altamente automatizados. Entre los participantes figuran no sólo grandes empresas del sector privado (*Yandex.Test, Star-*

Line, Sber Automotive Technologies, Gazpromneft-Supply), sino también empresas estatales – "Correo de Rusia", "Autopistas de Rusia" y otras .

Como se ha mencionado antes, la decisión de establecer un Régimes se toma mediante un Decreto del Gobierno de Rusia (y, en algunos casos, mediante un acto del Banco de Rusia) con la aprobación del Programa de Régimen Jurídico Experimental. Hasta noviembre de 2024, se han creado 17 regímenes de este tipo, 14 de ellos en el ámbito del «diseño, fabricación y explotación de vehículos, incluidos los vehículos altamente automatizados, la certificación de sus operadores, la prestación de servicios de transporte y logística y la organización de servicios de transporte». El Registro de los Régimenes es se publica oficialmente en la página web del Ministerio de Desarrollo Económico de la Federación Rusa.

Los programas de Régimen aprobados por el Gobierno de Rusia en virtud de la Ley Federal № 258-FZ representan una regulación más completa y detallada de las relaciones jurídicas experimentales. Regulan las cuestiones relativas a la responsabilidad por los daños causados a la vida, la salud o los bienes de terceros, pero aún deben ultimarse el mecanismo y el procedimiento de indemnización de los daños. Pueden distinguirse las siguientes características:

1. La terminología desarrollada (se ha ampliado la composición temática de los participantes en el Régimen: "conductor de pruebas", "ingeniero de pruebas", "operador de infraestructuras", "operador de Vehículos altamente automatizados", "propietario de Vehículos altamente automatizados"; se ha ampliado la lista de tipos de Vehículos altamente automatizados: se distinguen los Vehículos altamente automatizados de 1ª y 2ª categoría; se especifican distintos tipos de sistemas de conducción: modo de control automatizado, modo de control manual, etc.);
2. Lista ámplia de derechos y obligaciones de los sujetos del Régimen;

3. Sistema diferenciado de responsabilidad por daños causados como consecuencia del funcionamiento de los Vehículos altamente automatizados;
4. Regulación detallada de las condiciones de suspensión y rescisión del Régimen en caso de violación del Programa del Régimen;
5. Se especifica el procedimiento de actuación en caso de accidente de tráfico en el que estén implicados los Vehículos altamente automatizados, así como en caso de situaciones de emergencia.

Se nota que cada Programa de Régimen Jurídico Experimental posterior aprobado por el Gobierno de la Federación de Rusia resulta cada vez mejor que los anteriores, hay una mejora significativa de los enfoques y un carácter más amplio y específico de la regulación. Se espera que la experiencia adquirida durante los regímenes jurídicos experimentales sirva de base para la futura regulación jurídica general vinculante de las relaciones en el ámbito del funcionamiento de los Vehículos altamente automatizados, pero para ello sigue siendo necesario prever la solución de cuestiones en el ámbito de la ética, la lucha contra los ciberataques y la protección de los datos personales de los usuarios.

CONCLUSIONES BREVES

Hoy en día, las tecnologías de inteligencia artificial sólo pueden considerarse objeto de relaciones jurídicas: otorgarles un estatuto jurídico parece temprano debido a su insuficiente desarrollo. Al mismo tiempo, por el momento es difícil afirmar que las tecnologías de IA encajan orgánicamente en el ámbito jurídico ruso como objeto de relaciones jurídicas, ya que su ensayo requiere el establecimiento de un régimen jurídico experimental, lo que implica una limitación temporal y espacial de las normas generales de regulación. Los Régimenes se introducen para superar las barreras administrativas y adquirir la experiencia necesaria en la experimentación de las tecnologías de IA, que más tarde constituirán la base de la futura regulación jurídica.

La autorregulación (Código Ético en el campo de la inteligencia artificial) desempeña un papel importante en el ámbito del desarrollo y la aplicación de los sistemas de IA.

También es importante actualizar las normas técnicas nacionales para racionalizar la práctica del desarrollo y la aplicación de los sistemas de IA. Las principales dificultades para determinar el estatuto jurídico de la inteligencia artificial son el escaso estudio de este objeto, la novedad fundamental de las relaciones sociales en este ámbito, la falta de precedentes similares y la ambigua actitud moral y ética ante la digitalización.

CAPÍTULO IX

La Automatización en el Empleo: Oportunidades y Desafíos en las Juventudes Latinoamericanas desde una Perspectiva Legal.

IVÁN SAID GONZÁLEZ LÓPEZ.
Profesor, Universidad de Guadalajara (México).

Sumario: I. INTRODUCCIÓN II. CONTEXTUALIZACION DE LA AUTOMATIZACIÓN LABORAL. UN PANORAMA GENERAL III. CONTEXTUALIZACIÓN DE LA AUTOMATIZACIÓN EN LATINOAMÉRICA IV. RECOMENDACIONES PARA MITIGAR LOS EFECTOS NEGATIVOS DE LA AUTOMATIZACIÓN EN LA REGIÓN. V. JUVENTUDES LATINOAMERICANAS Y SU RELACIÓN CON LAS TAREAS CON ALTO RIESGO DE SER AUTOMATIZADAS. IV. REFLEXIONES FINALES.

ABSTRACT

La reciente automatización del empleo, impulsada por las tecnologías STARA (Smart Technology, Artificial Intelligence, Robotics and Algorithms) si bien plantea desafíos estructurales para las juventudes latinoamericanas en un contexto de profundas desigualdades sociales, educativas y laborales, también presenta oportunidades. Este capítulo busca analizar, desde una perspectiva legal y crítica, el impacto socioeconómico que tienen estos avances en la transformación del trabajo. Lo desafiante de la situación actual de este tipo de tecnologías, radica en la velocidad, profundidad y transversalidad con la que están reconfigurando el empleo, afectando ya no sólo tareas manuales sino las cognitivas, cuestionando incluso profesiones tradicionalmente consideradas seguras como la abogacía o la medicina.

Tomando como referencia estudios internacionales y regionales, se identifican los perfiles y sectores más vulnerables a la automatización. El análisis revela que son las juventudes, en especial las que viven en condiciones de pobreza, quienes enfrentan un mayor riesgo de desplazamiento laboral, pero que con las herramientas adecuadas, pueden liderar procesos de innovación.

Se propone, entonces, que las políticas públicas sean creadas bajo una perspectiva generacional, y se fomenten reformas legislativas orientadas a garantizar derechos laborales, protección social y desarrollo de habilidades adaptadas al nuevo entorno tecnológico. Finalmente, se cierra el capítulo con ejemplos de cómo se puede reconsiderar el papel de las juventudes no como sujetos pasivos frente a la transformación digital, sino como protagonistas en la propuesta de soluciones tecnológicas para las problemáticas sociales, laborales y económicas que aquejan a ellas y al resto de la sociedad.

I. INTRODUCCIÓN

Las complejas interacciones culturales, familiares, sociales, políticas y económicas en el siglo XXI difieren mucho de otros tiempos históricos. Algunos académicos, influenciados por las ideas de Karl Marx, sostienen que la sociedad evoluciona alrededor de los métodos de producción, y, aunque esto es debatible, lo cierto es que las luchas por los derechos laborales han marcado cambios importantes en la estructura social.

La revolución industrial del siglo XVIII en un inicio transformó la estructura económica europea, y, posteriormente, la estructura global. Irónicamente, mientras que ahora se requería menos trabajo para producir más, nunca se había visto tanta explotación laboral: extensas jornadas de trabajo, salarios bajos, explotación infantil, ambientes peligrosos y un machismo estructural donde las mujeres ganaban mucho menos que los hombres por hacer exactamente el mismo trabajo.

Sin embargo, los distintos movimientos sociales y el surgimiento de los sindicatos terminaron por modificar no sólo las condiciones laborales de los empleados, sino que también influyeron en todas las interacciones de la sociedad. Por ejemplo, al reducir de dieciséis a ocho horas laborales la dinámica familiar se modificó y eso permitió que se tuviera más tiempo para el ocio y el entretenimiento, generando con ello nuevos mercados económicos y por lo tanto laborales. El prohibir el trabajo infantil llevó a que los niños ahora fueran educados en las escuelas para desarrollar distintas habilidades y capacidades, mismas que eventualmente podrán ser de utilidad en el mercado laboral. Como parte de la lucha feminista se buscó garantizar que las mujeres y los hombres reciban la misma paga por el mismo trabajo, además de que tengan derecho a ascender en el escalafón de su organización y a no ser despedidas en caso de estar embarazadas. Lo anterior, sumado a las crecientes crisis económicas, llevó a que se alteraran no sólo las relaciones entre sus miembros, sino también la composición de la familia misma.

Para que estos cambios fueran posibles, se requirieron no sólo años de lucha, sino voluntades políticas para generar leyes que garanticen los derechos fundamentales de las personas. Aunque existe un marco jurídico ya establecido y hay esfuerzos internacionales promovidos por la Organización de las Naciones Unidas, como el número 8 de los Objetivos de Desarrollo Sostenible 2030 (ODS) "Trabajo Decente y Crecimiento Económico", la automatización, impulsada por los rápidos avances tecnológicos en inteligencia artificial, robótica y otras áreas, está transformando radicalmente el panorama laboral global.

En Latinoamérica, esta transformación presenta un conjunto único de oportunidades y desafíos, especialmente para los jóvenes, quienes representan una parte significativa de la fuerza laboral de la región.

Este documento explora cómo la automatización está afectando el empleo juvenil en la zona, evaluando tanto las oportunidades emergentes como los desafíos asociados. A medida que la automatización redefine sectores laborales tradicionales y abre nuevas áreas de empleo, los jóvenes latinoamericanos enfrentan la necesidad de adquirir habilidades y conocimientos adecuados para prosperar en este entorno cambiante. Además, la automatización no solo promete la creación de nuevos empleos, sino que también plantea el riesgo de desplazar a trabajadores en sectores que antes se consideraban seguros.

El objetivo de este estudio es proporcionar una visión integral del impacto que la automatización en el empleo en Latinoamérica puede tener en sus juventudes, identificando tanto las oportunidades como los desafíos. Primero, se explicará en qué consiste la automatización para posteriormente analizarla en Latinoamérica, analizando distintos estudios que se han realizado al respecto. Después, se hará una reseña sobre el contexto en el que se desenvuelven las juventudes latinoamericanas y se examinará la creciente brecha en habilidades y en educación de los jóvenes en el contexto digital. Finalmente, se propondrán posibles cambios legislativos que puedan ayudar a mitigar los riesgos y a aprovechar las oportunidades que este fenómeno implica. Se cierra el trabajo con unas reflexiones finales sobre el valor que tiene el mundo laboral en la vida de las juventudes y en el resto de la sociedad para asegurar el cumplimiento de los derechos humanos.

II. CONTEXTUALIZACION DE LA AUTOMATIZACIÓN LABORAL. UN PANORAMA GENERAL.

La revolución infotecnológica, de acuerdo con Sofía Olarte, está generando cambios profundos y variados en el mundo laboral, cuyos efectos a largo plazo aún son inciertos. Este tema es complejo y el análisis jurídico sobre el mismo se encuentra en una etapa temprana y parcial. En el ámbito jurídico-laboral, se están investigando aspectos como la implementación de tecnologías digitales e inteligencia artificial en la gestión de las relaciones laborales, el control de los empleados, el uso de tecnología en huelgas con fines antisindicales, la expansión del teletrabajo, la distinción entre trabajo dependiente e independiente y la deslocalización empresarial.

También se han estudiado la precarización laboral, las condiciones de trabajo en plataformas digitales y la dificultad de separar el tiempo de trabajo del tiempo de descanso. Asimismo, se han analizado los posibles beneficios tecnológicos, como la reducción de la brecha de género y la mejora de la conciliación y calidad de vida.

Las tecnologías emergentes generan preocupación por la sustitución parcial o completa de las tareas laborales y los roles que tradicionalmente desempeñan los seres humanos. Este nerviosismo se refleja en la necesidad de examinar y comprender qué implicaciones sociales, culturales y económicas genera, adaptarse y trabajar en soluciones que permitan aprovechar los beneficios y mitigar los posibles impactos negativos provenientes de la automatización de los procesos productivos.

En 1999 la Comisión Europea publicó un informe mejor conocido como "informe Supiot" donde se evidenció el gran desafío que enfrenta el derecho laboral cuando se trata de regular el conjunto de formas atípicas de empleo que resultan de los nuevos modos de producción y organización del trabajo.

Una de las interrogantes que surgieron a partir del informe es ¿cómo proteger a todos los que necesitan protección en un contexto en el que se hace cada vez más difícil reconocer el estado de la dependencia laboral? Aunque se están haciendo esfuerzos importantes y se han logrado grandes avances, hay que reconocer la complejidad de las interacciones a las que se enfrenta una persona desde su nacimiento hasta la muerte, por lo que hay una propuesta de agregar una pregunta más: ¿cómo protegemos a cada uno de ellos todo el tiempo y amparamos sus transiciones en el tiempo largo de su vida más que en el tiempo corto de los intercambios?

Como se ha mencionado, la tecnología también afecta la dinámica de las relaciones sociales y familiares, pero desde que la revolución de las nuevas tecnologías como la robótica, la inteligencia artificial (IA) y la nanotecnología —resumidas como "STA-RA" —, se introdujeron en la vida cotidiana, cada vez hay menos presencialidad en las microinteracciones sociales. Esta ausencia de interacciones se ve reflejada también en la esfera laboral. Al usar nuevas formas de comunicarse, la visión y expectativas que se tienen de los demás y de uno mismo: se transforman.

Hay que aclarar que lo que se puede automatizar no es el empleo en sí, sino las tareas que realizan los trabajadores. Se han distinguido el tipo de tareas humanas que se pueden ejecutar según los indicadores de su manualidad o conocimientos de las mismas y su rutina en cinco principales categorías, aunque éstas no son puras y pueden combinarse en diverso grado: a) tareas manuales rutinarias, aquellas que siguen un procedimiento definido, repetitivo y conocido de antemano: apretar un tornillo, empaquetar, embalaje, carga y transporte de bienes, etcétera; b) tareas manuales no rutinarias, son aquellas donde no hay una previsibilidad y donde el trabajador interviene, reacciona y decide en el proceso productivo: trabajos en la comida rápida, la hostelería y las actividades de cuidados, entre otros.

Las otras tres categorías son las siguientes: c) tareas cognitivas rutinarias, al igual que con las tareas manuales, existe un procedimiento definido, repetitivo y conocido de antemano, pero éstas sí requieren de un proceso mental: informes contables, controlador de stocks, ingresar datos a bases informáticas, comprensión lectoras, etcétera; d) tareas cognitivas no rutinarias analíticas, son aquellas donde el trabajador analiza y resuelve problemas donde no existe un proceso definido, se trata entonces de fenómenos aleatorios y no predecibles donde debe emplear su conocimiento de manera eficaz y creativa: arquitectos, analistas de datos, investigadores financieros, y demás; e) tareas cognitivas no rutinarias interpersonales, estas implican el análisis y resolución de problemas pero interactuando siempre con otros sujetos: médicos, abogados, docentes, entrenadores, etcétera.

Durante el siglo XX se vio la automatización en los procesos de producción, pero esta solo era exclusivamente en aquellas tareas manuales rutinarias (a) y muy poco en aquellas no rutinarias (b). No se pensaba que se pudieran automatizar aquellas otras tareas donde se requería de un proceso mental, hasta que surgieron las aplicaciones basadas en la inteligencia artificial generativa, como lo son las series GPT, LLaMa, LaMDA o PaLM. Estas aplicaciones usan modelos de procesamiento de lenguaje, mejor conocido como LLM por sus siglas en inglés Large Language Models. La inteligencia artificial generativa es capaz de realizar un gran y diverso número de tareas mediante una simple interfaz de texto, por lo que basta con que el usuario haga sus peticiones para que la IA se adapte a ellas. Con la llegada constante de nuevos modelos de inteligencia, los cambios pueden ser abruptos en tan solo unos meses. Al inicio de este año la cuarta generación tenía ciertas limitantes, mientras que durante el verano surgieron los modelos de quinta generación como GPT-5, Gemini 1.5-2.0, Claude 3.5 Sonnet y Mistral Large, por lo que la frontera entre tareas humanas y automatizadas se ha desplazado nuevamente, pues los procesos de análisis jurídico, diseño de políticas públicas y toma de decisiones administrativas están siendo realizados a un nivel similar al del humano.

Las tecnologías STARA, en referencia a Smart Technology, Artificial Intelligence, Robotics y Algorithms, pueden aumentar la productividad de ciertas industrias, disminuir los costos de producción, aligerar la carga administrativa y física de los empleados, y, en general, traer beneficios a la sociedad en su conjunto. Pero también pueden tener efectos perjudiciales, en especial para aquellos grupos tradicionalmente discriminados, pues estas tecnologías ayudan a reproducir sesgos y prejuicios en la toma de decisiones en el ámbito público.

Se espera que las tecnologías STARA tengan un impacto en el empleo en general pero también en el empleo público. Hay dos posturas que generan de este impacto un debate entre los expertos internacionales: por un lado, una visión optimista y más utópica, y por el otro, una visión pesimista y más distópica.

Desde la postura optimista se argumenta que históricamente el cambio tecnológico ha generado mayor productividad y crecimiento. Al disminuir los costos de producción de muchos bienes y servicios, se favorece la actividad económica y se generan empleos. Un ejemplo de ello es la adopción tecnológica en el sector financiero. Esta perspectiva también argumenta que las nuevas tecnologías traerán mayor independencia y autonomía a los trabajadores, una menor carga laboral y más espacio para la innovación y la creatividad.

Mientras que desde un lado pesimista se afirma que los trabajadores tendrán salarios más bajos y fragmentados, perderán beneficios y tendrán inseguridad laboral. Se cree por ejemplo que en Estados unidos el 47% de los empleos podrán perderse en los próximos 15 a 20 años. También se estima que, aunque las nuevas tecnologías favorecerán la creación de riqueza, no tendrá ese mismo efecto en la creación de trabajos.

Sin embargo, la metodología que se emplea para hacer los cálculos tiene sus limitaciones. Además de que al momento de dar esas cifras tan alarmantes no se está tomando en cuenta la creación de nuevos empleos. Esta situación donde la automatización elimina ciertos empleos, pero abren nuevas áreas de trabajo se conoce como "empleo complementario". Este concepto lleva a enfocarse en el verdadero desafío para asegurar un buen futuro laboral: pronosticar de la manera más rápida posible las tendencias en materia de empleos y cuáles tareas serán las requeridas. Haciendo esto, se estará en condiciones para que los Estados adecúen sus políticas educativas para que empaten como las necesidades del mercado laboral.

Antes del surgimiento de los modelos de procesamiento de lenguaje LLM en particular, y de las STARA en general, se sostenía que las tareas manuales rutinarias podían ser automatizadas con mayor facilidad que las tareas manuales no rutinarias y que las tareas cognitivas. Sin embargo, de un par de años para acá, aquellas actividades donde no se concebían sin la participación humana como la abogacía, la medicina o inclusive la docencia, cada vez están siendo realizadas por procesos automáticos de toma de decisiones a partir de inmensas bases de datos. Por ejemplo, según datos del Instituto Mc Kinsey, el 23% de las tareas cognitivas realizadas en los despachos de abogados han sido sustituidas por los sistemas de inteligencia artificial, como el caso del Sistema Ross creado por IBM. Inclusive el empleo de este tipo de tecnologías ya tiene su propio nombre: legaltech o tecnologías jurídicas en español.

Como se mencionó, definir el impacto que puede tener la automatización en el empleo es complicado y depende del tipo de metodología empleado. Pero esta dificultad se convierte en una ventaja cuando se aprovechan los distintos modelos para analizar diferentes escenarios. Por ejemplo, mediante el Modelo Ricardiano se interpretaron en Estados Unidos patrones relacionados con las ocupaciones en el trabajo y se encontró que aquellos trabajadores con baja calificación son los que sufren de disminuciones reales en su salario, que existe una polarización en la distribución de los ingresos asociadas a retornos de escolarización y que el cambio tecnológico no necesariamente aumenta el salario de todos los trabajadores.

A partir de los datos de la encuesta de habilidades para adultos del 2012 y empleando la Metodología Gaussiana de machine learning, un estudio del 2016 estimó el porcentaje de trabajos en riesgo de automatización de los países de la OECD y encontró que tan sólo el 9% de los trabajos está en riesgo de automatización, y el riesgo de ser automatizados es mayor para los trabajos menos calificados. Sin embargo, en el año 2016 todavía no se contemplaban los modelos de procesamiento de lenguaje LLM, por lo que esta información debería interpretarse tomando eso en cuenta.

Se analizó el impacto histórico de la tecnología en el empleo en 46 países que constituyen el 90% del PIB mundial en el periodo transcurrido entre el año 1900 y el 2017, en este estudio se buscó averiguar qué trabajos podrían ser automatizados para el 2030, además de cuáles podrían ser creados en el mismo periodo. Se concluyó que el 60% de las ocupaciones podrían automatizar al menos el 30% de sus tareas, siendo las economías más avanzadas las que se verían más afectadas respecto aquellas economías en desarrollo. Otra de las conclusiones que se encontraron fue que la demanda de trabajo puede crecer debido a la mayor productividad que genera la automatización. De igual manera, este estudio espera que entre el 3% y el 14% de la fuerza laboral global tendrá que cambiar de ocupación.

En una simulación basada en un modelo econométrico que incluyó información del mercado laboral de catorce de los veinte países del G20, se encontró que, en promedio, el 51% del tiempo que los trabajadores dedican a sus tareas puede ser complementado con la tecnología STARA, mientras que el 38% del tiempo se destina a tareas susceptibles de ser automatizadas.

Otro enfoque desde el que se debe de abordar la automatización es desde el impacto que puede tener desde las fases previas al contrato de trabajo. Debido a la capacidad que estas tecnologías tienen para la acumulación masiva y el cruce de datos, permite obtener información que vulnera el derecho a la intimidad y la dignidad, pero en especial al derecho a la no discriminación en el acceso al empleo. La IA puede afectar por lo tanto el derecho a la igualdad y no discriminación en el acceso al empleo desde el momento en que se anuncia el puesto de trabajo en plataformas digitales, evidentemente en los procesos de selección externalizados y finalmente en la toma de decisiones de contratación laboral por parte del empresario o el área de recursos humanos.

Con todo lo anterior en mente, se procede a analizar la situación actual y futura en Latinoamérica respecto a la automatización en el trabajo.

III. CONTEXTUALIZACIÓN DE LA AUTOMATIZACIÓN EN LATINOAMÉRICA

Hay que recordar que como consecuencia de la pandemia del Covid-19, en el año 2020 hubo una crisis económica y laboral a nivel mundial. Si bien para el 2021 la economía global tuvo una recuperación significativa, fueron los países en desarrollo, como el caso de los latinoamericanos y los del caribe, quienes tuvieron en promedio un mayor crecimiento económico respecto a los países desarrollados. Sin embargo, para el año 2023 el crecimiento, aunque existente, es menor, observándose desde el 2022 un fenómeno de desaceleración.

Unas de las razones que pueden explicar esta desaceleración son el endurecimiento de las políticas monetarias, la gradual retirada de los estímulos fiscales que surgieron durante la pandemia y la pérdida de poder adquisitivo de los salarios consecuencia de la inflación. Respecto a México y los países centroamericanos, su economía fue afectada por la también pérdida de dinamismo de la economía norteamericana. Mientras que los países del sur de América, además de lo ya mencionado, lo que las ha impactado negativamente es la caída de los precios de las materias primas ya que representan la mayor parte de sus exportaciones.

Dentro de las razones externas a la región que afectan la economía, quizás la más relevante, es que el contexto internacional en estos momentos tiene un bajo crecimiento del nivel de actividad global, una elevada tasa de inflación y poca actividad en el comercio internacional.

Este escenario poco alentador se mantiene en la región, donde existe una recuperación parcial y con alto subempleo. Habiendo además una insuficiente recuperación en la tasa de participación. En pocas palabras, existe una "recuperación plena del empleo y recuperación parcial de la oferta laboral en un contexto de ralentización económica".

Algo a tomar en cuenta, es que cuando se combina el género femenino con el grupo etario de las juventudes se logra detectar que la mayor recuperación del empleo fue entre las mujeres jóvenes, respecto al 2019 este grupo tuvo incremento del orden del 7%. No obstante, si se revisa la tasa de participación se encuentra que aquellos con una menor recuperación son los jóvenes varones, seguidos por las mujeres jóvenes.

Un problema importante que ha sido poco abordado, a pesar de ser evidente, es la correlación negativa entre el nivel educativo y la brecha de ocupación desde la pandemia. Aunque esta situación afecta tanto a hombres como a mujeres, son este último grupo el más perjudicado.

En el caso de los países de América Latina el efecto neto de la contracción inicial no ha podido recuperarse cuando se trata de las mujeres de nivel educativo bajo, quedando todavía en el 2023 una tasa de participación del 10% inferior a la correspondiente antes de la pandemia.

El Observatorio Laboral del Banco Interamericano de Desarrollo presentó en su índice de mejores trabajos 2024 datos duros sobre la situación actual de la calidad del empleo en Latinoamérica. El Índice de Mejores Trabajos evalúa la calidad de los empleos en distintos países mediante dos dimensiones: cantidad y calidad. La dimensión de cantidad se determina a partir de dos indicadores: la tasa de participación laboral y la tasa de ocupación. Por otro lado, la dimensión de calidad se basa en las tasas de formalidad y de empleos que proporcionan un salario suficiente para superar la pobreza. El índice se calcula como la media ponderada de estos cuatro indicadores, con puntuaciones que oscilan entre 0 y 100. Para que un país alcance los 100 puntos, todas las personas en la fuerza laboral deben tener un empleo formal con un salario adecuado.

En cuanto a la dimensión de la cantidad, desde el 2010 el índice ha permanecido básicamente estacando con una calificación entre 74 y 75. Respecto a la calidad, ha habido un crecimiento muy ligero, pero sigue estando baja. La formalidad del empleo permite brindar acceso a prestaciones de seguridad social, lo que se traduce en que si alguien trabaja en la informalidad no tiene acceso. El informe identifica que el 55% de los trabajadores latinoamericanos están empleados de manera informal y de los trabajadores asalariados sólo el 61% cuentan con seguridad social. De igual manera, poco más de la mitad de los salarios en América Latina y el Caribe están por debajo del umbral de la pobreza. Casi el 51% de las personas con edad de trabajar vive con ingresos insuficientes, no alcanzado siquiera el US$1.95 de ingresos diarios.

El índice mostró que las mujeres de América Latina tienen empleos de peor calidad que los hombres, siendo la brecha en cantidad y calidad del empleo entre ambos géneros del 20.3%, una cantidad preocupante y a la que se le debe prestar atención. Revisando los componentes individuales del Índice, se observa que la disparidad es mayor en la cantidad que en la calidad. En la calidad la diferencia es de 16.1 puntos mientras que en la cantidad alcanza los 24.5 puntos, siendo los países con menor brecha Uruguay, Argentina y Perú, y aquellos con mayor brecha El Salvador, Costa Rica y Guatemala.

Existe una brecha entre la cantidad y calidad del empleo entre los adultos y los jóvenes, brecha que, a diferencia de la existente entre las mujeres y los hombres, lejos de reducirse se está ampliando. Al ver en detalle cada uno de los componentes se observa que la disparidad es mayor en el componente de calidad, llegando hasta a 15 puntos de diferencia entre los distintos grupos etarios. Los países con menor brecha en este índice son Costa Rica, El Salvador y Brasil, mientras que los que cuentan con la mayor brecha son Argentina, Perú y Uruguay.

Para el año 2010 la brecha entre el puntaje de índice de mejores trabajos entre adultos y jóvenes era del 8.2%, en el 2012 alcanzó su punto más bajo y para el 2020, año de la pandemia, su puntaje más alto con 10.7 puntos. Esto es un claro ejemplo de que las juventudes no sólo fueron afectadas psicológica y educativamente durante la pandemia, sino laboralmente.

Al revisar los países que se encuentran en los extremos de la brecha generacional y la brecha de género se encuentra que tanto Uruguay como Costa Rica están en ambos extremos. El primero lidera una mayor igualdad tratándose del género, pero está al final si se revisa la brecha entre adultos y jóvenes. Costa Rica es el caso opuesto, liderando una menor brecha generacional, pero encontrándose en penúltimo en la brecha entre hombres y mujeres.

Los países de Latinoamérica y el Caribe con mejor puntaje en el Índice de Mejores trabajos son Uruguay, Costa Rica y Chile. Mientras que los que cuentan con peor puntuación son Honduras, Guatemala y Nicaragua, los tres centroamericanos. Que Uruguay y Costa Rica sean los países con mejor calificación, pero también quienes están en los extremos de las brechas de género y generacional respectivamente, resalta la complejidad de los desafíos que enfrentan los mercados laborales de la región. Además de considerar a los países con los mejores puntajes, también es importante observar aquellos países que han logrado una mayor mejora en el ranking, como Paraguay, República Dominicana y Brasil.

A pesar del escenario económico desafiante, la región logró una plena recuperación en las tasas de ocupación y desocupación, aunque la tasa de participación laboral aún no ha vuelto a los niveles anteriores a la pandemia. El Índice de Mejores Trabajos del Banco Interamericano de Desarrollo en 2024 destaca que, aunque ha habido cierta mejora en la calidad del empleo en Latinoamérica, la informalidad laboral sigue siendo alta y muchos salarios están por debajo del umbral de pobreza. Además, existe una notable brecha de género y generacional en la calidad y cantidad del empleo.

Es en este contexto económico laboral en el que surge la automatización a través de las tecnologías STARA en Latinoamérica. Una investigación del 2020 se enfocó en cuatro países: Bolivia, Chile, Colombia y El Salvador con el objetivo de tener un acercamiento al tema, pero con perspectiva de género.

Entre sus descubrimientos, encontraron que los hombres suelen participar más en la gestión, la comunicación, las tecnologías de la información y la comunicación (TIC), y en tareas cuantitativas en los campos de la ciencia, tecnología, ingeniería y matemáticas (STEM). Por otro lado, las mujeres tienden a realizar actividades más rutinarias, como aquellas relacionadas con el marketing y la contabilidad. Esto quiere decir que son las mujeres las que tienen un mayor riesgo de perder su trabajo debido a la automatización, específicamente tienen un riesgo del 21% respecto al 19% de los hombres, esto en aquellas tareas donde la probabilidad de la automatización es superior al 70%.

En un estudio de catorce países de latinoamericanos se analizaron las estimaciones de probabilidad de automatizaciones según diversos criterios relevantes como el género, nivel educativo, sector de actividad, ocupación, nivel de ingresos, entre otros. También se incluyeron unas series de simulaciones para estimar la cantidad de horas y el empleo equivalente automatizable en la región. En esta investigación se incluyeron a todos los trabajadores, es decir, además de los trabajadores formales que trabajan en sectores de alta productividad, se incluyeron aquellos que lo hacen en la informalidad, en sectores de baja productividad e inclusive todo tipo de trabajador independiente y empleador. Se compararon las probabilidades de automatización estimadas por la CEPAL con las de Frey y Osborne (2013). El estudio de Frey y Osborne es relevante porque combina la metodología gaussiana con una evaluación cualitativa, lo cual se discutirá más adelante.

Los resultados más relevantes son enlistados a continuación:

- Los hombres tienen una media de probabilidad de automatización de 56%, mientras que las mujeres una media de 43%. Una posible explicación a esta disparidad es la proporción de empleados según su sexo en los sectores con mayor riesgo a ser automatizados como lo es el transporte, donde los trabajadores representan el 90.7%, la manufactura con el 62.2% de su fuerza laboral conformada por personal masculino, la minería con el 86.9% o la construcción con el 95.9%.

- Las medias de probabilidad de automatización varían según la rama siendo en el sector de almacenamiento y en el del transporte donde hay una mayor probabilidad promedio de automatización Mientras que en el sector cultural, de servicios personales y actividades similares la probabilidad de automatización es la menor con una media de 30%.

- De 14 ramas de actividad analizadas, nueve se encuentran en el rango de probabilidad medio, es decir, entre el 40% y el 60%. Además, es en el sector secundario donde la media es mayor con un 64.5%, casi veinte puntos por encima de los sectores primarios y terciarios.
- Las clases ocupacionales bajas como los trabajadores manuales de baja calificación baja la probabilidad media de automatización es del 45%, mientras que la de las clases altas es del 38%. Sin embargo, es la clase ocupacional media la que tiene una mayor probabilidad de automatización con el 58%. Dentro esta clase, son los trabajadores manuales calificados quienes tiene una mayor probabilidad de automatización con el 74%. Los estratos ocupacionales con menor probabilidad de automatización son los grandes empresarios, directores y gerentes.
- El 28.4% de los trabajadores en América Latina está en una situación de alto riesgo de automatización (más del 70% de probabilidades). Siendo los hombres quienes están más expuestos.
- Respecto a la manera en que el nivel educativo incide, se encontró que son los que tienen niveles educacionales intermedios: educación secundaria completa, pero universitaria incompleta o menos, quienes están en mayor riesgo de automatización con un 33.5%, más del doble que aquellos que tienen la universitaria completa (16%) y mayor al 29.5% de los que tienen la secundaria incompleta.
- Los trabajadores de las empresas con mayor tamaño tienen un mayor riesgo de automatización con un 38.5%, frente al 28.1% que tienen los que trabajan en pequeñas y medianas empresas, y al 23.2% de aquellos que laboran en microempresas.
- Respecto a los estratos socioeconómicos, los trabajadores con menor probabilidad de automatización se encuentran en los extremos: los de estratos altos y los de pobreza extre-

ma tienen tan solo un 14.7% y un 14.6% respectivamente. Sin embargo, el estrato con mayor probabilidad de automatización es el medio-bajo con un 31.6%, seguido muy de cerca de los bajos no pobres con 30.3% y los medios-intermedios con un 30.2%.

Una de las reflexiones a las que llega el autor es que las clases bajas tienen un menor margen de acción o de respuesta ante el riesgo de automatización respecto a las clases medias y altas, en sus palabras:

"Es importante tener en consideración que mientras una porción significativa de trabajadores de clases ocupacionales medias (y altas) tienen mayores recursos y herramientas para reentrenarse, capacitarse y acceder en general a los sistemas de formación para el trabajo, en el caso de los trabajadores de clases bajas el margen de acción (o respuesta) ante el riesgo de automatización es mucho menor. Por lo tanto, el acompañamiento desde la política pública puede resultar fundamental para minimizar los efectos negativos que la automatización de procesos pudiera generar."

Otra conclusión del estudio es que la automatización no representa una fuente de vulnerabilidad por sí misma, sino que se convierte en un riesgo potencial si no se dispone de una capacidad de respuesta adecuada. Del mismo modo, los avances tecnológicos tienen el potencial de incrementar significativamente la productividad y, con una buena gobernanza, pueden proporcionar grandes beneficios a los países de la región. Por consiguiente, es esencial desarrollar políticas que anticipen y reduzcan los riesgos asociados con la automatización y el desajuste de habilidades, y que estas estrategias se alineen con los avances tecnológicos y su integración en las estructuras productivas nacionales.

Los gobiernos también requieren de fuerza laboral, y muchas de sus tareas son altamente probables a ser automatizadas. Debido a que cada país decide qué servicios se prestan desde agencias públicas y cuáles se les delega al sector privado, el tamaño y funciones de la fuerza laboral difiere significativamente entre naciones. De conformidad con la Organización Internacional del

Trabajo (OIT), en el 2022 el empleo en el sector público representaba en promedio el 20.8% del empleo total en los países de la OCDE, mientras que en los países de América Latina y el Caribe promedio disminuye casi a la mitad, al 11.6%.

Dentro de los contrastes de los países de América Latina, existen extremos entre estos promedios. Por un lado, Trinidad y Tobago fue el país que registró el nivel más alto de empleo público con un 22.8% del empleo total, seguido de Argentina con un 19.3%. En el otro extremo está Colombia y Guatemala quienes registran tan sólo el 6% del empleo total.

Hay principalmente tres posibles efectos del uso de la IA en el gobierno: 1) extender el trabajo de las organizaciones públicas debido a la facilidad de procesar grandes cantidades de datos, 2) la optimización del trabajo, pues al encargarse la IA de las tareas repetitivas se libera de tiempo a los funcionarios públicos, lo que en teoría mejora su calidad de vida, disminuye los procesos administrativos y disminuye los costos, y 3) aumenta las posibilidades de innovar en el servicio público.

Por ejemplo, el Instituto Nacional Electoral (INE) en México aprobó en agosto de este año los "Lineamientos y principios para el desarrollo estratégico y uso regulado de la Inteligencia Artificial" en su propio ámbito, convirtiéndose en la primera institución mexicana gubernamental en hacerlo.

IV. RECOMENDACIONES PARA MITIGAR LOS EFECTOS NEGATIVOS DE LA AUTOMATIZACIÓN EN LA REGIÓN.

La infraestructura, marcos normativos, economía y sociedad actual de los Estados Unidos de América y la Unión Europea difieren mucho de las latinoamericanas, por lo que resulta lógico pensar que Estados Unidos y los países con mayor desarrollo de la Unión Europea están adelantados no sólo en los estudios relacionados a la automatización del trabajo sino en políticas y acciones para aprovechar sus ventajas y mitigar sus riesgos. A continuación, se comparten algunas de estas investigaciones realizadas y sus principales hallazgos:

Mediante el uso de la Metodología Gaussiana de machine learning se buscó estimar la probabilidad de automatización de 702 ocupaciones encontrando que en Estados Unidos el 47% está en riesgo de ser automatizadas, además de que existe una correlación negativa entre la probabilidad de que una ocupación se automatizada y el nivel de los salarios y el nivel educativo, es decir, a mayor probabilidad de que una ocupación sea automatizada, menor nivel de salarios y menor nivel educativo.

De igual manera se realizó una interpretación de la evolución de la desigualdad salarial de los universitarios norteamericanos durante cinco décadas y se encontró que las políticas más efectivas a largo plazo para reducir la desigualdad salarial indican que se debe de promover las habilidades de generaciones sucesivas. Mientras una fracción más grande de adultos alcance una alta productividad, más se elevará la oferta total de habilidades, reduciendo de esta manera la desigualdad salarial.

En un estudio que incluyó tanto a Estados Unidos como a la Unión Europea, se realizó un análisis para identificar las causas por las que la automatización que se dio entre 1979 y 2015 (año en que se hizo el estudio) no ha eliminado la mayoría de los empleos. Se concluyó que la polarización del empleo no continua indefinidamente y que, aunque la mayoría de los trabajos sean susceptibles de automatización, muchos de ellos seguirán requiriendo tareas en todo el espectro de habilidades.

Una investigación que abarcó a Alemania, España, Finlandia, Francia e Italia, empleó una metodología de equilibrio local del mercado laboral para analizar el impacto que los robots industriales tienen tanto en empleo como en salarios. Se encontró que un robot adicional por cada mil trabajadores disminuye el empleo entre 0.16 y 0.2 puntos porcentuales. Lo impactante de esta investigación es que se demostró que el efecto es más fuerte en jóvenes. Por otro lado, el estudio descubrió que si se aumenta la inversión en las Tecnologías de Información y Comunicación (TIC) se tiene un impacto positivo en la tasa de empleo, como lo puede ser la expansión del comercio a través de las ventas en línea.

Se habla de probabilidad de automatización porque la manera en que se determina es a partir de la capacidad de las tecnologías para hacer las tareas que hacen los trabajadores, pero no se toman en cuenta otras variables como lo son la organización de las empresas, el costo de las tecnologías o la cultura de cada país.

Uno de los principales retos que se encuentran para la adopción de la IA, por ejemplo, es la falta de alineación y agilidad organizacional. Otro gran reto al que suelen enfrentarse las empresas que están comenzando a automatizar algunos de sus procesos es la resistencia cultural y las inquietudes respecto a los riesgos que genera este tipo de tecnología.

La ciberseguridad, el cumplimiento a las leyes locales, la privacidad personal y la capacidad de explicar los modelos de IA y su relación con las decisiones son los principales riesgos que perciben los empresarios para la implementación de la IA.

Debido a que las características estructurales de los mercados laborales de América Latina difieren de los europeos, Estados Unidos de América y Canadá, la automatización no tendrá el mismo alcance. Sin embargo, el impacto es inminente y se debe buscar adaptar la fuerza laboral al nuevo entorno. Una forma de hacerlo es mediante el desarrollo de habilidades blandas y duras en los trabajadores.

V. JUVENTUDES LATINOAMERICANAS Y SU RELACIÓN CON LAS TAREAS CON ALTO RIESGO DE SER AUTOMATIZADAS.

En un mercado laboral donde la brecha entre los jóvenes y los adultos es visible, y donde los primeros son el grupo poblacional que más ha sufrido de las consecuencias de la pandemia por Covid-19, habrá que agregar la enorme desigualdad social y educativa existente en América Latina. De un lado, cada vez surgen colegios y universidades privadas inspiradas en el modelo educativo norteamericano, pero del otro, la enseñanza pública en las últimas dos décadas ha visto disminuida su participación en los presupuestos públicos, retrocediendo con esto en sus niveles de calidad. Esta situación genera una doble espiral, por un lado, se crea un círculo virtuoso donde la riqueza mejora la formación y eso contribuye a tener un mejor empleo. Por el otro, se crea un círculo vicioso entre la pobreza, la descalificación y un empleo precario.

Dentro de la fuerza laboral del gobierno, aquellos que son menores de 35 años representan, en promedio, el 22% en los países de América Latina. Este porcentaje es mayor que el promedio de los países de la OCDE que es de 19%. El país de América Latina que tiene el mayor porcentaje de jóvenes dentro de su estructura laboral es Belice con el 44% de jóvenes siendo el total de su planta laboral. Sin embargo, hay que aclarar que esta distribución de edades no se traduce en una participación en los distintos puestos con la misma distribución. De hecho, en promedio, más del 90% de los altos cargos están en manos de personas mayores de 35 años de edad.

La mayor automatización y digitalización de los procesos laborales está transformando el mundo laboral, situación que puede tener impactos significativos en los jóvenes. Debido a que estos nuevos escenarios requieren de habilidades digitales y de innovación, es una oportunidad que los jóvenes pueden aprovechar si se preparan para ello. La alfabetización digital será clave para ello la cual deberá estar acompañada de habilidades digitales que permitan a los jóvenes desarrollar habilidades de pensamiento crítico, resolución de problemas y creatividad.

Las universidades tendrán un papel fundamental para que la formación de los jóvenes esté a la altura de las exigencias que las tecnologías STARA demanda. Esto quiere decir que tendrán que educar sobre las ventajas que estas tecnologías implican y sus posibles aplicaciones en diversas industrias. Sin embargo, las juventudes que viven en comunas rurales se encuentran en cierta desventaja respecto a sus pares urbanos.

La tasa de informalidad entre los jóvenes en diez países de la región es del 58%, mientras que la de los adultos es del 45%. Los jóvenes enfrentan otras dificultades como una mayor intermitencia laboral. Esta inestabilidad ocupacional está relacionada con su predominancia en actividades informales, precarias y de baja calificación.

Los jóvenes que tienen poca o ninguna experiencia y habilidades laborales son los más propensos a ser afectados por la alta rotación ocupacional que impera en la región. Esta situación disminuye sus posibilidades de conseguir un empleo digno, además de que siempre tienen el riesgo de ser despedidos, especialmente en contextos de baja demanda laboral, situación recurrente en los países latinoamericanos conforme surgen nuevas crisis económicas. Este tipo de situaciones los desalienta y desmotiva para buscar empleo o continuar con sus estudios, poniéndose así en un estado de vulnerabilidad todavía mayor.

IV. REFLEXIONES FINALES.

Para evitar que los efectos negativos de la automatización generen mayor vulnerabilidad en la región y expandan aún más la brecha entre ricos y pobres, son necesarias políticas públicas y un marco jurídico lo suficientemente flexible para mediar medidas adaptativas y anticipatorias. Estas políticas deben otorgar a los trabajadores más vulnerables a la automatización herramientas para lidiar con las transformaciones tecnológicas, deben asegurarse de que tengan acceso a prestaciones de protección social frente a riesgos de desempleo y estas políticas deben planearse y ejecutarse desde una perspectiva de género, y desde una perspectiva de juventud.

El tema de la automatización es de vital importancia para las juventudes latinoamericanas ya que se trata del grupo social más vulnerable a sus efectos. Hasta ahora, los esfuerzos de las políticas públicas enfocadas a los jóvenes se han orientado a la construcción de espacios específicos para la juventud como el Parlamento Joven, Clubes juveniles, Consejos de la Juventud, Institutos de la Juventud, entre otros. Sin embargo, estos enfoques lejos de darle una responsabilidad a los jóvenes en la sociedad los han aislado.

Se debe de aprender de las mujeres y la inclusión de la perspectiva de género al conjunto de las políticas públicas, es decir, hay que "dotar de una perspectiva generacional al conjunto de las políticas públicas" laborales que surjan por motivo de la automatización.

Si bien a nivel latinoamericano se han generado normas y legislaciones para las y los jóvenes en los últimos años como la Convención Iberoamericana de Derecho de los Jóvenes de donde se han desprendido otras leyes nacionales, estatales y municipales, éstas no han tenido ningún impacto duradero en la vida de los jóvenes. Se deben hacer grandes esfuerzos por incluir a las juventudes en la elaboración del marco jurídico que busca regular la automatización aquí analizada.

La mayoría de los estudios consideran que los empleos más expuestos al riesgo de automatización son aquellos que consisten principalmente en tareas manuales repetitivas y que no requieren destrezas particulares ni habilidades sociales. Con la llegada de la IA y los modelos LLM, la situación de los jóvenes "privilegiados" con acceso a estudios universitarios y profesiones cualificadas ha cambiado. Estudios sugieren que la IA representará una mayor amenaza para las profesiones cualificadas que suelen requerir estudios superiores y ofrecen salarios más altos. Estas profesiones incluyen ingenierías, analistas estadísticos, analistas bancarios, e incluso médicos y abogados.

Las instituciones educativas deberán incentivar y retar a los estudiantes a integrar la tecnología en sus procesos de aprendizaje. Se debe promover el emprendimiento y la innovación para que los estudiantes desarrollen soluciones. Que aprendan a usar la tecnología para resolver problemas es clave para evitar que queden vulnerables ante la automatización del empleo.

Además, es esencial ampliar el acceso al conocimiento a un mayor número de sectores de la sociedad. Esto asegurará que dichos conocimientos no sean exclusivos de aquellos que han tenido la oportunidad de beneficiarse de la educación en sus diferentes niveles. Una manera de hacerlo es mediante programas liderados por gobiernos locales. Como lo es el caso de Neurona Laboratorio de Innovación Social, un programa del municipio de Zapopan en México enfocado a desarrollar habilidades técnicas y blandas en jóvenes de 15 a 19 años a través de capacitaciones con el objetivo de que identifiquen problemáticas sociales y propongan soluciones tecnológicas para su resolución. Esto también puede suceder a nivel nacional, como en Chile, donde su Instituto Nacional de la Juventud (INJUV) creó su primer Programa de Capacitación en Competencias digitales, una iniciativa que "busca mejorar la empleabilidad de personas jóvenes, fomentar el uso de nuevas tecnologías y fortalecer sus habilidades digitales".

V. REFERENCIAS

Banco Interamericano de Desarrollo (BID). Índice de mejores trabajos 2024. Nueva York: BID, 2024,

BENHAMOU, S. "La transformación del trabajo y el empleo en la era de la inteligencia artificial: análisis, ejemplos e interrogantes", Documentos de Proyectos (LC/TS.2022/85), Santiago, Comisión Económica para América Latina y el Caribe (CEPAL), 2022,

BUSTELO, MONSERRAT; EGANA-DELSOL, PABLO; RIPANI, LAURA; SOLER, NICOLÁS; VIOLLAZ, MARIANA. "Automation in Latin America: Are Women at Higher Risk of Losing Their Jobs?". IDB Working Paper Series. Nueva York: Inter-American Development Bank, N° IDB-WP-1137, 2020

CASTILLO-VERGARA, MAURICIO; ARANEDA, MAURICIO. Impacto de la tecnología de la industria 4.0 en jóvenes. Observatorio Económico. s.f

CRUZ ALEMÁN, GUILLERMO; SARMIENTO, PAULA. Impacto potencial del uso de la inteligencia artificial en el empleo público en América Latina. Informe 1. CAF, Banco de Desarrollo de América Latina, 2022

ESPÍNDOLA ERNESTO; SUÁREZ JOSÉ IGNACIO. "Automatización del trabajo y desafíos para la inclusión laboral en América Latina: estimaciones de riesgo mediante aprendizaje automático ajustadas a la región", serie Políticas Sociales, N° 245 (LC/TS.2023/121), Santiago, Comisión Económica para América Latina y el Caribe (CEPAL), 2023

Gobierno de Zapopan. "¡Arrancamos Convocatoria!". Gobierno de Zapopan, 30 de enero de 2022. https://www.zapopan.gob.mx/v3/node/3001.

GOLDIN, ADRIÁN. En la Presentación de SUPIOT, ALAIN; GONZALO SOZZO. El Trabajo Ya No Es Lo Que Fue. Siglo XXI Editores, 2022. https://www.perlego.com/book/3742583

Instituto Nacional Electoral de México (INE). "ACUERDO DE LA JUNTA GENERAL EJECUTIVA DEL INSTITUTO NACIONAL ELECTORAL, POR EL QUE SE APRUEBAN LOS LINEAMIENTOS Y PRINCIPIOS PARA EL DESARROLLO ESTRATÉGICO Y USO REGULADO DE LA INTELIGENCIA ARTIFICIAL EN EL INSTITUTO NACIONAL ELECTORAL", 20 de agosto de 2025, https://repositoriodocumental.ine.mx/xmlui/handle/123456789/184916

Instituto Nacional de la Juventud (INJUV). "INJUV abre convocatoria al Programa de Capacitación en Competencias Digitales 2025", 29 de mayo de 2025, https://www.injuv.gob.cl/personas/noticias/injuv-abre-convocatoria-al-programa-de-capacitacion-en-competencias-digitales-2025

Lorena Natalia Plesnicar. "Juventudes y políticas públicas en América Latina: Conversación con Ernesto Rodríguez". Revista Latinoamericana de Ciencias Sociales, Niñez y Juventud. s.f.

MARX, KARL. Introducción General a la Crítica de la Economía Política [1857]. España: siglo veintiuno editores. Vigésimo primera edición, 1989

OECD. Panorama De Las Administraciones Públicas: América Latina y El Caribe 2024. París: OECD publishing, 2024

OLARTE ENCABO, SOFÍA. "La aplicación de la inteligencia artificial a los procesos de selección de personal y ofertas de empleo: impacto sobre el derecho a la no discriminación". DOC. Labor., núm. 119, vol. I, año 2020

Organización Internacional del Trabajo (OIT)/ Oficina Regional para América Latina y el Caribe. Panorama Laboral 2023.

POBLETE, LORENA. "Deslaborización y trabajo independiente dependiente en la administración pública" nacional (1995-2007)". Papeles de Trabajo. Año 7, N° 12, 2° semestre de 2013, pp. 102-121.

RASO DELGUE, JUAN. "América Latina: el impacto de las tecnologías en el empleo y las reformas laborales". Revista Internacional y Comparada de RELACIONES LABORALES Y DERECHO DEL EMPLEO. ADAPT University Press, vol. 6, núm. 1, enero-marzo de 2018.

El ejercicio digital de la abogacía

Prefacio o epílogo

OFELIA TEJERINA RODRÍGUEZ.
Profesora U. Rey Juan Carlos I.
Presidente de la Asociación de Internautas.
ofelia@tejerina.es

Vivimos un momento clave de la revolución digital que ha venido redefiniendo, desde hace años, cómo entendemos el Derecho, e incluso la esencia misma del ejercicio de la abogacía. Impera la necesidad de asumir esta transformación como una realidad tangible, y no como el "futuro" de la abogacía, so pena de ser expulsados del mercado por la competencia que velozmente se está formando y apropiando de las ventajas de la tecnología. El libro que tiene en sus manos, dirigido extraordinariamente por el Dr. D. HÉCTOR AYLLÓN SANTIAGO y la Dra. Dña. VERÓNICA JULIANA CAICEDO BUITRAGO, es una respuesta a los desafíos y oportunidades que la era digital, y muy en particular la inteligencia artificial (IA), han traído al sector legal.

La primera parte de esta obra se adentra en la transformación digital de los despachos de abogados, que trajo consigo y acuñó el concepto del "Abogado 4.0". Explica que esta evolución es mucho más que una mera inversión en tecnología; implica un cambio profundo que implica potenciar la propuesta de valor de la firma, la gestión del talento, los procesos internos, y las estrategias de *marketing*. La práctica profesional debe concebirse como un proyecto con estrategia digital eficiente, capaz de traducirse en una mejor satisfacción del cliente como un valor empresarial fundamental.

El segundo eje temático aborda cómo ejercer la abogacía en un mundo con IA, desmitificando la temida sustitución del profesional. La IA representa a día de hoy una herramienta de ahorro de tiempo considerable, y por ello, de eficiencia profesional. Sin embargo, no está reemplazando al abogado-persona, cuyo valor añadido reside en las *soft skills*— empatía, el liderazgo, la intuición, etc. —haciéndole insustituible. Su uso exige aún una diligencia y prudencia excepcionales, por los fallos que han mostrado estos sistemas con resultados ilusorios, y es parte de la responsabilidad deontológica del profesional revisar y contrastar los resultados. Ante esta realidad, se propone la urgencia de actualizar los códigos de ética para incluir pautas fundamentadas sobre el uso de la tecnología digital.

La obra continúa explorando las nuevas fronteras del Derecho que nacen de esta revolución. El lector puede encontrar un análisis detallado sobre la protección jurídica de activos digitales, entendidos como cualquier contenido en formato digital que genera valor (desde datos hasta criptomonedas y NFTs). Se proponen estrategias de mitigación de riesgos y el uso de tecnologías avanzadas, como *blockchain* y el análisis predictivo. La digitalización del Derecho es sometida a examen a través de cambios ya experimentados, aunque en constante evolución, como el comercio electrónico, los delitos digitales, los *sports* o el metaverso. Respecto a este último, se hace hincapié en que plantea desafíos novedosos, especialmente en la protección de datos personales de usuarios (incluyendo menores), requiriendo una armonización legislativa a nivel internacional y la adaptación de marcos normativos como el Reglamento General de Protección de Datos (RGPD).

Un componente esencial de este libro es la reflexión sobre la revolución de la inteligencia en la Justicia. La tecnología es una herramienta poderosa para construir una justicia verdaderamente accesible, independiente, equitativa y humana a la vez. Se recuerda que, si las armas dieron la independencia, "solo las leyes os darán la libertad", y que la fuerza de la autoridad radica en servir a la Justicia y no simplemente a la Ley. El texto aboga por la prestación permanente de los servicios de justicia, 365 días al año, 24 horas al día, y destaca que si se suspende la exigibilidad de los derechos, se dispararán los abusos. Además, enfatiza la necesidad de implementar soluciones como la jurisdicción electrónica y la colegiatura obligatoria, como parte de un sistema de Justicia Integral.

Para terminar, el libro enfoca su análisis en el impacto la IA sobre la automatización del empleo, concretamente en el caso de las juventudes latinoamericanas. Se constata que estamos ante una realidad que está afectando a profesiones cualificadas, incluyendo a los abogados. Para mitigar posibles efectos negativos y evitar la expansión de la brecha entre ricos y pobres, se requerirán políticas públicas adaptativas y anticipatorias, que incluyan la promoción del emprendimiento, la innovación y la integración tecnológica en los procesos educativos.

Les invito a sumergirse en estas páginas que conjugan con gran acierto los principales aspectos de la actual visión tecnológica del Derecho y el ejercicio de la abogacía en el S. XXI, ante la revolución de la AI, con una profunda reflexión ética y regulatoria. Este no es un destino tecnológicamente predeterminado, sino un futuro que construiremos con nuestras decisiones colectivas.